臺灣歷史與文化 研究輯刊

六 編

第 10 冊

戰後初期台灣專賣政策的延續與變革（1945～1953）

顏 清 梅 著

花木蘭文化出版社

國家圖書館出版品預行編目資料

戰後初期台灣專賣政策的延續與變革（1945～1953）／顏清梅
著 -- 初版 -- 新北市：花木蘭文化出版社，2014〔民 103〕
目 4+250 面；19×26 公分
（臺灣歷史與文化研究輯刊 六編：第 10 冊）
ISBN 978-986-322-966-7（精裝）
1.公賣 2.臺灣
733.08   103015302

臺灣歷史與文化研究輯刊

六 編 第十冊   ISBN：978-986-322-966-7

戰後初期台灣專賣政策的延續與變革（1945～1953）

作　　者	顏清梅
總 編 輯	杜潔祥
副總編輯	楊嘉樂
編　　輯	許郁翎
出　　版	花木蘭文化出版社
社　　長	高小娟
聯絡地址	235 新北市中和區中安街七二號十三樓
	電話：02-2923-1455／傳真：02-2923-1452
網　　址	http://www.huamulan.tw 信箱 hml 810518@gmail.com
印　　刷	普羅文化出版廣告事業
初　　版	2014 年 9 月
定　　價	六編 21 冊（精裝）新台幣 42,000 元

戰後初期台灣專賣政策的
延續與變革（1945～1953）

顏清梅　著

作者簡介

顏清梅，台灣彰化縣人。私立東海大學歷史學系學士、碩士，國立中興大學歷史學博士，現任朝陽科技大學通識教育中心副教授。主要研究領域為台灣社會、經濟史，撰有〈光復初期台灣的糧食問題〉、〈日治初期台灣鄉鎮志纂修之研究：以《苑裡志》為例〉、〈二二八事件前的臺灣省專賣局（1945～1947）——以《民報》為中心的觀察〉及台灣史相關論文十餘篇。目前除教學及研究工作外，也參與台灣鄉鎮志書的撰寫。

提　　要

　　由於專賣制度的實施與各項專賣事業推行的成功，專賣收益解決了日本統治台灣初期資金短缺的困境，並且成為台灣總督府歷年財政歲入的重要來源。專賣制度對於日本在台灣的統治具有重要的意義。

　　1945 年台灣改歸中華民國，前來接收的台灣省行政長官基於財政的考量，採行專賣政策繼續辦理專賣事業。然而，由於日人治台是宗主國對殖民地，部分專賣制度的政策與措施不免遭受民眾的質疑，加上專賣制度具有統制經濟的色彩，戰後台灣社會對於專賣制度的實施，存在著不少反對的聲音。其次，戰後台灣頓與日本切斷聯繫，需與中國構成一個體系，由於台灣省行政長官公署各項制度與中國國內各地不同，主政當局因缺乏詳細的規劃與調查，專司其職的台灣省專賣局無力恢復專賣品供需的平衡；在專賣制度的推行過程中，既缺乏國民政府中央各部會的配合，又弊端叢生，致使民怨升高。1947 年 2 月 27 日一起查緝私菸的意外事故，在一夕之間演變成全島性的抗爭，引發二二八事件。台灣省行政長官公署在二二八事件後改組為台灣省政府，台灣省專賣局在各界的責難中改組為台灣省菸酒公賣局。

　　專賣制度的推行，在台灣財政上有其貢獻，對於台灣政治社會的影響也非常深遠。本文基於此，以台灣專賣政策的延續與變革為題，由戰前台灣專賣事業的施行著手，觀察日治時期專賣事業的推動與專賣制度運作的情形，探究 1945 到 1953 年間政權轉移、省制變革之際，台灣專賣事業與政策，從「專賣局」到「公賣局」的轉變。

目

次

表　次

圖　次

附　錄

第一章　緒　論

一、研究動機與目的

　　台灣歷史的發展過程中，專賣制度一直是各時期統治者財政歲入的重要來源，對於台灣經濟的穩定與發展，具有重要的時代意義。然而，隨著社會環境的變遷，專賣收益在中央或地方財政的重要性都有降低的趨勢。此外，就抑制菸酒消費而言，因部分民眾認為菸酒本身具有沉溺性且無益於身體健康，倚重菸酒專賣增加政府財政收入違背社會正義。再加上以行政組織型態獨占產銷的公賣局，在體制上及營運上也有許多的缺失，以專賣利益的徵收取代課稅的方式受到爭議。外國菸酒的開放進口，更加深菸酒公賣問題的複雜性。2002 年 1 月 1 日配合我國加入世界貿易組織（World Trade Organization，簡稱 WTO），專賣制度廢除，改行新的菸酒管理法與菸酒稅制；2002 年 7 月，台灣省菸酒公賣局改制為「台灣菸酒股份有限公司」，在台灣施行已久的專賣制度正式畫下句點。

　　菸酒公賣在台灣社會經濟發展的過程中，是一個複雜的問題。1947 年一起緝查私菸的意外事故，一夕之間演變成全島性的抗爭事件，一發不可收拾。長輩們談到二二八事件，回想那時排隊買菸的景象，彷彿是昨日的情景。1947 年物價上漲，雜貨店裡買不到菸的情形，只能由口述史料與歷史文獻裡探尋。2000 年，我國積極爭取加入 WTO，在入會諮商談判中承諾取消菸酒公賣。在菸酒專賣制度即將廢止之前，由於民眾預期在新制菸酒稅法實施以後，米酒勢必上漲，引發了一股搶購的風潮。民怨隨著這股風潮日益升高，政府雖然採取各種的配套措施，希望可以平息這個問題，但始終未能奏效。民生的問

題變成社會的問題，甚至變成政治的問題。立法院財政委員會甚至做成決議，規定公賣局未經立法院同意前，不得任意調漲米酒價格。〔註1〕當時由於總統選舉將屆，某總統候選人的選舉廣告台詞也是連米酒都買不到，連蒜頭都買不到。1947年時如此，到了2000年，還是這樣。令人百思而不解，同時也觸發了筆者探討專賣這個主題的構想。

所謂專賣（Fiscal Monopoly），係指國家基於財政的需要，或社會治安的維持，對某些生產事業實行限制，不許人民自由經營，而由國家全權控制，獨占其經濟利潤的制度。因此，專賣雖為獨占，是政府透過立法的手段，將專賣商品的生產及銷售，交由國家經營。專賣的形成不是基於產業的成本（例如自然獨占），是導因於政府政策的因素，由政府透過法律強制執行。除此之外，專賣制度尚可藉產品或投入價格的控制達成其他社會政策目的，例如以較高的價格收購製造菸酒的原料，以保護農業的發展，提高農民的所得。專賣的價格，則包含了該商品的成本、利潤與消費稅。〔註2〕

專賣事業的經營與一般自由競爭的經營方式迥異，是由國家獨占其生產、銷售之全部或一部份。依專賣品的產銷過程，可將專賣分為生產階段的專賣、批發階段的專賣、零售階段的專賣及自生產、批發到零售均由政府獨占經營的完全專賣。專賣型態如何實施，端視其專賣的目的而定。至於專賣機關的組織形式，可歸納為三種，此即：

（一）行政組織：直接以行政機關或自治團體的型態經營專賣事業。例如，過去的台灣菸酒公賣局即屬行政組織的形式。

（二）公司組織：以公司法人的組織存在，與一般公營事業相同，大部份的股份仍掌握在政府手中。

（三）特許權形式：國家將專賣權讓與一家或一家以上的特定企業來經營。

回顧台灣專賣制度的歷史，大多認為創始於日治時期。事實上，在清朝統治時期，台灣便實施過硫磺、沙金、鹽、樟腦、煤、煤油等項專賣；職是之故，日人在台灣實施專賣，部份人便以延續清代的舊制解釋之。再者，實施專賣給予政府最大的利益是增加財政收入，在近代帝國主義時期，專賣成為殖民地政府增加財源的重要途徑。台灣是日本的第一個殖民地，日本統治

〔註1〕《立法院公報》89：71，2000年12月12日，頁95。立法院議事系統，http://lis.ly.gov.tw/ttscgi/ttsweb?@0:0:1:/disk1/lg/lgmeet@@0.2468604770762485 8，查閱日期，2006年10月19日。

〔註2〕張則堯，《財政學原理》（台北市：三民書局，1979年7月），頁89。

之初，台灣總督府的財政赤字，迫使日本每年提撥巨額的「補充金」。補充金的負擔與統治初期的混亂，部份日本國會議員曾有「一億圓賣却台灣」的論調。〔註3〕1899 年第四任總督兒玉源太郎和民政長官後藤新平主政期間，提出「六千萬元，二十年計畫」，台灣財政逐漸改善，不再仰賴日本的補助金，專賣事業的收入，對台灣財政的獨立有重要的貢獻。正如同矢內原忠雄所說：「台灣財政獨立政策之一重要中心，是在專賣上尋求財源，蓋在前資本主義社會，直接稅不是良好的財源，應以間接稅爲主，特別是專賣收入乃最隱蔽的財政負擔，是爲主要財源。」〔註4〕

1901 年台灣總督府專賣局設立，負責鴉片（1897）、鹽及樟腦（1899）、菸（1905）、酒（1922）、火柴、度量衡（1942）、石油（1943），以及苦汁（1944）等專賣事項。〔註5〕日治時期專賣制度的實施，除了因爲它是當時帝國主義發展的趨勢，可解決日本在台灣初期統治困境，增加財政收入外，各項專賣事業設立，尚有改善衛生，振興產業，發展國民經濟與因應社會政策等任務。

1945 年第二次世界大戰結束，台灣面臨一次至爲關鍵的政權轉移與政制變革。日本近 51 年的殖民統治結束，台灣歸於中華民國政府。接收之初，執政的行政組織先是特殊化的台灣省行政長官公署，1947 年受到二二八事件的影響，改制爲台灣省政府；兩年之後，復因中央政府自大陸撤退播遷來台，台灣省政府再度施行改組。行之有年的專賣制度，隨著政權的轉移、台灣省制的變革、政局和政治的起伏動盪與社會經濟的變遷，深受衝擊，屢有變革。

關於專賣事業，來接收的台灣省行政長官公署曾有廢止的建議。接收後，台灣省行政長官公署決定繼續施行專賣制度，將「台灣總督府專賣局」改爲「台灣省專賣局」，調整組織架構，縮減專賣項目的方案。鴉片由法律明令禁

〔註3〕鶴見祐輔，《後藤新平》（東京：勁草書房，1965 年），第 2 卷，頁 167。

〔註4〕矢內原忠雄著、周憲文譯，《日本帝國主義下的台灣》（台北市：帕米爾書局，1987 年），頁 87。

〔註5〕苦汁，爲日語用詞，中文稱作「苦滷」。所謂苦汁，爲鹽的副產品之一。因海水中含有各種鹽類，曬鹽時，海水在鹽田中日晒蒸發而得粗鹽。在海水蒸發時，各種溶鹽順序結晶而出，首先沉澱者爲硫酸鈣，然後濃度增加時，NaCl 開始沉澱。提取出食鹽後，留下的濃溶液便是苦汁。可提取鎂化合物、鹵化物和其他鹽類。中國鹽政實錄第六輯編輯委員會編，《中國鹽政實錄》（台北市：經濟部，1987 年），頁 1～2。

止，食鹽劃歸財政部鹽務管理局，僅菸、酒、火柴、樟腦及度量衡等五項維持專賣。1947 年 1 月，度量衡移交工礦處接管。5 月，台灣省政府成立，專賣局被撤銷，改組為「台灣菸酒公賣局」，隸屬台灣省政府，為二級機構，掌理菸酒之產購運銷事宜。其他原有業務，樟腦歸建設廳負責，火柴改由民營。1949 年 9 月，政府為了要使菸酒專賣事業能夠配合台灣財政實際需要，「台灣菸酒公賣局」改屬台灣省政府財政廳，降為三級機構。由於自中央政府遷台以來，台灣人口大增，財政問題益形嚴重，為加強公賣效益，開始禁止外菸、外酒的輸入，並且嚴加取締私菸、私酒之製造，台灣的菸酒市場進入獨占的階段。

不過，長久以來，專賣制度的實施均借用日治時期的法規，沒有正式的法源。直到 1953 年中央政府公佈〈台灣省內菸酒公賣暫行條例〉，同年財政部公佈〈台灣省內菸酒公賣暫行條例施行細則〉，戰後台灣專賣事業取得執行的依據。戰後台灣專賣制度在財政上的貢獻依舊，對於戰後初期台灣通貨膨脹的遏止助益極大。〔註6〕有鑑於此，本論文的時間的斷限以 1945 至 1953 年作為對象；其理由一則基於這段時期專賣制度的特殊性，一則基於這段時期專賣收益的功能性。

任何典章制度與政策的實施，自有其背景與演變；歷史研究的任務，不僅要評估過去制度或政策的結果，也要探討那些制度或政策如何形成。1947 年 2 月 27 日，一起查緝私菸的事件，導致二二八事件的爆發。二二八事件期間，專賣局因而成為民眾攻訐的目標；在事件的善後的處理上，撤銷專賣局自然成為重要的訴求。專賣制度在戰後台灣施行多時，從「專賣局」到「公賣局」的變革過程中，一直肩負著確保政府財政收入的任務。然而，負責施行專賣制度的組織架構和運作方式，隨著台灣歷史的演進與社會的脈動，極

〔註 6〕現有關於台灣經濟發展的論著中，對於戰後台灣分期的論述，因立論方法不盡相同而眾說紛紜，若撒開其間細微的差別，可分為政策分期、速度分期和綜合分期三種方式。本研究採取綜合分期的方式，此一分期方式通常以 1952 年作為轉折點，將 1945 年至 1952 年視為混亂時期。這段時間的特點是：生產力低、物資匱乏，及通貨膨脹。1952 年以後，通貨膨脹逐漸受到遏制，台灣當局開始實施第一個經濟計畫。再者，如潘志奇所說：「（1945 年到 1952 年間），可說是以重建為重點，而非長期且有計畫的從事經濟發展。」自 1953 年開始，政府著手推動第一期四年經濟計畫。段承璞等著《台灣戰後經濟》（台北市：人間出版社，1991 年）；潘志奇，《光復初期台灣通貨膨脹的分析》（台北市：聯經出版事業公司，1980 年），頁 132。

具變易性。社會文明快速的發展，急劇的變動已成為現代社會的一項特徵。任何的組織要在當代文明中生存和發展，必須因應時代趨勢，適時適性的調整內在狀況。

　　專賣制度在政府加入 WTO 後，台灣省菸酒公賣局轉型為台灣菸酒股份有限公司，專賣制度在台灣的歷史中功成而身退。專賣制度雖已成為台灣過去歷史之一部份，然在專賣制度實施與運作的過程，所產生的結果與效應，仍存在於當下社會中。所以，本論文希望能透過歷史研究的途徑，從時間的角度，提供一個縱面的觀察，對戰後台灣專賣的歷史作一番紀錄；一方面探討專賣制度在戰後初期歷史中所扮演的角色，給予適當的定位。另一方面本論文希望能跳脫過去將專賣議題置於眾多經濟政策之框架下討論的方式，結合政治面與社會面的觀察，從戰後初期專賣制度的訂定切入，探究專賣制度與二二八事件的相關性，期能為二二八事件的研究與戰後初期台灣專賣的施行，提供不同的視野與論點。

二、文獻回顧

　　由於專賣制度並不是普遍的制度，在國外的文獻裡，有關專賣的討論並不多。在國內，專賣制度的歷史雖然悠久，早期相關的研究論著以單篇論文居多。在學科方面，財政與公共行政的領域最早開啟菸酒公賣的探討，特別是關於專賣收益及公賣局民營化的議題。隨著政府財經改革的推動，關懷的主題同時包括了公賣局經營績效的評估。例如，1968 年郭婉容之〈台灣菸酒價格與公賣利益之研究〉探討菸酒價格變動對公賣利益之影響，菸酒價格的結構如何？〔註 7〕1980 年王克陸〈台灣菸酒公賣組織之研究〉從公賣局的經營目標來分析公賣局的組織效能。〔註 8〕1983 年薛琦等〈台灣省菸酒公賣局經營績效評估報告〉，〔註 9〕1986 年陳佳文〈我國菸酒專賣政策與專賣制度之研究〉從專賣的型態與組織形式評估台灣菸酒公賣的制度，探討專賣改革的可行方案。陳佳文在其論文指出，菸酒公賣的性質其實非常特殊，菸酒公賣雖是公賣事業，但其形成過程中，多少具有一些政

〔註 7〕郭婉容，〈台灣菸酒價格與公賣利益之研究〉《行政院賦改會報告書》（台北市：行政院賦改會，1968 年）。
〔註 8〕王克陸，〈台灣菸酒公賣組織之研究〉，國立政治大學企業管理研究所碩士論文，1980 年 6 月。
〔註 9〕薛琦、張清溪、葉日崧，〈台灣省菸酒公賣局經營績效評估報告〉，1983 年 10 月。

治目的。〔註 10〕1985 年，經革會提出〈菸酒開放民營可行性之探討〉，〔註 11〕則開啓了公賣局民營化發展的研究方向，陸續有不少的碩博士論文以民營化爲研究主題。

　　歷史學方面的相關研究，在時間的斷限上，以日治時期居多，戰後台灣的部份仍少觸及。在研究主題方面，以專賣制度爲對象的成果比較少，多半是以專賣的項目作爲研究對象。從台灣的專賣歷史來看，專賣項目有鴉片、鹽、樟腦、菸、酒、火柴、無水酒精、度量衡、石油、苦汁等。或因爲收益多寡的差異與文獻資料的侷限性，研究的主題以鴉片、鹽、樟腦爲主，2000年前後菸、酒的研究漸多。單項專賣品的論著成果頗爲豐碩，本文僅就本論文相關者說明如下：1956 年周憲文〈日據時代台灣之專賣事業〉概論日治時期專賣事業的意義，繼而比較鴉片、鹽、樟腦、菸、酒的專賣收益與專賣的型態。〔註 12〕何思眯〈日據時代台灣專賣事業初探〉就日治時期專賣事業原料、配銷加以分析，並探討專賣事業對台灣社會的影響。〔註 13〕

　　日治後期菸草與酒的專賣收益，取代鴉片、樟腦，居主要地位。相關的研究如日人稅所重雄《台灣菸草栽培變遷史》，〔註 14〕1950 年代初《台灣銀行季刊》中，〈台灣之菸草〉、〔註 15〕〈台灣之製煙工業〉、〔註 16〕〈台灣之造酒工業〉等文，〔註 17〕以描述菸酒在戰後的生產狀況爲主。1999 年鄭慶良〈日據時期台灣之菸酒專賣〉，〔註 18〕敘述日治時期專賣事業的濫觴，探討

〔註 10〕陳佳文，〈我國菸酒專賣政策與專賣制度之研究〉，國立政治大學財政研究所碩士論文，1986 年 6 月。

〔註 11〕行政院經濟革新委員會，〈菸酒開放民營可行性之探討〉，《經革會報告書》（台北市：行政院經濟革新委員會，1985 年 11 月），冊 2。

〔註 12〕周憲文，〈日據時代台灣專賣事業〉，《台灣銀行季刊》9：1（1956 年 3 月），頁 11～32。

〔註 13〕何思眯，〈日據時代台灣專賣事業〉，《中國歷史學會史學集刊》21（1989 年 7月），頁 297～335。

〔註 14〕稅所重雄著、吳萬煌譯，《台灣菸草栽培變遷史》（台灣省南投縣：台灣省文獻委員會，1993 年）。

〔註 15〕楊逸農，〈台灣之菸草〉，《台灣銀行季刊》5：3（1952 年 12 月），頁 188～209。

〔註 16〕楊選堂，〈台灣之製菸工業〉，《台灣銀行季刊》5：3（1952 年 12 月），頁 160～187。

〔註 17〕茅秀生，〈台灣之造酒工業〉，《台灣銀行季刊》5：3（1952 年 12 月），頁 111～159。

〔註 18〕鄭慶良〈日據時期台灣之菸酒專賣〉，國立台灣師範大學歷史研究所碩士論文，1999 年 5 月。

近代台灣菸酒之專賣，從而說明菸酒事業籌辦與推廣的經過，並由菸草的栽植論述日治時期日人的殖民問題。2000 年范雅鈞之〈日治時期台灣酒專賣事業〉，〔註 19〕首先探討日治時期酒專賣政策的確立過程，其次由制度設施與生產販賣兩部份分析酒專賣事業的本質，並討論在該事業實施過程中的一些相關問題。該論文隨後以《台灣酒的故事》為名出版成冊。同年，蕭明治之〈戰後台灣菸草產業之發展〉針對菸草產業在戰後台灣的發展歷程，探索在專賣制度中，菸草從原料栽培環境，到加工生產技術以及消費市場結構的變遷；進而由菸草產業在財政的貢獻、菸作農村的影響、外部成本的累積等三方面切入，分析菸草產業對於台灣社會經濟的影響。〔註 20〕

　　在專賣制度的影響方面，1934 年北山富久二郎之〈日據時代台灣之財政〉討論專賣收入對台灣財政的貢獻。該文指出日治時期台灣財政的特色是每年的歲入以間接稅為主；除因為台灣土地豐富的生產力外，「糖業的獎勵、樟腦及其他專賣的施行，產業政策或專賣制度的建立與推進」功不可沒，專賣益金占台灣財政歲入極大的比例。〔註 21〕1951 年黃通等編之《日據時代台灣之財政》從台灣財政制度的建立，說明日本治台之初，台灣財政由需仰仗日本的補助，到第二次大戰期間轉而能供應日本大量的軍費。〔註 22〕書中列舉台灣財政歲入多項的來源，而專賣事業居於重要地位。1988 年劉自強〈日據時代台灣專賣事業之研究〉，綜論專賣事業，也是偏重專賣事業對台灣財政的貢獻，對於專賣政策的施行與推展，較少深入的探討。〔註 23〕

　　至於戰後專賣制度的相關研究有余玲雅《戰後台灣公賣制度形成過程之研究》，從歷史、經濟、與公共政策的互動來探討公賣制度形成，藉著 1946 年到 1951 年間台灣省參議會對公賣制度之議政分析，闡述公賣制度的制定與探討台灣公賣政策的變遷與終結。該書引用了大量的台灣省諮議會「數

〔註 19〕范雅鈞，〈日治時期台灣酒專賣事業〉，國立中央大學歷史學研究所碩士論文，2000 年 6 月。

〔註 20〕蕭明治，〈戰後台灣菸草產業之發展〉，國立中興大學歷史學研究所碩士論文，2000 年 6 月。

〔註 21〕北山富久二郎，〈日據時代台灣之財政〉，收入《台灣經濟史八集》（台北市：台灣銀行經濟研究室，1959 年），頁 87～163。

〔註 22〕黃通、張宗漢、李昌槿合編，《日據時代台灣之財政》（台北市：聯經出版事業公司，1987 年）。

〔註 23〕劉自強，〈日據時代台灣專賣事業之研究〉，中國文化大學史學研究所碩士論文，1988 年 6 月。

位典藏的資料」中的相關檔案，當中包括有台灣省參議會的提案、發言及參議會與台灣省行政長官公署、台灣省政府間的公文書信等，原始檔案的運用是此書最大的特點。〔註24〕2006年葉彥邦〈終戰初期台灣菸酒專賣事業之研究〉從日治時期台灣專賣事業談起，探討戰後台灣國民政府的接收政策，特別是台灣總督府專賣局的接收，並論及戰後專賣制度營運與營運過程中所遭遇的挫折等議題，最後探究菸酒專賣事業對台灣財政的貢獻與意義。作者從菸酒專賣事業出發，企圖由專賣事業與二二八事件間的關連，來闡述專賣事業對於台灣社會的影響。這個探討其實是與本文探討的重點相謀合的，或因作者對日人菸酒專賣的溢美，反而忽略了對專賣制度本質的思考與批判。對於這篇論文，引用作者所說：「是國內碩博士論文中，首次嘗試完全以台灣為主體，從台灣民眾的立場，去探討戰後初期中國國民黨政權對台灣菸酒事業的接收。」該論文的特殊性在此，論文的侷限性也在此。〔註25〕

綜觀這些年來台灣史學的研究，專賣事業的相關探討有幾個明顯的趨勢。第一，研究的重心逐漸由鴉片、樟腦的研究，擴及於鹽、菸、酒等項目；特別是菸酒。由於日治後期菸酒專佔全部公賣收入極大的比例，對於總督府的財政有所助益，對台灣政治、經濟的發展影響極鉅。再者，菸酒雖非生活必需品，卻也與民生息息相關，在當前強調庶民文化的氛圍下，研究菸酒專賣的相關論文逐漸增加。第二，在時間斷限上，戰後初期這個時段成為台灣專賣事業研究關注的焦點。其原因可能是各個學科對於日治時期及1970年以後的專賣，研究的面向雖然不同，但已有不少的成果，而戰後初期接收重建的階段則仍然缺乏，由於專賣制度在台灣戰後初期的關鍵年代中，無論是政治、社會與經濟發展，具有一定的重要性，故有不少研究相繼出現。

1947年的二二八事件是台灣近代史上重要的轉捩點，也是台灣政治發展重要的分水嶺。二二八事件雖已過了半個世紀，至今台灣人民感受猶深。此一事件不但打擊台人心理，導致長期對政治恐懼冷漠；造成精英斷層，影響地方政治生態；並且有利國民黨一黨專政，阻礙民主政治發展；加深族群隔

〔註24〕余玲雅，《戰後台灣公賣制度形成過程之研究》（台灣省台北縣：高立圖書有限公司，2004年）。

〔註25〕葉彥邦，〈終戰初期台灣菸酒專賣事業之研究〉，國立政治大學中山人文社會科學研究所博士論文，2006年6月。

閱，不利台灣文化發展。〔註26〕這種偏頗的情形，直到 1987 年解嚴以後，隨著本土意識的高漲，台灣歷史與文化逐漸受到重視，情況才獲得改善。

　　二二八事件影響台灣既深且遠，極具探討的價值。這個價值除在於省思過去歷史外，更重要的是要省思政府與社會大眾之間的關係。九十年代初期官方陸續公開了二二八的史料，伴隨著這些相關學術研究、口述歷史等成果的發表，台灣人民始能較為廣泛地接觸、瞭解二二八事件。愛德華·卡爾（Edward H. Carr）在《歷史論集》（What is History）一書中講「歷史是歷史家和事實之間不斷交互作用的過程，『現在』與『過去』之間無終止的對話。」〔註27〕雖然二二八事件就微觀的視角來說，整個事件的起因就是因取締私菸而起。然而，這樣的解釋未免過於輕描淡寫。二二八事件既是由查緝私菸而起，在事件前後社會民間對於專賣制度又有那麼多的批評，故本文試著從這個角度出發，由不同於前述研究成果的角度去探討專賣制度，並運用國史館台灣文獻館館藏之《台灣總督府檔案——專賣局公文類纂》、台灣省諮議會之數位典藏檔案、台灣菸酒公賣局相關年度統計年報，以及《民報》等探究戰後初期台灣專賣對於台灣社會的影響。

三、研究架構

　　本論文的探討以時間為經緯，透過相關書籍、論文、檔案、及報章雜誌等資料的內容分析，佐以專賣局、公賣局統計年報的資料相對照，探討以下幾個問題：

（一）釐清台灣各個階段，專賣組織的形式。將日治時期的專賣局、戰後台灣省行政長官公署時期的專賣局與省政府設立後的菸酒公賣局，就行政組織與實際運作進行比較。

（二）戰後台灣專賣制度的延續，是否引發爭議？各方看法如何？

（三）二二八事件後，專賣局改組為菸酒公賣局，該事件對於專賣事業的變革有什麼影響？

（四）從專賣局到公賣局，菸酒的產銷運輸有什麼變革？戰後台灣菸酒公賣的目標是什麼？是否達成？菸酒公賣事業有何特殊性？

〔註26〕黃秀政，〈論二二八事件的發生及其對台灣的傷害〉，《興大人文學報》36：下（2006 年 3 月），頁 529～537。

〔註27〕Edward H. Carr 著、王任光譯，《歷史論集》（台北市：幼獅文化事業公司，1998年 19 刷（1968 年出版）），頁 23。

（五）專賣事業對戰後台灣社會經濟具有何種影響？如何因應急劇變遷的社會？

在章節的安排上，本文共分為七章。第一章「緒論」：旨在說明本文的研究動機、研究目的，其次探討與專賣制度相關的研究成果，最後闡述本文研究的主要架構。

第二章「日治時期台灣的專賣事業」：本章分為二個部份，首先由日治時期各項專賣事業的推行與專賣局的設置，了解日治時期的專賣制度；其次則探討當時期台灣專賣制度的目的與流弊。

第三章「戰後初期專賣事業的接管」：本章旨在了解戰後專賣制度所以繼續施行的前因後果。首先收集接收前後各方有關台灣辦理專賣的意見，其次分析專賣制度實施的背景原因；最後是說明接收後專賣局組織與實際運作的轉變。

第四章「二二八事件前的專賣事業」：本章包括有三節，第一節探討戰後專賣項目的調整；第二節利用國史館台灣文獻館典藏的「台灣總督府專賣局公文類纂」中戰後台灣省專賣局的檔案，從人事、生產製造、配銷、查緝等方面探討本階段專賣事業所面臨的困境，藉著這個分析，增進吾人對當時台灣社會與經濟的認識。最後透過《民報》對專賣的報導與建議，說明專賣事業推展的情形，以《民報》對專賣事業態度的轉變，作為當時期台灣民眾對長官公署的信心及對專賣制度實際運作滿意程度的指標。

第五章「二二八事件與專賣局的改組」：本章旨在討論二二八事件與專賣制度的相關性，由於事件的導因只是一個意外，此次意外所以引發如此激烈的衝突事件，自有其背景。本章共分為三節，第一節探討論專賣局的緝私工作並討論其與二二八事件所以爆發的相關性；第二節則陳述專賣局的弊案與民眾的觀感；最後由重要相關人物在二二八事件後對於專賣的改革意見，探究專賣局的改革。

第六章「從專賣局到公賣局」：本章旨在了解台灣菸酒公賣局成立之後，公賣局組織的變革與法源的取得，及其衍生的問題。由於公賣局時期專賣事業的辦理情形與專賣局階段的辦理有著重要的對照意義，本章分別從公賣局菸酒生產、菸酒配銷與菸酒的查緝與管理進行研究，希望能有助於本論文論述的重點的分析探討。最後透過專賣收入在台灣財政中的地位、專賣品價格對於物價的影響、菸草的種植與社會公平等面向的討論，提出本文對戰後初

期台灣省菸酒公賣局的看法。

　　第七章「結論」：任何制度的施行，都有其時間與空間的背景。本章除從制度本身的時代性與目的說明戰後初期台灣專賣的辦理外，並就當政者對於台灣社會的認識與掌握、實施專賣制度的籌畫經過與制度運作的過程的比較分析，論述戰後初期專賣事業的辦理成效與影響。

第二章　日治時期台灣的專賣事業

　　專賣者，係指國家基於財政的需要，將大宗的消費品禁止人民自由經營，改由國家獨占經營。回顧台灣歷史的發展，自明鄭以降，經日治時期到現在，皆有專賣事業的辦理，專賣政策施行的歷史悠久，有著不容忽略的地位。〔註1〕在專賣事業辦理的過程中，制度的建立與事業的拓展，日治時期是重要的階段。本章將藉由對日治時期台灣專賣事業興辦與運作的探討，觀察戰前專賣事業辦理情形，以利於瞭解戰後初期專賣政策的延續及專賣事業的辦理背景。

第一節　日治時期專賣制度的建立

　　日治時期專賣制度趨於完備，除食鹽、樟腦兩項准由人民產製外，其餘自生產到銷售全部由政府獨占，屬於完全專賣的型態。台灣專賣事業經過日本近50年的經營，一切管理已制度化，在生產方面，亦逐步機械化，尤其是歷年的專賣收入，更是可觀。所以就專賣本身來說，日治時期台灣專賣事業確實有相當的成就。爲便於日治時期專賣制度的觀察，本節首先探討台灣總督府專賣局的設立，接著從專賣局的組織架構與各專賣品實施的歷史背景，分論日治時期各項專賣品辦理的情形。

一、台灣總督府專賣局之設立

　　1895年日本統治台灣，1897（明治30年）年因嚴禁鴉片不可行，遂從後藤新平之議，採用漸禁的方式，3月成立台灣製藥所，製售鴉片，爲日治專賣

〔註 1〕汪孝龍纂修，《台灣省通志稿・政事志》（台北市：捷幼出版社，1999年），頁101，111。

之始。1899 年（明治 32 年）成立鹽務局和樟腦局，1901（明治 34 年）年 6 月 1 日合併台灣製藥所、鹽務局及樟腦局，在台灣總督府底下設立統一的專賣機構--專賣局。專賣局總局下轄經理課、檢定課、製藥課、腦務課、鹽務課及監察課等六課。經陸續改組與擴充，到 1925 年（大正 14 年），專賣總局下設有庶務課、製造課、鹽腦務課、煙草課和酒課，〔註2〕在台灣與日本各地分設台中、台南、嘉義、屏東、花蓮港和神戶等六個支局；宜蘭、新竹、豐原、埔里、鹿港、布袋、北門、烏樹林、高雄、旗山、恆春、澎湖、台東等十四個出張所；以及台北菸草工場、台北酒場、樹林酒場、斗六酒場等四個工場。以上各機關，設有局長一名，依職位次序尚有參事六名、副參事三名、技師十一名、及書記、技手、囑託、雇員等，共計職工 2,312 名。〔註3〕

關於專賣制度的實施，總督府專賣局指出：專賣制度為間接稅收之延伸，原意主要為增加政府歲收。台灣總督府專賣局之成立亦有此目的，並藉此維護台灣島民之衛生保健、振興產業及增進島民財力。〔註4〕至於各項專賣品所以實施專賣之目的，原因如下：

關於鴉片，總督府專賣局謂：鴉片專賣制度主要在嚴禁一般島民吸食，對於已吸食成癮、必須藉由吸食鴉片以度餘生之患者則有限度的給予許可，長期目標是要達到完全根絕鴉片之吸食。販售鴉片之所得全數使用於改善上水道、下水道、市區改建、防疫費用、醫院衛生設施等支出。〔註5〕

關於食鹽與樟腦之專賣，專賣局指出：首先復建並擴建已荒廢之鹽田，更進一步改良製鹽品質，以充分供應台灣島內外之需求並力圖價格之低廉。樟腦專賣方面，為防止濫伐樟樹，應有計畫性的造林並尋求最經濟之採收方式。因應永久性世界市場需求的同時，應力圖改善品質、確保聲譽，使之成為台灣一大特產。〔註6〕至於菸草，則稱：台灣菸草來源向來依靠中國提供，要達到菸草原料自給自足，除了要在菸草製造品質上力圖發展外，同時也要

〔註2〕關於「煙」與「菸」，《台灣省菸酒公賣局局志》中提到：「自改制以後，台灣一向所熟知之『煙』字，則以古字『菸』代替。台灣省菸酒公賣局編，《台灣省菸酒公賣局局志》，頁 17。本文全文除日文之用字仍作「煙」字，引用資料採原用字外，文字統一起見，一概採用「菸」。

〔註3〕台灣總督府專賣局編，《台灣總督府專賣事業》（台北市：台灣總督府專賣局，1927），頁 2～4。

〔註4〕台灣總督府專賣局編，《台灣總督府專賣事業》，頁 4。

〔註5〕台灣總督府專賣局編，《台灣總督府專賣事業》，頁 5。

〔註6〕台灣總督府專賣局編，《台灣總督府專賣事業》，頁 5。

兼顧台灣島民之健康保健並滿足抽菸嗜好之需求，亦可期待成爲總督財源收入之一。〔註7〕

　　各項專賣品辦理的結果，專賣收入的增加最爲顯著，故專賣局謂：「以上各種專賣事業自開辦以來業績遠超出預期，其歲收亦逐年增加。總督府特別會計針對台灣收入不足之部份係應由一般會計補足藉以維持經營，此項預算編列至明治42年（1909）止；但至預算編列年之四年前，也就是38年，台灣歲收支出已能完全自主獨立，這樣的成就可說是拜專賣制度實施成功之賜。」〔註8〕

　　酒類管理的構想源自後藤新平，1904年（明治37年）指派了財政部長藤本鐵治進行台灣全島酒類概況的調查，〔註9〕1907年（明治40年）總督府決定抽取酒稅，〔註10〕至1922年酒類始辦理專賣。酒類專賣主要目的是「將酒稅作爲新關財源收入，將酒類製造管理交由政府機構管理的同時，也是爲了有效管理、提供優質酒類、兼顧島民健康保健，這可說是與鴉片管理一樣是一舉兩得的政策。自古以來，酒類專賣在世界其他各地是甚爲少見的制度，對我國而言也是首創之舉。如何致力成功執行以做爲世界典範將是未來應努力的重點。」〔註11〕

　　鴉片專賣因嚴禁不可行，實施專賣，既可增加財政收入，又可收漸禁之效。鹽在前清實施專賣，停辦之後，囿於產銷的不健全，供需難以平衡，專賣有利於鹽的控制與分配。菸、酒等屬於嗜好品，樟腦有良好的商業利潤，採行專賣對於財政的裨益極大。從以上各項專賣品專賣的實施，我們很難從中歸納出總督府專賣局選擇專賣品的標準和範圍，可以肯定的是，專賣制度對於日本在台灣的統治有高度的意義，日本在台灣多項建設與政策的達成，均取之於專賣利益，與專賣制度的推展有密切關係。

二、專賣項目的辦理

　　日本治台專賣事業發軔於1897年，台灣鴉片專賣命令爲其濫觴；漸及於

〔註 7〕 台灣總督府專賣局編，《台灣總督府專賣事業》，頁6。
〔註 8〕 台灣總督府專賣局編，《台灣總督府專賣事業》，頁6。
〔註 9〕 台灣總督府專賣局編，《台灣總督府專賣事業》，頁6。
〔註10〕 1907年8月律令第6號發布台灣酒造稅規則，同年11月1日實施。台灣總督府專賣局編，《台灣總督府專賣事業》，頁199。
〔註11〕 台灣總督府專賣局編，《台灣酒專賣史》，上冊（台北市：台灣總督府專賣局，1941年），頁87～89。

鹽及樟腦。在整個專賣制度實施的過程中，專賣事業依專賣品的種類分為三個階段。即：第一階段：1897 年至 1901 年 5 月專賣局成立前，鴉片、鹽、樟腦三者互不統屬，各自經營的時期。這三項專賣品，在清代皆曾經實施過專賣，也是各自為政的狀態。第二階段：1901 年到 1942 年，專賣品擴及菸、酒、無水酒精。除了在菸酒加入專賣，因設立菸酒工場投入設備經費，致使專賣收入呈現短暫性的減少外，整體而言，這段時期的專賣收入頗為豐碩，專賣事業穩健的達到高峰。第三階段：1942 年到 1945 年，戰時體制時期下，專賣品陸續增加，火柴、度量衡、石油及苦汁，種類增加到十種之多，專賣收益較之前兩期增加。各專賣品辦理情形如下：

（一）鴉片

台人吸食鴉片之風，由來已久，並且相當普遍。內務省衛生局長後藤新平向首相伊藤博文條陳台灣島施行鴉片制度的意見時，便指出斷然將鴉片採取嚴禁，必不可行，故建議採取漸禁主義。經過多次審議，頒布了台灣鴉片令後，於 1987 年 4 月 1 日起辦理鴉片專賣。為落實此項政令，便展開鴉片癮者的調查，迄 1900 年 9 月告一段落。凡經登記之煙民，仍許吸食。至 1904 年與 1908 年又經兩次調查，允許補行登記。在台灣鴉片令施行後，鴉片煙癮者逐漸減少。依據統計，經登記的鴉片煙吸食者在 1900 年計有 169,064 人，至 1925 年降至 34,359 人，1942 年降至 2,108 人。〔註 12〕

在原料方面，1912 年以前主要購自香港；1912 年以後，受到萬國鴉片會議決議禁止鴉片自由買賣的影響，鴉片改由產地如波斯、土耳其及印度等直接購入。鴉片煙膏的調製，由總督府在台北所設立的製藥廠負責，煙膏製成後由專賣局發給地方州廳；在州廳政府發給特許的批發商轉配給零售商，由零售商賣給吸食者。因採取漸禁的政策，隨著吸食者的減少，鴉片煙膏的製造量與銷售價值也逐年的減少。

（二）鹽

日人領台初期廢除鹽的專賣，罷除鹽禁，開放自由買賣。在政府不抽稅、不干預的情況下，鹽業應會日漸興盛才對，結果是「鹽田逐日荒蕪，產量大減」。1899 年 4 月，總督府決定重新辦理鹽專賣，於是公佈食鹽專賣

〔註 12〕 台灣總督府專賣局，《台灣總督府專賣事業》，頁 9～10；1942 年數據為台灣
　　　　 總督府專賣事業第 42 年報之統計，轉引自張奮前，〈台灣專賣事業之演進〉，
　　　　 頁 22。

規則，設立台灣鹽務局掌理食鹽收購、銷售、檢驗等一切專賣事宜。〔註13〕
當時台灣總督府對於食鹽專賣所持的理由為：1、鹽田荒蕪；2、人民無法
廉價取得食鹽；3、違背當初總督府收攬民心的立意；4、食鹽乃民生必需
品；5、總督府可以增加一筆財政收入；6、利用台灣天然優良的地勢與氣
候發展鹽業；7、擴大台灣的鹽田規模以達到自給自足的目的；8、將台鹽
外銷日本以刺激日本的製鹽業；9、以後可將外國鹽從日本逐出；10、抵制
大陸鹽的輸入。〔註14〕

　　日治時期食鹽專賣的方式分為三個階段：第一階段：1899年5月至1905
年3月之四級制。即：專賣局——承銷組合（一級）——鹽務總館（二級）
——鹽務支館（二級）——零售商（四級）——消費者。第二階段：1905年
4月至1926年7月之三級制。即：專賣局——承銷總館（一級）——鹽務支
館（二級）——零售商（三級）——消費者。第三階段：1926年8月至1945
年之二級制。即：專賣局——食鹽承銷商（一級）——零售商（二級）——
消費者。

　　台灣的鹽業在日本統治時期的發展，早期以安定民心為主要目的。第一
次世界大戰後，日本經濟更為繁榮，國內工業用鹽的需求量大增，急需食鹽
補充。1915年以後，為補充日本本土工業用鹽，在確立以食鹽與鹼自給自足
為目標情況下，台灣專賣局大規模開發鹽田。1919年成立台灣製鹽株式會社，
鼓勵鹽民修復鹽田、開闢新鹽灘、並收購原有私人鹽灘加以整理改造，推展
集體經營制度。北門鹽場的蚵寮鹽田、王爺港鹽田，以及七股鄉的七股鹽田
都是在此期間陸續興闢完成的。1937年為配合日本軍事擴張，更設立南日本
鹽業株式會社，除開闢布袋、七股、烏樹林等鹽田外，並推食鹽化工業，將
主要的副產品、苦汁等，應用在礦業、水泥及軍事工業上。由日本財團投資，
專賣局徵收民地為其鹽田用地，預計開闢年產45萬噸工業用鹽的鹽田及營造
苦鹵場。另外為配合戰爭之所需，由日本曹達、日本鹽業、台灣拓殖等三大
會社出資成立南日本化學工業株式會社，專門從事以鹽和鹽的副產品為原料
的化學工業。

　　鹽的專賣是鹽利的獨占，在日本的殖民統治下，這樣的獨占又加入了排

〔註13〕台灣總督府專賣局，《台灣總督府專賣事業》，頁17。
〔註14〕李秉璋，〈日治時期台灣總督府的鹽業政策〉，國立政治大學歷史研究所碩士
　　　　論文，1991年，頁19。

外的色彩。鹽田規則第二條明確規定只准日本人開發鹽田，排除了外國資本分享鹽利的可能性，台灣鹽商在此時期只具有消極的附屬地位。

（三）樟腦

1899 年台灣總督府公佈台灣樟腦局官制，台灣樟腦及樟腦油製造規則，同年 8 月 5 日起實行專賣。隨之在台北、新竹、苗栗、台中、林圯埔（竹山）、羅東等六地，設立樟腦局，直隸於總督府民政部殖產課，掌理樟腦之收購，檢驗及配銷。台北樟腦局並設有南門工場，從事樟腦及樟腦油之加工及樟腦油之再製試驗。1900 年 7 月，樟腦機構組織擴大，台北樟腦局改為樟腦總局，其他各地樟腦局改為分局，並於各地普設督察所。

1901 年總督府專賣局成立後，樟腦的專賣移歸其管轄。1903 年公布粗製樟腦油專賣法。由於樟腦的生產分散各地，管理困難，為減輕成本，1919 年將樟腦生產改為官督民辦，並成立台灣製腦株式會社總理其事。〔註 15〕至於販售，則仍維持由專賣局專賣。1930 年，日本製腦株式會社在台北設立支社，辦理精製樟腦的工作。1934 年以後，因人造樟腦的競爭，樟腦的產銷呈現下滑的趨勢。日治時期，在日本政府與日本資本家的合作操縱下，輸出完全由其壟斷。在產量與銷售方面，起伏變化甚大，尤其在日治後期，產量與銷售萎縮更是明顯。

（四）菸草

台灣菸草之栽培，清代劉銘傳撫台時，全島有多處種植。菸實施專賣後，菸葉的種植便採取許可制，非經專賣局許可，不得擅自耕作。當時，台灣菸草種植的種類有中國種、黃色種及雪茄菸草三種。隨著菸業日漸發達，種菸面積，日益增加。

基於財政的考量，日本參考歐洲各國菸草專賣的政策，〔註 16〕自 1904 年

〔註 15〕 台人製腦業者，在專賣實施及日本資金進入後，明顯的受到排擠，從當時台灣製腦株式會社成立之時的權利金分配的情形觀察，日人的權利金占 92%以上。後來，台人的製腦業者，僅餘台中林烈堂一家。台灣總督府史料編纂委員會編，《台灣樟腦專賣志》（台北市：台灣總督府史料編纂委員會，1924 年），頁 100～101。

〔註 16〕 1904 年菸草專賣實施前，日本派遣仁尾惟茂赴歐考察各國的菸草專賣事業，評估菸草專賣的可行性。財政經濟學會編，《明治大正財政史》（東京：財政經濟學會，1936 年），第 9 卷，頁 86。專賣局調查股，〈各國煙草事業に關する調查〉，《專賣通信》14：4（1935 年 4 月），頁 124～125。

起實施菸草專賣，包括製造、販賣、輸入皆由大藏省專賣局負責。〔註17〕1905年（明治38年）4月，配合日本本土的菸草專賣、以及1904年日俄戰爭爆發後，日本政府對台灣補助金減少，為增加台灣財政的收入，該年4月1日起，台灣開始實施菸草專賣。〔註18〕

　　菸草專賣之後，菸的製品主要有三種，即：菸絲、捲菸（紙菸）、雪茄菸。菸絲的加工製造採取委託制，因當時菸絲之製造主要為台灣本地人，故由專賣局提供原料，以「命令書」方式交本地生產業者，在台北與台南各委託四人製造。〔註19〕為加強管制，專賣局在於1910年5月間，在台北廳大加蚋堡大稻埕下奎府街，建築鍋爐間、工場、倉庫、辦公廳及其他附屬建築物，於次年完工，即為台北菸草工場。台北菸場平均每日產菸絲10,000餘斤，足供全省之用，包商委託的方式乃告終止。

　　中日事變發生後，日本積極南進，太平洋戰爭爆發。台灣總督府為求避免空襲損失，遂將台北菸場中製捲菸之機器，移設松山，又於松山建築新場，至1939年竣工。規模宏大，數倍於台北菸場，設有新舊製紙菸機40餘部，每日可產紙菸10,000,000枝，於是台北菸場遂暫停製造紙捲菸，改製造菸絲及雪茄菸二種。後因紙菸供不應求，松山菸場不能達到預定製菸數量，復將松山場製捲機10台撥還台北菸場，台北菸場恢復製造紙菸。

　　菸絲又稱散菸，是私營時期台人慣於吸食的菸。〔註20〕菸絲產量在1915年因台北菸場開始生產捲菸後，受到台北菸場捲菸的生產與捲菸吸食人口漸增的影響，菸絲產量有遞減的現象。至於捲菸，台灣捲菸之供應，在台北菸場尚未生產之前，台灣所需的捲菸多自日本輸入，再由專賣局配銷出售，台北菸場開始製造後，便由台北菸場供應。

〔註17〕財政經濟學會編，《明治大正財政史》，第9卷，頁123～129。
〔註18〕賀來佐賀太郎，〈煙草專賣の跡を顧みて〉，《專賣通信》14：4（1935年4月），頁16。
〔註19〕台灣總督府專賣局，《台灣總督府專賣事業》，頁67。
〔註20〕專賣實施後，初仍沿用舊稱：1933年始改條絲菸為瑞菸，分一、二、三等；改赤厚菸為福菸、祿菸、壽菸3等；改麟菸為龍菸、鳳菸、麟菸3等。其中以瑞菸最優，價錢也較貴。1934年有Takasago（高砂）出品，專供原住民需用。1936年改瑞菸為「牡丹」，龍、鳳、麟、福、祿、壽等牌名菸絲均廢止，而新製「白菊」、「玉蘭」、「水仙」3種。1940年因專賣法推及所謂「行政區域」之內的原住民，又發賣專供原住民因用的「日の丸」。周憲文，〈日據時期台灣之專賣事業〉，《台灣銀行季刊》9：1，頁25。

　　當時，菸類製品的銷售採取配銷制度，由專賣局將產品交配銷人代售。實施之初，銷售機構分為三級，即：專賣局——元賣捌人（經銷商）——仲賣捌人（配銷商）——小賣人（零售商）。經銷商人由專賣局指定，其他則由地方機關核定。由於配銷商的配銷並未指定銷售區域，衍生出削價銷售的惡性競爭。1914年將配銷商這個層級廢除，改為經銷商與零售商兩級制。〔註21〕至於經銷商人的配菸方式，為任意選購；但至第二次世界大戰後期，由於產量的減少，改採用定量配售。〔註22〕戰時定量的配售影響也對零售造成衝擊，有零售商回憶：「戰爭期間各項物資都十分缺乏，甚至達到『配給』的程度。我印象最深的是總督府專賣局會在每週二時，分配一、二箱香菸給各店小賣人，因此每週二的一大清早，就有不少男性在我的店門口排隊買香菸。」〔註23〕

圖 2-1　日治時期臺灣煙類與外煙銷售價值比較

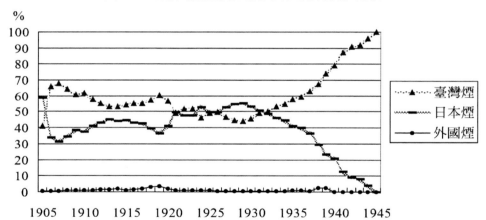

資料來源：台灣省行政長官公署統計室編，《台灣五十一年來統計提要》，1946年。

　　日治時期，香菸除了台灣菸外，日本菸與外國菸在台灣都有不同程度的銷售，其消費情形如圖2-1。台灣製造的菸銷售價值略高於日本菸，外國菸的銷售始終不多。此外，從圖2-1中可以發現，日本菸與台灣菸在銷售價值上，自1932年後，呈現兩個極端的走勢。日本菸的銷售價值所以逐漸下降，除了因為日本菸「易受潮霉變」不受歡迎外，〔註24〕台灣捲菸製造設備的改善，

〔註21〕台灣總督府專賣局，《台灣總督府專賣事業》，頁70。

〔註22〕張奮前，〈台灣專賣事業之演進〉，《台灣文獻》17：1，頁33。

〔註23〕林良哲，〈一甲子的小賣人——鄒國孟和他的小雜貨店〉，收入《台中酒廠專輯》，頁99。

〔註24〕台灣省菸酒公賣局，《台灣省菸酒公賣局局志》，頁10。

台北及松山兩個菸草工廠的興建，捲菸產量增加是重要原因。

（五）酒

台灣民間長久以來即有釀酒飲用的傳統，全島各處都有大小不一的酒類製造者，也有許多家庭自行釀造飲用。其產品除沿襲自大陸傳統的紹興酒、高粱酒、燒酒、老紅酒等產品外，並利用台灣盛產豐富的稻米、地瓜、蔗糖等農作物，以釀造具有地域性特色的酒類，如米酒、糯米酒、蕃薯酒、糖蜜酒等。日治之後，台灣逐漸有許多較具規模的酒類製造廠設立，在1922年專賣實施前，台灣北、中、南各地已有許多由台人或日人所經營之規模設備完善、產品質量俱佳的酒廠。如芳釀株式會社、樹林紅酒株式會社、宜蘭製酒株式會社、埔里社酒造株式會社、中部製酒公司、大正製酒株式會社等大型酒廠。

日治初期殖民統治對於民間釀酒雖不加管制，但眼見酒類的飲用量在台灣逐漸增加，酒類生產、販售的利益甚豐。總督府為了增加財政收入，於是在1907年11月開始對民間酒類經營者徵收造酒稅，逐步進行酒類專賣制度的實施，台灣總督府從調查民營酒廠、壓制民間反對聲浪到說服議會的同意，總督田健治郎、總務長官賀來佐賀太郎及財務局長阿部滂是重要的推手。在日本眾議會貴族院的審查過程中，三人直接點出酒專賣的目的，其一在創造財源，作為教育與道路設施的來源。其二，從公共衛生的角度，酒有專賣的必要。〔註25〕故主張管制酒類，調節供需，乃藉口原有酒類製法幼稚，設備不全，品質惡劣，有害國民健康，於1922年（大正11年）7月1日實施酒專賣制度。酒之產製、銷售均由政府經營之；禁止民間以製酒為業，日本本國與外國酒的輸入也必須經由專賣局始可出售。但亦有不適用此原則而例外者。如：1、酒精製造在一定限制內，許可民營。但此項酒精製造，須以輸出為其主要目的。2、啤酒許可民營。因其屬於創舉，尚在試驗時期，故未加以限制，但須按石課稅。〔註26〕

〔註25〕 林良哲整理、林品桐翻譯，〈酒類專賣度的決定——1922年日本帝國議會的開會記錄〉，《台中酒廠專輯》，頁118～122。

〔註26〕 台灣總督府專賣局，《台灣總督府專賣事業》，頁88。啤酒專賣到1933年才實施，不過，在那個年代台灣人並不太喜歡喝啤酒，顧客群主要是日本人。當時「高砂麥酒」（今台北建國啤酒廠）為了推銷所產的啤酒，特請經銷商辦理免費試喝，當時不少第一次品嚐啤酒的民眾，非但即刻將酒吐出，還頻頻抱怨酒是苦的。林良哲，〈一甲子的小賣人——鄒國孟和他的小雜貨店〉，收入《台中酒廠專輯》，頁98。

　　銷售方面，民間不許自由營業，必須是專賣局指定之酒類經銷商、零售商，方可經營酒的配給、販賣。日治時期同時是菸、酒零賣商的黃景南回憶，「泉利商店擁有日本人所發給的『台灣總督府專賣局』牌及證照，因爲販賣菸酒要受管制，不能賣私菸私酒，所謂『掛牌』的商店才是正大光明的賣酒人家。」至於什麼資格的商店才能成爲零賣商？黃景南說：「大概是店面經營還算不錯就可以了，最重要的是方圓五百公尺內不能有第二家小賣人，以免彼此搶生意。」〔註27〕另一家名爲「廣進商號」的菸、酒零賣商說：「有資本和店面還不能開設，必須經過政府的評估才行，因爲政府對於小賣店（零賣商店）是採取特許制度，官廳先參考申請者所申請的位置，是其與其他小賣店的距離，並考量申請位置的居住人口，如果考慮了這些因素後還認爲有設立需要時，才會允許新的小賣店成立。」〔註28〕

　　台灣製造酒類爲釀造酒、蒸餾酒、再製酒三類。例如：清酒、啤酒、葡萄酒、濁酒等謂之釀造酒。酒精、燒酒、米酒、糖蜜酒等謂之蒸餾酒。紅酒、藥酒、白酒等謂之再製酒，專賣制度包含上述酒精及含有酒精之飲料在內。普通酒類含有酒精成分約在 40 度左右，如清酒則不超過 16、17 度，超過 50 度以上之飲料極爲稀少，近因酒精工業發達，製造含有高度酒精之飲料增多。依照專賣法令，酒類含有酒精成分 90 度以上者，視爲酒精，未滿 90 度之酒精或含有酒精之飲料，按照酒類處理之。

　　酒類專賣機關除本局外，於全台設五分局，七辦事處。獨立工廠三處，餘爲各分局附屬工廠，從事製造販賣。酒類販賣由各分局辦事處配給經銷商後，再行轉配零售商。經銷商依照規定，必須遵守的事項。即：1、對於經銷商採用四個月預納擔保制。2、對零售商採取現金制。3、經銷商須嚴格要求零售商遵守定價制度。〔註29〕

　　酒的販賣方面，過去有桶裝、瓶裝、或論斤出售者，專賣以後，瓶裝酒漸成趨勢，由於瓶上貼有政府之證票及封緘票，不失爲一種有效的保證。至於一般台灣本地蒸餾酒，論斤販售者則於零賣商店中備有檢定器具，若懷疑賣方有摻水之嫌，消費者可要求店主檢定之。如圖 2-2 所示，日治時期台灣酒類的消費主要是以台灣製造的酒爲主，日本酒次之，外國酒的消費明顯偏低。

〔註27〕蔡雅芬，〈黃泉利商店的傳家寶「酒量度針」〉收入《台中酒廠專輯》，頁74。
〔註28〕林良哲，〈一甲子的小賣人——鄧國孟和他的小雜貨店〉，收入《台中酒廠專輯》，頁99。
〔註29〕台灣總督府專賣局，《台灣總督府專賣事業》，頁91～92。

箇中原因，除了因日本酒的售價比較高外，也在於酒是種嗜好品，台灣人有其習慣的酒類，例如白露酒、紅露酒等，這一點從戰後日僑遣返後，清酒的生產量大幅降低可以略知。〔註30〕

圖 2-2　日治時期臺灣酒類與外酒銷售價值之比較

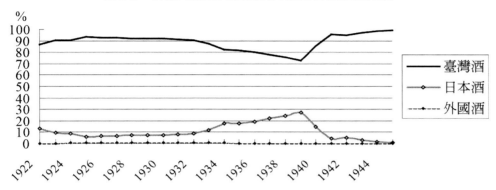

資料來源：台灣省行政長官公署統計室編，《台灣五十一年統計提要》，1946 年。

（六）其它

　　火柴及度量衡之專賣，始於 1942 年（昭和 17 年），而石油的專賣則於 1943 年實行，專賣目的帶有節制消費的用意。以上專賣品因實施時間較短，在整個專賣事業中，所占地位並不顯著。火柴專賣之前，台灣火柴大多由日本輸入，受台灣總督府所屬之工商科統轄。當時，火柴已逐漸成為民生必備用品。據 1939 年（昭和 15 年）台灣總督府針對當時台灣人火柴使用量所作的調查顯示，台灣平均一人一天使用 11.5 根的火柴，火柴屬日常生活中消耗量高的用品。〔註31〕有鑑於台灣火柴需求量甚大，且多依賴日本輸入為主，先後曾有艋舺火柴製造廠、日本製材燐寸株式會社、台灣燐寸株式會社的設立。

　　日治時期火柴的輸入，也是由日本財團壟斷，經營項目橫跨台灣茶、糖、米、樟腦等重要產業的三井物產株式會社，在台灣火柴的進口同樣具有重要的地位。三井的火柴中，最具代表性的便屬月琴牌，據《台灣日日新報》記載：「月琴牌細軸火柴初移入本島時，僅先在台南等南部地區販賣，而後漸拓展至中部、東部，在台灣頗受好評，現在（1905 年）的銷售量已達全台火柴

〔註30〕台灣省菸酒公賣局，《台灣省菸酒公賣局局志》，頁 131。
〔註31〕久米幸延，〈燐寸專賣餘錄〉，《台灣の專賣》（台北市：台灣總督府專賣局，1942 年），頁 9。娓原通好，《台灣農民生活考》（台北市：松浦屋印刷部，1941 年），頁 145。

使用量的半數。」〔註32〕

　　1937 年中日戰爭爆發，爲增加政府財政收入，1938 年開始徵收火柴稅；1940 年火柴被納入配給的項目中；爲確保火柴供給與分配，台灣總督府在 1942 年 6 月 25 日公佈「燐寸專賣令」，1942 年 7 月起實施，火柴列爲專賣品。同年，總督府將台灣燐寸株式會社收爲國有，受戰爭影響，日台兩地運輸困難，且該廠產量不足以供給一般消費所需，1943 年在新竹另立新廠。當時生產預計以月製 3,000 噸爲目標，惟器材及原料來源取得不易，新設的新竹廠受到盟機轟炸，產量不如預期。在專賣時期，火柴的配銷依序爲專賣局——經銷商——零售商，才到消費者手中。火柴包裝形式共分爲家庭用，普通火柴用兩種，當時普通火柴有「新高」、「甲冑」兩種牌名。

　　度量衡的專賣，開始於 1942 年 6 月 24 日，相較於上述各項物品，爲時較短，地位也不重要，很多論文在談到專賣時，多半略而不論。〔註33〕度量衡器原屬官營業務，由殖產局辦理。第二次世界大戰後期納入專賣。相關之業務是由台灣總督府專賣局菸草課之度量衡係（係相當於課）辦理，並設度量衡所於台北市兒玉町（今南昌路附近），所內設總務、檢定、工廠三係，辦理度量衡之製作、鑑定、買賣等事項。度量衡器的專賣，主要目的在藉著度量衡的統一製造，達到統一度量衡制度的目的。

第二節　日治時期專賣事業的檢討

　　專賣的形成，不是基於自然獨占等成本因素，而是基於政府的政策考量。這個現象從日治時期各項專賣市業陸續開辦的情形可以見得。關於日治時期的專賣事業，本節討論的重點有二個：首先，討論專賣在台灣財政的地位。其次將探討專賣制度的缺失與專賣事業運作的弊端，進而闡明專賣制度對台灣社會經濟之影響。

一、專賣與台灣財政

　　日治時期台灣財政經濟的發展，與日本的殖民政策及統治政策關係密

〔註32〕〈燐寸商況〉，《台灣日日新報（漢文版）》第 2041，1905 年 2 月 23 日。
〔註33〕周憲文，〈日據時代台灣之專賣事業〉，《台灣銀行季刊》9：1，頁 11～32。何思瞇，〈日據時代台灣專賣事業初探〉，《中國歷史學會史學集刊》21（1989 年 7 月），頁 297～335。

不可分。台灣被日本統治殖民五十年，故財政上帶有強烈的殖民地色彩。所謂「財政為庶政之母」，日人治台後，為使台灣對日本經濟發展產生補充作用，對台灣的開發不遺餘力。然而，開發需要經費，日人銳意整頓台灣財政，為謀求歲入的增加，乃建立以間接稅為中心的租稅。同時，為了保護日本資本家在台灣的發展，重課農業所得，而輕課工商所得。蓋從事農業者，台灣人也，而從事工商所得者，多為日本人，「殖民地型財政」的特質由此可見。〔註34〕

　　日本治台之初，台灣財政並不足以自給，1896年到1904年間，多半仰賴日本「補充金」的補助。1905年，日俄戰爭爆發，日本國內財政困難，補充金因而中止。此時台灣因農工商業逐漸發展，專賣事業陸續收效，土地稅等其它各項收入漸豐，台灣財政漸趨穩定，能夠撥款從事各項建設，甚至挹注日本內地。特別是在第二次大戰期間，轉而供應日本大量軍費。〔註35〕關於台灣財政的分期，約可分為五個時期，第一期，1896～1904年係創業階段，此階段的特色是一面仰賴日本的補助，而一面創設新事業，例如專賣事業便是此階段計畫之一部份。第二階段為1905～1913年係財政黃金期，台灣每年僅藉著經常收入，便可進行鐵路、海灣的工程。第三階段為1914～1920年係第一次大戰影響時期，由於歐洲各國受戰爭的影響，無暇顧及亞洲市場，台灣輸出品在市場上有很好的收益，財政歲入不斷增加。第四階段1921～1934年，為財政轉折期，受到戰後不景氣的影響，財政收入降低，必須致力於增加收入，例如1922年創設酒的專賣等。第五期1935～1945年，受中日戰爭的進行、日本南方政策積極化的影響，一方面實施稅制改革，一方面擴大各項生產事業，財政收入快速膨脹。由於戰爭軍費的支出，本階段歲出也迅速膨漲。此階段專賣事業不同於其他公營事業，專賣收入仍然呈增加之勢，不過因為總督府擴大其他各項租稅的緣故，專賣收入在台灣財政歲入所占之比率，因其他租稅亦相對增加之故，如表2-1所示，比率上升的趨勢並不明顯。〔註36〕

〔註34〕黃通、張宗漢、李昌槿合編，《日據時代台灣之財政》，頁16～17。

〔註35〕北山富久二郎在〈日據時代台灣之財政〉一文中曾指出台灣財政特色之一，便是完全沒有軍事費的負擔，該文完成於1934年，北山富久二郎大概無法預測到在1935年以後，台灣財政收入會這樣大額的投入對日本軍事費用的支助。北山富久二郎，〈日據時代台灣之財政〉，收入台灣經濟研究室編，《台灣經濟史八集》，（台北市：台灣經濟研究室，1966年），頁88。

〔註36〕有關日治時期台灣財政的分期，本文參酌張漢裕，〈日據時代台灣經濟的演變〉

表 2-1　歷年專賣收入對經常歲入之比較

單位：元

| 分　期 | 年　度 | 經常歲入 | 專賣收入 | | 專賣占經常歲入比率 |
			金　額	指　數	
第一期	1897	5,315,905	1,640,213	100	30
	1898	7,493,655	3,467,664	211	46
	1899	10,158,652	5,439,283	332	54
	1900	13,062,521	8,345,581	509	64
	1901	11,714,648	6,568,489	400	56
	1902	11,876,854	6,210,107	379	52
	1903	12,396,007	6,351,406	387	51
	1904	16,170,335	7,877,774	480	49
第二期	1905	21,699,929	10,605,084	647	49
	1906	25,656,672	13,055,171	796	51
	1907	28,850,117	15,945,635	972	55
	1908	26,832,438	11,084,821	676	41
	1909	30,606,087	13,632,619	831	45
	1910	41,364,163	15,034,456	917	36
	1911	42,393,795	15,659,246	955	37
	1912	42,530,920	16,360,690	997	38
	1913	39,216,600	15,903,189	970	41
第三期	1914	39,007,619	15,911,600	970	41
	1915	46,220,987	16,588,330	1,011	43
	1916	50,355,536	20,146,957	1,228	44
	1917	54,700,182	22,138,847	1,350	44
	1918	66,630,151	23,255,076	1,418	43
	1919	81,136,067	27,408,212	1,671	41
	1920	70,438,180	32,141,278	1,960	40
	1921	81,832,456	22,551,677	1,374	32

及周憲文，〈日據時代台灣經濟史〉與黃通、張宗漢、李昌槿合編，《日據時代台灣之財政》等文作五期歸納，各期之財政特徵，詳見張漢裕，〈日據時代台灣經濟的演變〉頁 447～448；周憲文，〈日據時代台灣經濟史〉，頁 304；黃通、張宗漢、李昌槿合編，《日據時代台灣之財政》，頁 74～82。

	1922	86,124,328	37,178,184	2,267	45
	1923	86,124,328	41,964,833	2,558	49
	1924	85,255,818	39,706,918	2,420	47
	1925	92,052,322	42,367,624	2,583	46
	1926	96,588,358	42,688,359	2,603	44
	1927	93,215,763	40,330,198	2,459	43
第四期	1928	104,377,526	47,255,360	2,881	45
	1929	107,581,500	48,473,035	2,772	45
	1930	98,516,544	48,473,404	2,644	44
	1931	93,352,371	39,468,968	2,406	42
	1932	96,583,189	40,648,456	2,478	42
	1933	100,664,080	41,045,534	2,502	41
	1934	110,614,520	46,302,169	2,823	42
	1935	123,407,834	51,004,857	3,110	41
	1936	138,114,215	56,969,481	3,473	41
	1937	153,455,476	61,404,102	3,744	40
	1938	176,713,773	68,188,630	4,150	39
	1939	216,356,143	83,283,528	5,078	38
第五期	1940	245,853,437	90,294,297	5,505	37
	1941	265,864,601	100,043,768	6,099	38
	1942	305,863,134	114,333,959	6,971	37
	1943	390,665,031	151,548,549	9,240	39
	1944	493,634,907	200,881,247	12,247	41

資料來源：台灣省行政長官公署統計室編，《台灣五十一年來統計提要》，1946 年；張漢裕，《經濟發展與農村經濟》（台北市：張漢裕博士文集出版委員會，1984 年），頁 447～448。

圖 2-3　日治時期歷年專賣品收入比較圖

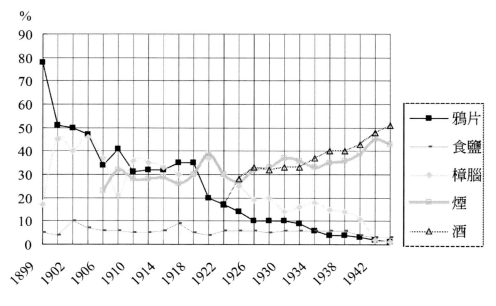

資料來源：台灣省行政長官公署統計室編，《台灣五十一年來統計提要》，1946 年。

　　由表 2-2 與圖 2-3 更可以發現，各專賣品在專賣收入所占的比率，不同時期有著極為顯著的差異。第一期，專賣收入中以鴉片占最多，樟腦次之，食鹽最少。第二期，鴉片的收入雖然仍居於第一位，但收入已不如從前，有降低的趨勢；樟腦的收入增加，與鴉片收入不相上下。菸草專賣後，菸草的收入逐漸有凌駕鴉片、樟腦之勢。第三期，菸的收入逐漸增加，1919年後超越了鴉片、樟腦而居第一位。第四期，菸草居第一位，酒類與其不相上下，樟腦第三，至於鴉片收入，則以遠不及前二者了。第五期，酒類收入躍居第一位，菸草次之。菸酒兩項專賣品，自 1938 年起，兩者合計，占全部專賣收入 80% 以上；1942 年以後，更躍升到 93%。而樟腦與鴉片的收入則明顯下降，特別是鴉片，它的收入，到此階段甚至比一直以來居於末位的鹽還要低。

　　日治時期的專賣事業，第一期並沒有統一專賣組織，專賣局成立後，有計畫的實施執行，專賣利益對於台灣財政的挹注，顯著升高。如表 2-1 所示，專賣收入自 1897 年開始，每年逐漸的增加，1944 年的專賣收入已達 1897 年收入的 120 倍以上，與同時間財政歲入的情形對照，1944 年政府財政收入為1897 年的 92.8 倍，專賣收入的增加較多。此外，周憲文在〈日據時代台灣之

專賣事業〉便曾指出：（一）自 1897 年到 1944 年，台灣的專賣收入雖有起伏，大體呈增加狀態；尤其以二次大戰末期，增加更甚。（二）台灣專賣收入在經常歲入中所占的百分比，平均都在 40%以上。循著周憲文所指出的特點，配合著台灣財政的分期觀察，1935 年到 1944 年台灣經常歲入與專賣收入均快速增加，專賣收入增加了近 150,000,000 元，如圖 2-4 所示，經常歲入與專賣收入呈現向上攀升的走勢。此階段專賣收入增加的可能原因有：第一，專賣品產量增多，使其收入相對提高。第二，戰時物價上漲，隨物價攀升。1935 年到 1941 年間，專賣收入主要來自菸酒，菸酒產量在 1932、1933 年均達到高峰，此一階段前半期專賣收入的增加，應是由於產量的提升帶動獲利的增加。至於 1943 年以後，如表 2-3 所示，菸酒的價格在 1937 年以後，價格的變動並不大；1943 年之後價格有增高的趨勢，由於產量的並無明顯的增加，與物價的上漲及菸酒價格的調漲有密切關係。

表 2-2 日治時期各項專賣物品收入比率比較表

單位：%

分　期	年　度	鴉　片	食　鹽	樟　腦	菸	酒
第 1 期	1899	78	5	17	—	—
	1900	50	4	45	—	—
	1901	43	8	49	—	—
	1902	50	10	40	—	—
	1903	57	8	35	—	—
	1904	47	7	46	—	—
第 2 期	1905	40	6	40	14	—
	1906	34	6	37	23	—
	1907	28	5	45	22	—
	1908	41	6	21	32	—
	1909	34	7	32	27	—
	1910	31	5	36	28	—
	1911	35	6	31	28	—
	1912	32	5	35	28	—
	1913	34	5	32	29	—

第 3 期	1914	32	6	33	29	—
	1915	35	5	31	29	—
	1916	35	9	30	26	—
	1917	36	6	32	26	—
	1918	35	5	30	30	—
	1919	28	4	33	35	—
	1920	20	4	37	39	—
	1921	34	6	16	44	—
第 4 期	1922	17	6	30	30	17
	1923	14	6	32	28	20
	1924	14	6	25	27	28
	1925	10	6	28	27	29
	1926	10	6	19	32	33
	1927	10	5	15	35	35
	1928	10	5	20	33	32
	1929	9	5	22	33	31
	1930	10	6	14	37	33
	1931	9	6	15	37	33
	1932	9	6	16	36	33
	1933	7	7	14	37	35
	1934	6	6	18	33	37
第 5 期	1935	5	6	15	35	39
	1936	4	6	15	35	40
	1937	4	5	14	37	40
	1938	4	6	14	36	40
	1939	3	4	13	36	44
	1940	3	4	11	39	43
	1941	2	4	9	41	44
	1942	2	4	3	45	48
	1943	1	4	1	41	53
	1944	1	3	1	43	51

資料來源：台灣省行政長官公署統計室編，《台灣五十一年來統計提要》，1946 年。

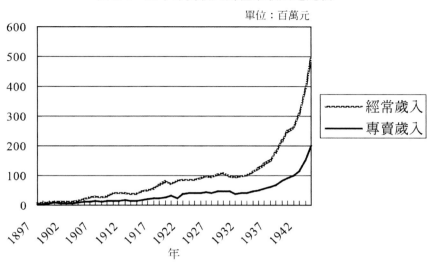

圖 2-4　歷年專賣收入對經常收入之比較

單位：百萬元

資料來源：台灣省行政長官公署統計室編，《台灣五十一年來統計提要》，「台灣五十
　　　　　年來統計公賣局概況」，表 366-367，表 373-374，1946 年。

　　從日治時期專賣事業的發展觀察，鴉片、樟腦在前二期，占有重要的地
位，但鴉片專賣本身的目的並不在獲取專賣利益，隨著鴉片吸食人數的減少，
收入遞減。樟腦的經濟價值因科學文明的發展而提升，亦隨著科學的發明--
人工樟腦的問世，在第四期以後，逐漸沒落。鹽由於專賣的目的原本就是基
於民生物資的考量，增加徐緩，收入始終不多。日治時期專賣品中，以專賣
收入爲出發點的應爲菸與酒，菸酒專賣收益隨著其產量的擴大，在專賣收益
中所占的比率持續擴大。賦稅爲現代財政的常態，由於日治時期台灣民間私
人產業尚未發達，稅源不豐，徵收直接稅給予民衆的不良的觀感。專賣則不
然，專賣爲間接的消費稅，負擔者的感覺沒有直接稅那麼敏感。因此，大衆
生活用品，例如菸、酒、鹽的專賣成爲一項得策的收入。

表 2-3　1935～1944 年捲菸及酒類銷售價值比較

年　度	香　菸（萬支）			酒　類		
	銷售數量 （10 萬支）	銷售價值 （萬元）	單位價值 （元／10 萬支）	銷售數量 （公石）	銷售價值 （千元）	單位價值 （公石／元）
1935	7526	1126	1497	17600	13753	781.5
1936	8263	1264	1530	20322	15869	780.9

1937	10052	1536	1528	17363	16821	968.8
1938	14863	1953	1314	24014	19753	822.6
1939	23125	2520	1089	25658	22901	892.6
1940	27756	3439	1239	21032	28588	1359.3
1941	33874	3995	1179	26301	32126	1221.5
1942	35625	4729	1327	36333	40128	1104.5
1943	43260	6935	1603	33773	68730	2035.1
1944	38509	6983	1813	31629	84344	2666.7

說明：由於《台灣五十一年來統計提要》中僅有香菸的銷售價值統計，無捲菸的銷售
　　　的價值統計，本表爲對照黃通、張宗漢、李昌槿編，《日據時代台灣之財政》，
　　　表43計算推估而來。

資料來源：台灣省行政長官公署統計室編，《台灣五十一年來統計提要》，1946年；黃
　　　　　通、張宗漢、李昌槿編，《日據時代台灣之財政》，表43。

二、專賣制度運作的流弊

　　日人治台，與其它殖民主義國家僅以剝削殖民地之作法略有不同。日本
將台灣作爲其國民經濟的出路，統治之初除了致力於鎮壓反抗以求鞏固統治
外，並陸續推動土地制度改革、交通建設、發展農業、興辦水利、改善衛生
等各項基本建設，從而完成台灣資本主義化的經濟發展。不過日本的在台統
治仍不脫殖民主義的本質，以本國利益爲優先，落實在台灣，變形成日、台
兩地不平等的差別統治。這個情形在台灣經濟發展的脈絡中，清晰可尋。

　　在總督府「農業台灣、工業日本」的政策下，積極展開台灣的綠色革命，
致力農業改革，促進農業發展，建立了台灣以農業爲主的經濟。然而，在工
商業方面，商業化、工業化及主要城市的商業權，則全部操縱在日人的手中，
僅有手工藝、農業、漁業等部份行業，才給台灣人經營。〔註37〕有日治時期
台灣經濟發展的研究指出，日本帝國主義下的台灣經濟，是在總督府爲代表
的國家權力主導下，台灣本地資本受到日本資本與總督府統治權力的壓制，
台灣本地資本（地主制）的抵抗與弱體化的過程，包括專賣事業的推動，均
有濃厚的殖民地經濟色彩。〔註38〕

〔註37〕Myers, and　Mark R. Peattie, eds.　The Japanese Colonial Empire, 1895～1945
　　　　Princeton, N.J.：Princeton University, 1984。頁268～269。
〔註38〕涂照彥，《日本帝國主義下的台灣》（台北市：人間出版社，1991年）頁11～
　　　　12。

　　日治時期台灣的專賣事業，對台灣財政上的貢獻不容否認。然在總督府國家權力的宰制下，專賣事業由台灣總督府和日本資本家獨占，在日本創設的這個日台有別的經濟結構下，日本人一直是處在比較優勢的地位。專賣制度「不但促成官營的企業獨占，且靠指定委託的方法，給予民間資本加以獨占的地位。專賣事業是國家資本的獨占，且使民間資本家的獨占寄生其間；此所以專賣制度成為利權的源泉。」〔註39〕在各項專賣事業中，鴉片的製造由總督府專賣局獨占，輸入則大部份由三井物產會社所掌握。食鹽可分為天日鹽、煎熬鹽、洗滌鹽三種。天日鹽歸一般鹽業者，煎熬鹽則歸台灣製鹽株式會社，粉碎洗滌鹽由專賣局獨占；台鹽輸日，則由大日本鹽業株式會社掌控。樟腦，再製樟腦部份由專賣局經營，大部份歸日本樟腦株式會社台北分社；此外，山樟腦屬於台灣製腦株式會社，樟腦則由大日本賽璐珞株式會社獨占。菸草，台灣本地菸的製造歸於專賣局，外國菸的輸入則以三井為主。至於酒，1922 年開始實施專賣後，便強令所有民營造酒場約 200 所停業，另外建造專賣局酒工場。火柴，1942 年實施專賣前，三井株式會社便居重要角色；1942 年，生產與販賣全歸專賣局掌管後，日本火柴的輸入，依然由三井株式會所掌控。專賣制度促進了日本國家資本及日本私人資本的企業獨占。〔註40〕加上當時台灣產業無論是資本、技術、或經營多來自日本、影響台灣商業資本家的發展甚大。

　　為保護日本內地資本家而衍生的弊害，對台灣而言，影響的不只是一般本地資產者，即使一般的民眾，亦蒙受其害。以酒來說，「酒類實施專賣制度，不讓台灣人自己做酒，只允許專賣局生產，但是一些好酒因價格高昂，專賣局沒有生產，反而從日本內地進口來台灣，讓日本人可以賺台灣人的錢，並藉由此控制台灣的經濟。」〔註41〕台灣人不能釀造酒營利，在買酒時，只能買專賣局的酒，或者以較高的價格購買日本輸入的酒。

　　再者，從酒類生產及販賣角度言，在全面專賣後，獨有製糖會社酒精工廠的製造及島外販賣、啤酒的製造及販賣兩項例外的情形來說，專賣局的理由是「這在島內的消費極少，而其製造以向島外出口為主要目的」。這個說法言下之意為此二者的產銷與島內多數人無密切關係，故而專賣與否，影響不

〔註39〕周憲文，〈日據時代台灣專賣事業〉，頁 15。
〔註40〕周憲文，〈日據時代台灣專賣事業〉，頁 15。
〔註41〕林良哲整理，〈酒類專賣的田野調查〉，頁 99。

大。若將此二者與同是以外銷為主的樟腦相較，其結果正如矢內原忠雄所說：「顯然是在保護資本家的企業，使由國家資本及日本人資本的台灣酒類生產獨占資本主義化」。〔註42〕

　　1922 年酒類專賣在日本議會多次討論後，終於通過。對於這項專賣在 1922 年 2 月 6 日的眾議院預算審議委員會中，委員前川虎造便有此疑問，即：「（酒類收為專賣後）幾乎將台灣當地人原來的習慣全部廢止，自己所釀造的酒就非多支付若干價錢否則無法喝到，如此對台灣當地人唯一之慰藉品加以課稅，來增加總督府的收入，對於日本人喝的麥酒不課稅，如果台灣當地人把這件事這樣宣傳時，是否會影響台灣的統治？」〔註43〕也就是說啤酒排除在專賣外，獨厚了高砂麥酒株式會社，也獨厚了喝啤酒的日本人。酒的專賣，非但剝奪製酒者的利源，對於一般民眾而言，則增加了消費稅的負擔。

　　專賣品的配售方面，在各支局之下，設若干的賣捌所，負責領配專賣品後轉配該地區內零售商。經銷商由專賣局指定，零賣商則由州廳指定。經銷商的收益來自專賣品批發的佣金，佣金依專賣品種類、交通情況及距離遠近有所不同。以菸為例，早期佣金約為百分之九，戰爭末期逐漸降到百分之七。這筆佣金使得經銷商每年均可獲得可觀進帳，是個不錯的利權；經銷商的職務因此成為眾人覬覦之對象。雖然經銷商定有指定的標準，即：（一）具地方聲望，有充分資產，能配合專賣事業活動者。（二）多年服務官界而其功勞顯著者。（三）對台灣統治有貢獻者。方可被指定為經銷商；然而，經銷商均由特定階級或具特殊身分的人士充任，他們或為高級軍職退伍、或為專賣局幹部退休及少數的台籍士紳擔任。〔註44〕經銷商每年透過這些「特許」事業的經營，獲得豐厚的利潤，經銷商因而常被利用做為政治酬庸的工具，藉以製造「御用紳士」，供作驅使。

　　縱使成為經銷商，也不是可以永久充任經銷商。經銷商的資格依照規定每三年評鑑一次，時間一到，總督府對於不合意的經銷商可以逕行取消資格。1925 年酒類經銷商三年任期將屆滿，當時，《台灣民報》社論以〈希望改正專賣品的販賣制度〉為題，批評總督府的專賣政策，文中指出：「專賣局的商品如食鹽、

〔註42〕矢內原忠雄，《日本帝國主義下的台灣》（台北市：帕米爾書店，1987 年），頁 86。

〔註43〕林良哲整理，〈酒類專賣制度的決定～1922 年日本帝國議會的開會紀錄〉，收入《台中酒廠專輯》，頁 123。

〔註44〕台灣省菸酒公賣局編，《台灣省菸酒公賣局局志》，頁 13～14。

阿片、菸草、酒類等，大部份許可一班「官紳」們為仲賣人，使他們獨占了一定的利益，當局又用這種香餌，利用一種所謂「高等政策」，為勾引他們巴結上司最有力的器具，運動啊！毀謗啊！等等的黑暗面，這些當然是不能免的。」〔註45〕專賣品配銷的權利，在總督府刻意的運用下，不免遭到輿論的批評。

專賣品的配售在印象中似乎為本島人（台灣人）所有，其實不然。從歷次經銷商的指定觀察，1922 年全台 124 名經銷商人中，台灣人 82 名，占 66%；至 1931 年，89 名經銷商人中僅有 47 名是台灣籍，占 52.8%；以後陸續下降，1937 年下降到僅有 10.3%，到 1940 年，94 名經銷商人中僅以 6 名台灣籍，僅占 6.4%。〔註46〕台灣人後來也只能充任零售商，日人統治之下，專賣利權完全的被壟斷，台人可以沾得的利益少之又少。

至於專賣局職工的任用，台人一樣無法居於重要職位，甚至備受歧視。依照戰後公賣局資料顯示：台籍職員多以雇員任用，能晉升技手（技士）或屬（科員）之委任官者，全專賣局不超過十人，且多係戰爭進入最後階段，日籍幹部被徵調入伍或調赴大陸、南洋服務，缺員情形嚴重時，始配合皇民化運動予以起用。……四十餘年中，只有林旭屏及黃介薦二氏，分別擔任最後第二任及第一任的菸課課長。〔註47〕專賣局職工的任用可發現，台人只能擔任最基層的雇員職務，總督府在官吏的任用上，充分顯示了他對台人的歧視與不信任。而除了職務上的不公外，薪資待遇也不平等，日籍員工的宿舍津貼、「特別俸」等，台籍員工均被排除在外。

矢內原忠雄在《日本帝國主義下的台灣》中提到：「台灣財政獨立政策之一的重要中心，是在專賣上尋求財源。……特別是專賣收入，乃最隱蔽的財政負擔，適為主要財源，這是殖民地財政的必然現象。」〔註48〕專賣事業是消費課稅與公營事業的混合體，其營業所得兼具營業利潤與間接稅、消費稅的性質。然而，不論其是營業利潤或是屬於間接稅、消費稅，專賣利益的均來自專賣品的消費者，即台灣人民大眾，對於人民而言，是一筆負擔。日治時期台灣專賣事業不僅極為發達，且有著超額的利潤，在專賣的收入減去專賣支出後，純益極為可觀。

〔註45〕《台灣民報》，1925 年 7 月 12 日。
〔註46〕台灣總督府專賣局編，《台灣酒專賣史》（台北市：台灣總督府專賣局，1942 年）下冊，頁 258。
〔註47〕台灣省菸酒公賣局編，《台灣省菸酒公賣局局志》，頁 14。
〔註48〕矢內原忠雄，《日本帝國主義下的台灣》，頁 80。

　　觀察專賣收入對於台灣財政上的意義，應該從專賣事業的總收入裡扣除它的事業支出，如此所得的純益較具意義。從表2-4觀察可知，台灣專賣的純益初期並不多。1902年時僅有260萬元，1905年開始辦理菸草專賣，1922年酒類專賣，由於菸酒工場的興建，專賣支出因而提高，純益有降低的情形。但是在菸酒加入專賣後，專賣純益顯著提升。其次，歷年專賣獲利近達五成，1944年獲利尤其可觀，達到68%。推斷稅負的輕與重，尚需依人民所得的高低來評定。從表2-4所顯示的結果分析，1905年到1944年間，台灣人民每年每人平均專賣的負擔由1.21元逐漸升高，戰爭時期達到7元以上，1944年更高達了21.27元，人民收入所得不可能如此倍數成長。在推崇專賣制度豐富了政府的財政稅收之餘，分析這些「超額利潤」的來源，均來自廣大的民眾，由於專賣的徵收而加諸在人民身上的負擔是必須被考量的。

表 2-4　專賣事業歷年純益表比較（1899～1944）

單位：千元

年　度	專賣收入	專賣支出	純　益	支出對收入百分率	平均每人負擔額
1897	1,640	1,216	424	74.1%	*
1902	6,208	3,569	2,639	57.5%	*
1905	10,603	6,837	3,766	64.5%	1.21
1907	16,017	8,790	7,227	54.9%	2.27
1912	16,494	9,158	7,336	55.5%	2.14
1916	20,226	11,559	8,707	57.1%	2.40
1922	37,415	23,263	14,152	62.2%	3.60
1926	43,049	23,675	19,374	55.0%	4.57
1930	43,707	21,735	21,672	49.7%	4.70
1935	51,699	26,450	25,249	51.2%	4.75
1938	69,254	35,343	33,911	51.0%	5.90
1940	91,484	48,568	42,916	53.1%	7.06
1942	117,572	69,620	47,952	59.2%	7.46
1944	204917	64,848	140,069	31.6%	21.27

說明：1、「＊」表資料不詳。

　　2、由於《台灣五十一年來統計提要》中專賣收入與專賣支出的資料並不齊全，故本表專賣純益的計算是依據張宗漢、李昌槿編，《日據時代台灣之財政》，

頁 35，計算而得。

　　專賣制度的實施對台灣財政的收入裨益極大，免去日人統治台灣過程中為了需要經費而增加台灣人租稅的弊害。但是在經濟發展過程中，日本為鞏固國家資本與日人資本對台灣資本家的戕害，以專賣名義強加在台灣人身上之消費稅的負擔，以及台灣人職務任用的不公，充滿了殖民統治的色彩。

第三章　戰後初期專賣事業的接管

　　專賣事業在台灣有悠久的歷史，自清代已施行，日人治台後推行更廣；經專賣之物品，先後有鴉片、鹽、樟腦、菸草、酒、無水酒精、火柴、度量衡、石油等十種。日治時期的專賣，稅收之可觀，爲當時台灣總督府財政歲入的重要財源。專賣的收益對於台灣總督府行政、經濟、社會、衛生等建設的推動，具有正面的意義。日治時期日人在專賣事業上的推動與施行技術的成功，是不可否認的事實；但日人治台，是宗主國對殖民地，部份政策與措施，具有壓榨的色彩，專賣的施行不免受到質疑。戰後 1945 年到 1947 年，是台灣戰後專賣政策變革的關鍵年代，原「台灣總督府專賣局」改名爲「台灣省專賣局」，接著又改組爲「台灣省菸酒公賣局」，當中的變易，除了機關名稱的變動以及專賣項目的縮減外，最大的差異，是隨著政權更替而來的衝擊。在台灣總督府的舊體制、長官公署乃至陳儀的政策取向與中央政府政策三者交互作用影響下，專賣事業的接收與運作值得探討。

第一節　專賣制度接管之籌畫

　　1943 年開羅會議結束後，台灣於二次大戰後重歸中國版圖已成定案，國民政府乃於 1944 年 5 月在中央設計局內成立「台灣調查委員會」，從事台灣實際情況的調查，並派陳儀爲該會主任委員，統籌戰後接收台灣之事宜。[註 1]爲研擬接管的計畫，台灣調查委員曾召開多次的會議，其中關於戰後台灣經

〔註 1〕李汝和主修，《台灣省通志・光復志》（台北市：台灣省文獻委員會，1970 年），
　　　　頁 11。

濟建設的議題集中在 1944 年 7 月 21 日第 2 次座談會。會中謝南光認為：「祖國於收復台灣，應盡量利用台灣的設施發揚光大，利用台灣建設資本主義經濟的經驗和人才來重建台灣，來建設祖國。」游彌堅認為應該用民生主義來建設台灣。李純青則以為：「在台灣實行三民主義，可先訂幾個適合當地的原則，例如民生經濟可否採放任政策，民權是否可享比別省更大的自治權」。〔註2〕

　　經歷過日本五十年殖民統治的台灣，其與大陸之間有著不小的隔閡，國民政府對台灣的實際情況並不十分了解。如何展開收復台灣的工作？收復之後如何治理？皆有待廣集台灣資料及加緊研究規劃。因此，「一、草擬接管計畫，確立具體綱領；二、翻譯台灣法令，借為改革根據；三、研究具體問題，俾獲合理解決。」乃為當時之首要工作。〔註3〕1945 年 8 月 15 日，透過天皇的「玉音放送」，日本宣佈無條件投降，第二次世界大戰結束。同月 29 日，國民政府特任陳儀為台灣行政長官，10 月 5 日，長官公署秘書長葛敬恩先到台灣，準備接收工作。10 月 24 日陳儀長官抵台，次日陳儀以中國台灣行政長官兼台灣警備總司令之職，在台北市公會堂（今中山堂），接受日本台灣總督安藤利吉的降書後，台灣正式歸給中國，以陳儀為首的台灣省行政長官公署成為台灣的最高統治機關。

　　台灣行政長官陳儀先前在福建省主席任內，就頗注意日治時期台灣律令與制度的內容，對於台灣之經濟建設，尤其關注。〔註4〕台灣調查委員會成立後，透過各種管道蒐集有關台灣各種資料，並展開「收復台灣」之設計工作。例如，擬定「台灣接管計畫綱要」，培訓接管台灣之幹部，編輯台灣概況及翻譯日本治台之現行法令。〔註5〕1945 年 3 月由國民政府正式頒布「台灣接管計

〔註2〕〈台灣調查委員會座談記錄（1944 年 7 月 21 日會議記錄）〉收入陳興唐主編，《台灣「二‧二八」事件檔案史料》（台北市：人間出版社，1992 年），上卷，頁 12～13。

〔註3〕台灣省行政長官公署民政處編，《台灣民政》（台北市：台灣省行政長官公署民政處，1946 年），第 1 輯，頁 8。

〔註4〕陳儀在《台灣考察報告》序文中曾說：「今歲為閩省之經濟建設年，此後施政中心，實以經濟建設為先務。惟茲事體大，不有借鏡難期推行盡利，台灣與閩帶水相望，不特地理氣候同也，在經濟建設過程中，如農林、水利、交通、衛生諸端，亦復什九相似，取彼成規，供我參考，期收事半功倍之效也。」見李時霖編，「陳主席序」，《台灣考察報告》（中國福建：福建省政府，1937 年）。

〔註5〕《台灣省通志‧光復志》，頁 11。鄭梓，〈國民政府對於『收復台灣』之設計──台灣接管計劃之爭議與定案〉，《東海大學歷史學報》9（1988 年 7 月），頁 195～213。

畫綱要」，作爲接收台灣之最高指導原則。

　　戰後台灣接管計畫的過程中，省制之問題頗受爭議，一派主張將台灣看作特殊區，如蒙古、西藏、新疆等；一派則主張將台灣視同各省；另有一派則認爲「台灣收復後，不能與各省採取同一辦法，但應與各省逐漸趨於一致」，〔註6〕故建議以折衷辦法行之。在經過台灣調查委員會幾次討論後，決定採取行政長官制，以利於事權之統一及行政效率之提升，以便便宜行事，收因地制宜之效。按照 1945 年 9 月 20 日公佈之「台灣省行政長官公署組織條例」，台灣省行政長官公署一制明顯有別於中國大陸其他各省。該組織條例第 1 條規定：「台灣省暫設行政長官隸屬於行政院，置行政長官一人，依據法令綜理台灣全省政務。」第 2 條規定：「台灣省行政長官公署，於其職權內，得發布署令，並得制定台灣省單行規章。」第 3 條規定：「台灣行政長官對於在台灣省之中央各機關有指揮監督之權。」〔註7〕台灣省行政長官公署成爲一特殊化的行政首長專權制度。

　　從表面上看，行政長官制似乎與日本統治時的總督制稍有不同，但事實上，台灣行政長官陳儀集各種大權於一身，且行政長官陳儀又兼任台灣省警備總司令，可以自由指揮調動一切駐在台灣的軍隊。較之於當時大陸各省主席，行政長官之職權，遠遠凌駕於各省主席之上，較之於日治時期之台灣總督，亦無不及之處。〔註8〕

　　依據〈台灣接管計劃綱要〉在「工商不停頓、行政不中斷、學校不停課」的原則下，由台灣省行政長官公署與警備總司令部組成「台灣省接收委員會」，分設民政、財政金融會計、教育、農林漁牧糧食、工礦、交通、警務、

〔註6〕　〈台灣調查委員會座談記錄（1944 年 7 月 13 日會議記錄）〉收入陳興唐主編，《台灣「二・二八」事件檔案史料》（上卷），頁 3～5。

〔註7〕　〈台灣省行政長官公署組織條例〉，收入陳興唐主編，《台灣「二・二八」事件檔案史料》：上卷，頁 31～33。

〔註8〕　台灣省行政長官集司法、行政、軍事等大權於一身，有別於各省之委員制。各省之省府委員具有參與省政、分省主席之權之意，與省主席同爲簡任官；然台灣省行政長官公署之各處與秘書長皆屬行政長官的幕僚佐治人員，皆爲簡派。至於日治時期台灣總督之權限如下：（一）綜理台灣一切政務。（二）發佈律令與府令，其律令與法律具有同等效力。（三）維持安寧秩序，必要時，得向管轄區內陸海軍司令官，請求使用其兵力。賴澤涵，〈陳儀與閩、台、浙三省省政〉，中華民國建國八十年學術討論會，1991 年 8 月 11 至 15 日，頁 20；鄭梓，〈戰後台灣行政體係的接收與重建〉，《思與言》29：2（1991 年 12 月），頁 217～259；黃昭堂著，《台灣總督府》（東京：株式會社教育社，1991 年），頁 205～234。

宣傳、軍事、司法法制、總務共 11 組，從 1945 年 11 月 1 日開始接管的工作。
〔註9〕戰後台灣的接收與重建，大體承襲日治時期台灣總督府的行政架構，以建立對等機構的方式進行；戰前台灣總督府轄下的任一機構，戰後台灣省行政長官公署即有一對等單位承接。〔註10〕在專賣事業方面，〈台灣接管計劃綱要〉第五財政指出：「接管後對於日本時代之稅收及其他收入，除違法病民者應予廢除之外，其餘均暫照舊徵收，逐漸整理改善之。專賣事業及國營事業亦同。」〔註11〕

在〈台灣行政區劃研究會報告書〉中也提到：「台灣各種事業，現時相當發達，如交通局、專賣局機構均甚廣大。收復之後，此種事業，或許仍需設局管理。但應視其性質，分隸各廳處。如交通局應隸屬建設廳、專賣局應隸屬財政廳，其他可以類推。」〔註12〕從〈台灣接管計劃綱要〉、〈台灣行政區劃研究會報告書〉之內容來看，專賣制度的延續已在計劃之中。可惜的是當政者對於專賣事業的應興應革，沒有具體的說明，也缺乏詳細的施行計劃，使得戰後專賣制度的實施每每被視為是台灣總督府時期統治制度的延續，對專賣制度存有負面的印象。

第二節　接收前後各方對專賣事業的意見

專賣制度的繼續施行，接收之初，意見並不一致。尤其「專賣」在部份人士的眼中具有殖民統治下經濟壓榨的色彩，加上在第二次世界大戰後期，戰時經濟統制措施下，總督府專賣局將專賣的項目在原有的鴉片、食鹽、樟腦、菸、酒及度量衡等項外，陸續增加火柴、石油、酒精等等；這些專賣品中，鹽、火柴是民生必需品，菸酒是非必要性的消費品，項目繁多，性質差異大，使得戰後專賣事業的接收與辦理更為複雜。

〔註 9〕〈台灣省接收委員會日產處理委員會結束總報告（1947 年 6 月 30 日）〉收入張瑞成編，《光復台灣之籌劃與受降接收》（台北市：中國民黨黨史委員會，1990 年），頁 400～402。

〔註10〕鄭梓，《戰後台灣行政體系的接收與重建》（台北市：新化圖書公司，1994 年），頁 157。

〔註11〕〈台灣接管計劃綱要〉（民國 34 年 3 月 14 日侍秦字 15493 號，總裁（34）寅元侍元代電修正核定），收入陳興唐主編，《台灣「二‧二八」事件檔案史料》，上卷，頁 23～24。

〔註12〕收入陳興唐主編，《台灣「二‧二八」事件檔案史料》，上卷，頁 38。

一、專賣的型態

從台灣專賣的歷史觀察，台灣專賣的形式自經營的主體而言，可分爲兩種：

第一、政府專賣——此類專賣又稱作「直接經營制」，即由政府直接經營、自籌資本、自營企業。依其經營的目的又可分爲：（一）公益專賣，即以攸關民生、社會公益的專賣，如食鹽、火柴等；（二）財政專賣，即以財政收入爲目的的專賣，例如菸、酒的公賣等。

第二、特許專賣——即人民經政府特許，取得特許權而專門販賣某類物品的方式。戰前的台灣的鴉片便是由鴉片菸膏製成以後，由專賣局發給地方政府，再發給特約批發者，例如：日商三井物產，便有此專賣特許。抗戰時期中國之專賣亦採取此一方式。

從專賣經營的方式區分，也有兩種，一爲完全專賣——即專賣品的生產、製造、運輸、銷售全部由國家獨占經營。例如日治時期台灣菸酒的專賣即屬於此類種型態。另一爲局部專賣——指專賣品產製運銷的過程中，國家只獨占其中一部份。〔註13〕

專賣制度有流弊，亦有不少的優點，分別由財政與社會經濟的角度討論之。就財政收入方面而言，專賣的物品大半爲間接稅中的消費物品，實行專賣制度以代替消費稅的徵課，則無轉嫁的事情發生，可收與直接稅相同的效益。此外，專賣的收益包含稅收與營利所得雙重收入，收益遠比一般租稅收入高。在專賣的方式下，專賣物品的市場爲政府所獨占，其發售的價格可斟酌市場情況，使所訂的價格正好取得最適度而最豐富的收入。〔註14〕專賣除照一般商業取得相當的利潤外，其餘額均屬租稅性質的收入，其總收入遠高於租稅方式所得之數。在徵稅的技術上，專賣制度比課稅方法便捷，由於專賣品價格中原就涵蓋了租稅，既無徵稅、納稅之手續，且減少逃稅的可能。政府可以運用專賣事業的收益，減少對人民的苛雜或減輕人民的租稅負擔。

〔註13〕周玉津編著，《財政學的理論與實際》（台北市：大中國圖書公司，1981年），上冊，頁397～398。

〔註14〕專賣是一種徵稅的方式，也包括租稅在內，專賣品的價格便取決於成本、獨占利潤和租稅三部份。專賣價格訂定便因專賣目的的不同，有最大利益定價法、社會福利最大定價法和平均成本定價法三種方式。陳佳文，〈我國菸酒專賣政策與專賣制度之研究〉，頁26。

一國國民所得的高低與該國工商業發展的程度有密切的關係。在工商業不發達的國家，國民所得較低，人民的負稅能力有限，苛捐雜稅名目繁多，則必招致民怨。專賣事業寓稅於價，取民於無形，減少人民對政府加稅的反感。在徵稅達到飽和之際，專賣收入不失為挹注財政收入的辦法。

就社會經濟方面而言，專賣制度的實施，有節制私人資本，創造國家資本的功效，並可減少居間剝削，調節社會供需關係。從專賣品項目的選擇來說，對奢侈品或有害健康的物品，可提高售價，藉收「寓禁於徵」之效；相反的，對必需品，可以降低售價，減輕人民負擔。對軍事上及防制危險的專賣物品，又有維持風紀及保健衛生的功效。

至於專賣事業的缺點則有在專賣制度除以企業獨占利潤的方式徵收專賣利益外，尚背負了公營事業的價格政策及其他任務。以專賣方式取代各種稅的課徵，雖然有簡化的便利，但是將租稅政策目的與企業個體經營目標相混，則形成目標間的衝突與矛盾，有時難免顧此失彼。

其次，專賣事業阻礙私人經濟之發展。專賣制度下，國家處於獨占的地位，不許私人競爭，專賣事業的範圍愈大，則私人企業範圍相對縮小。另一方面，由於專賣事業沒有競爭者，且缺乏有效市場機能的運作，成本觀念淡薄，經營績效低落。就所經營之事業發展而言，反而侷限該項事業的發展。

專賣收入大多是以菸酒為主，菸酒為嗜好品，其消費量是依社會經濟枯榮，隨一般購買力為轉移。〔註15〕綜合以上各點，專賣事業的缺點是影響專賣事業運作的因素不在於市場機制，而在於賦予其「獨占」地位的國家權力，專賣受政府政策的約制，受社會經濟景氣與否的影響，妨礙專賣事業的經營績效，妨礙私人企業的發展，也扭曲了租稅的功能。

或由於台灣總督府專賣局的設置是在鴉片、樟腦等專賣事業實施之後，基於各項專賣品原料來源，生產方式，與專賣目的都有不同；日治時期台灣總督府專賣局各項專賣品的產、製、運、銷的方式，各有差異，日治時期專賣的形式為政府專賣與特許專賣兩者兼有的形式。專賣制度的施行有其利弊得失，戰後台灣專賣制度如何辦理方可解除民眾對專賣事業汲取性色彩的疑惑，達成台灣省行政長官公署辦理專賣事業的目的，是台灣省專賣局的首要課題。

〔註15〕黃通、張宗漢、李昌槿合編，《日據時代台灣之財政》，頁38。

二、有關台灣辦理專賣的意見

　　戰後初期的台灣，面對著新社會的轉型及政治的變革，無論在政治、經濟、及社會等各方面，都處在一個過渡時期中；再者，戰後普遍性的糧食危機，嚴重的影響台灣，糧價自戰後不斷的上漲，直接影響到人民最直接的生活。因而，從戰亂破壞的混亂失序中重建和平常態的秩序，對於戰後初期的台灣實為刻不容緩。從日治時期總督府籌措經費財源的經驗分析，實施專賣不失為一個具有效率與效能的好辦法。不過，若從其辦理過程中衍生的缺點而論，不免會受到懷疑。

　　專賣制度的續辦，有不少質疑的聲浪。戰爭結束前中國國內對於專賣制度的繼續施行與否，便存在著不同的意見，例如，國民政府中央設計局檔案中，一份名為《台灣重建協會成立大會特刊》中，在〈台灣財政金融之重建問題〉一文中，作者認為「（日治時期）專賣政策，完全採取官營主義，利用政府力量，侵占人民權益，人民實敢怒不敢言」，戰後治理台灣，自然不可以像過去日治時期一樣，以榨取為目的。過去之稅收及其他收入，其合乎公平原則者應予保留，而像專賣政策，應該予以廢止。〔註16〕〈台灣農業的檢討與將來的發展〉嚴厲的批判專賣制度，該文指出日人為了改善理台初期，日本國內對於台灣財政的負擔與剝削台灣人，自1897年起陸續施行鴉片、樟腦、鹽等之專賣，政府用低價向人民收購，而高價出售，侵奪人民的利益，專賣收入成為台灣歲入的主要財源。因此，台灣收復之後，不應該再實施這種高壓政策。〔註17〕

　　黃朝琴在《台灣收回後之設計》有不同的看法，他說：「台灣專賣事業共有五種，即（一）鴉片（二）食鹽（三）樟腦（四）菸草（五）酒。為台灣之重要財源，約占經常歲入之四成至六成，由台灣總督府專賣局主管製造及販賣事宜。」〔註18〕對於接收以後專賣的實施，他建議將各項專賣繼續維持保留，不過專賣辦理的方式應加以改善，例如鴉片，應分區設立戒煙醫院，以鴉片專賣收入充戒煙經費，除因身體過弱，戒煙恐危及生命者外，一律限期戒絕，一面參照國內禁煙法令另頒單行法。鹽業方面，政

〔註16〕陳齊昌，〈台灣財政金融之重建問題〉，《台灣重建協會成立大會特刊》，1945年8月25日，國民黨政府中央設計局檔案【171（2）103】，收入陳鳴鐘、陳興唐主編，《台灣光復和台灣光復後五年省情（上）》（南京市：南京出版社，1989年），頁99～102。

〔註17〕陳鳴鐘、陳興唐主編，《台灣光復和台灣光復後五年省情》，頁108～112。

〔註18〕黃朝琴，《台灣收回後之設計》，1944年6月，頁25。

府除應補助增闢鹽田外，必須提高鹽的收買價格以裕鹽民。所產之鹽，除供應全島仍運銷原有市場外，應利用得天獨厚之佳鹽設廠精製，運銷國外，充為桌上鹽。更重要的應振興曹達工業，大量生產，以固國防。例如酒，因各國採用專賣之國家不多，收回台灣後，仍應繼續專賣外，應利用台灣官營製酒廠以謀求至釀酒品質的標準化，借為國內示範。擴張生產以供南洋各屬華僑之需要，利用台灣優良水質增產啤酒，供應國內及南洋之用。〔註19〕黃氏對於專賣顯然是贊成的，除了鴉片應該透過專賣的方式逐步的革除外，其它專賣品有關產業可再發揚光大，一方面可收增進財政歲入之利，一方面賦予積極的經濟意義，發展產業，開拓國際市場。

　　長官公署接收後，廢止專賣的聲浪並未平息。但《民報》基於支持專賣的立場，批判反對者，該報載：「自光復後，有一部份抱痴人之夢人士，接踵進行爭權奪利，竟以為可以學日人過去方法獨占大企業，甚有提唱（倡）將日政府時代之專賣事業等，轉移於人民，由人民自由經營。」〔註20〕《民報》的這篇社論，顯示戰後初期台灣社會對於專賣制度，存在兩極化的意見，不過，廢止專賣制度的意見是不是當時的主流民意，我們無從具體的量化來做判斷，但異議者顯然是存在的，且異議者並不在少數。這一點從陳儀長官重複不斷的申明專賣制度的重要性可以見得。他在台灣省第一屆第一次大會施政報告中指出：「本省專賣制度，施行已久，且其特點在以生產銷售於政府統一機構之下，因能營運裕如毫無阻礙，在財政上實有不可磨滅之貢獻，……按本年度省預算專賣收入約占省收入百分之三十二，專賣制度之重要性於斯可見，所望本省人士，推誠合作，使專賣事業日漸發煌，則富國裕民之道其庶幾焉。」〔註21〕第二次大會施政報告時又說：「本省繼續推行專賣制度，其最大意義即保護本省經濟利益及執行國家之經濟政策，……統由政府機關較諸由私人個別經營純以盈利為目的者，自有不同，……就保護本省工商業而言，推行專賣制度實為保護本省工商業之經濟政策，……故推廣專賣事業亦即解決失業問題之辦法也。」〔註22〕以上雖在闡述推行專賣事業

〔註19〕黃朝琴，《台灣收回後之設計》，1944 年 6 月，頁 25～33。

〔註20〕《民報》，1945 年 11 月 12 日，第 1 版。

〔註21〕台灣省行政長官公署秘書處編輯室編，《台灣省參議會第一屆第一次大會台灣省長官公署施政報告》（台北市：台灣省行政長官公署秘書處編輯室編，1946 年 5 月），頁 97。

〔註22〕台灣省行政長官公署編，《台灣省參議會第一屆第二次大會台灣省長官公署施政報告》（台北市：台灣省行政長官公署，1946 年 12 月），頁 71。

的優點，但目的無非在對那些專賣事業的異議者，說明其所以推行專賣事業的主張。

　　1946 年 8 月間台建設協會上海分會等團體代表向國防最高委員會陳情，〔註 23〕要求廢止台灣的專賣制度。該陳請書指出：「其間五十一年之治台政策，實以剝削台民，肥其國本為一貫不易之方針，而專賣制度乃其有力工具之一，……查專賣乃台灣一省所獨有之制度，除鴉片必須依據國策禁售，樟腦或須另行研究外，餘如食鹽、香菸、酒類、火柴四項，均屬民眾日常必需品，乃今省政當局不予詳察，仍少數歸劃專賣，使大眾無分貧富平均擔負重稅，實屬不公已極，且厚利之所在，易為貪污之淵藪，民生所繫決於數人之手，亦危險萬分之制度。故無論自統一全國之制度言，或自人民之利害言，有有即刻撤銷之必要。」〔註 24〕

　　由上述陳情書內容分析，異議者所以反對專賣有他的理由。其反對之理由有四，第一，專賣制度為日本殖民時代剝削台灣人民的苛政，戰後理應廢止。第二，中國國內並未推行專賣，獨台灣一省辦理專賣，並不妥當。第三，專賣品中鹽、菸、酒、火柴均為民生必需品，寓稅其中，必加重人民的稅務負擔。第四，專賣事業如辦理不善，用人不當，則流弊叢生，不如轉移於民眾，自由經營。國防最高委員會受理此一陳情後，指示經濟部負責處理這份陳情書。經濟部表示，文中所指專賣制度的詳細事實如何，敘述的並不清楚，無憑核辦。為查明詳情，經濟部電請台灣省行政長官公署將省內所有專賣相關的組織註明詳列，對於專賣制度的辦理，是否曾經過中央部會的核准也一併說明。〔註 25〕台灣省行政長公署的回覆是：

> 查本省專賣制度，係依據台灣接管計畫綱要及台灣省徵收國稅暫行辦法辦理，前者曾經主席蔣核准有案，後者亦經財政部核定，至專賣品計僅菸、酒、火柴、樟腦、度量衡五種，其中菸草、酒類、火柴專賣規劃及其施行均經呈報送財政部備案，……，專賣局在使有

〔註 23〕　本陳情書中署名的團體及各團體的代表為閩台建設協進會上海分會代表陳榮芳、台灣重建協會上海分會理事長楊肇嘉、上海興安會館代表王屏南、台灣省政治建設協會駐滬辦事處代表張邦傑、福建旅滬同鄉會代表宋理卿。薛月順編，《台灣省貿易局史料彙編》（台灣省台北縣：國史館，2001 年），頁 28。

〔註 24〕　〈經濟部電請台灣省行政長官公署查報該省所有專賣統制組織〉（1946.08.20），收入薛月順編，《台灣省貿易局史料彙編》，頁 26～28。

〔註 25〕　〈經濟部電請台灣省行政長官公署查報該省所有專賣統制組織〉（1946.08.20），收入薛月順編，《台灣省貿易局史料彙編》，頁 26。

能力消費者納稅，但並不病民，至該兩局（專賣局、貿易局）組織
均在呈請備案中，復查本省財政泰半賴專賣收入，若將專賣制度取
消，則原專賣品消費者之稅勢非移嫁一般人民負擔不可，姑勿論一
般貧民能否負擔，但以光復伊始之區，驟使人民增加重負，或不免
引起多數人民之反感。〔註26〕

〈台灣接管計畫綱要〉在前文已言及，至於〈台灣省徵收國稅暫行辦法〉共
有十條。其中第4條：「台灣省專賣制度，在政府未改辦法以前，暫予維持。」
第5條：「凡台灣省施行專賣之貨品由內地移入台灣省時，得由台灣專賣局收
買之。」〔註27〕為台灣省長官公署辦理專賣事業的依據。

專賣制度反對者有之，極力主張者亦有。贊成者所以贊成的原因在於其
認為台灣的專賣事業在日人統治時期，已具基礎，本身財產雄厚，集產、製、
運、銷於一身。藉由專賣利益的收入，可以作為實施民生主義的先聲。況且
現有專賣物品均能合乎專賣標準，公益專賣，如火柴、度量衡；財政專賣：
如菸草、酒類。兩者兼有之，可收互相調劑之效。就實施的地區而論，台灣
為一海島，由於交通便利，全省易於一致，以符專賣之目的。更重要的是台
灣財政收入一向是專賣收入為主要來源，一旦取消，勢必增加其它稅捐，加
重人民負擔。〔註28〕

台灣專賣的實施，支持者眼中認為是「無論在理論上與實際上」都是正
確的，存在的不是「專賣制度存廢」的問題，而是如何改進的問題。他們認
為「國內戰時專賣來和台灣比擬，真有宵壤之別。國內戰時專賣，僅貼專賣
之憑證，既專而不買，又專而不賣。」〔註29〕台灣專賣事業經50餘年的擴充
改進，專賣計畫徹底，規模弘遠，非國內專賣事業所能及，「善為繼續經營，
可為全國模範，可為實施民生主義的先鋒。」〔註30〕

戰後專賣制度的施行無正式法源，但專賣政策的實施是既成事實，但令
人好奇的是，戰後實施專賣制度，究竟是長遠之計，或僅是3年、5年的應急

〔註26〕〈台灣省行政長官公署電復經濟部該省專賣統制組織〉（1946.09.20），收入薛
月順編，《台灣省貿易局史料彙編》，頁28～29。
〔註27〕薛月順編，《台灣省政府史料彙編——台灣省行政長官公署時期（一）》（台灣
省台北縣：國史館，1996年），頁415。
〔註28〕何帆舉，《台灣月刊》2（1946年11月），頁47～49。
〔註29〕《陳公洽與台灣》，（南瀛出版社，1947年），頁28～29。（作者與出版地未註
明）
〔註30〕何帆舉，《台灣月刊》2（1946年11月），頁49。

之策，〔註31〕其所依據的〈台灣接管計畫綱要〉、〈台灣省徵收國稅暫行辦法〉明白的揭示專賣制度在戰後將繼續辦理，並提到專賣的實施僅是過渡性的。專賣制度「在政府未改辦法以前，暫予維持」，「暫照舊徵收，逐漸整理改善之」，顯示戰後台灣專賣制度的實施僅為暫時性，最終目標仍是使台灣之體制與中國國內相同。正如〈台灣接管計畫綱要〉通則第 5 條：要使「民國一切法令，均適應於台灣，必要時得制頒暫時法規」。〔註32〕然而從戰後專賣制度的實際施行情形、或由陳儀的言論中觀察，〈台灣接管計畫綱要〉中關於專賣的條目，並未依原訂計畫逐步施行，也未完全落實接收後之專賣政策。或許由於二二八事件的發生，改變了歷史發展的軌跡，我們並沒有看到陳儀「五年之後省的開銷完全由公營事業的正當盈餘負擔」，專賣局可以完全撤銷的情形。

第三節　戰後初期專賣體制的確立

　　陳儀在台的施政，最飽受非議的便屬專賣局和貿易局。對於陳儀何以堅持專賣和貿易兩局，過去已有探討。《陳公洽與台灣》一書說：「貿易在掌握物資，協助生產，並充裕省庫。專賣包括樟腦，火柴，菸酒等項，實行配銷，負擔一大部份之省庫收入。公洽先生治理台灣，以不擾民為最大目標。不願意以稅收來支持省的開支，而希望以公營事業來維持。在公營事業急待修復整理未能達正常生產以前，他以貿易專賣兩項收入負擔一般省庫的開支。」〔註33〕陳明通在〈派系政治與陳儀治台論〉中採用了這個說法來探討陳儀戰後在台復員的工作。〔註34〕戰後台灣專賣體制建立的因素多元而複雜，時空背景與主政者個人的思想與主張皆為關鍵。

一、日治時期舊有制度的延續

　　1937 年中日戰爭爆發後，台灣亦被納入戰時體制，各種有關經濟統制之法令陸續實施。在戰時體制之下，台灣的經濟從生產導向、物資供應、原料

〔註31〕　《陳公洽與台灣》，頁 7。
〔註32〕　〈台灣接管計劃綱要〉，收入陳興唐主編，《台灣二二八事件檔案史料》：上卷，頁 21。
〔註33〕　《陳公洽與台灣》，頁 7。
〔註34〕　陳明通，〈派系政治與陳儀治台論〉，收入賴澤涵主編，《台灣光復初期歷史》（台北市：中央研究院中山人文社會科學研究所，1993 年），頁 258。

供給、物價管理、財政金融，到貿易交換無一不在統制經濟的體制下。統制體制透過經濟機構的整併與全盤的資源控制，迅速地達到備戰的目的與經濟的動員。台灣做為南進的基地，各項生產均以配合戰爭所需物資為主，1937年迄1944年間，戰爭影響之下台灣各項產業反而呈現成長的現象。〔註35〕然而，盟軍的轟炸與日軍的敗退，也使台灣經濟陷入空前的低潮。1944年4月成立「台灣調查委員會」，著手台灣接收工作的準備。1945年8月，在〈台灣接管計畫綱要〉中最為重大的省制重建與人事安排尚在爭議未定之時，美軍接連於8月6日、8月9日在日本廣島與長崎投下原子彈，迫使日皇於8月15日宣布投降。這一切急轉直下的局勢變化，促使了收復台灣各項計畫與方案的匆促定案。〔註36〕

對於日本的舊制度，陳儀主張：「日本統治台灣……，論事業不能不說有進步，論方法卻是比較現代化，……我想如果把那比較現代化的方法，進步的事業，用以實行三民主義，用以為台灣人謀福利，那就好了。」〔註37〕沿用日制，除了與陳儀的個人意願相關外，專賣局的組織完備，專賣收入穩固可靠也是原因。日治時期台灣樟腦、菸葉等除經專賣局收購原料外，民間不許私相售賣。台灣各個縣市均設有酒工廠，除專賣局專製外，不許民間私製。其它菸草工廠莫不如此。至於配銷，採取區域劃分，由配銷到零售，自都市到鄉村，完全掌握整個社會的消費。在戰後台灣經濟如何重建與如何獲取財政來源的考量下，自然而然的延續日人專賣事業，推行專賣政策。

依據「財政部呈報行政院有關台灣財政整理原則之意見」，戰後台灣「中央地方收支暫可毋庸劃分，但應由台省自行負責切實求得平衡。」〔註38〕台灣省的財政收支，屬於暫時特別預算，包括中央（在台部份）、省、縣、市之歲入均統籌處理。易言之，即台灣無須將國稅上繳中央，相對的中央也不會

〔註35〕戰爭中，米穀及其他農產物價格上漲，農村經濟充裕；各項新興工業由於「戰爭繁榮」而蓬勃發展，都市經濟鼎盛；社會購買力因農工事業發達而增強。黃通、張宗漢、李昌槿合編，《日據時代台灣之財政》，頁72。另見李國鼎、陳木在，《我國經濟發展策略總論》（台北市：聯經出版事業公司，1994年），頁7。

〔註36〕鄭梓，《戰後台灣的接收與重建》，頁64～65。

〔註37〕賴澤涵，《悲端的開端——台灣二二八事件》，頁140～143。

〔註38〕「財政部呈報行政院有關台灣財政整理原則之意見」禮字第17588號，1946年3月27日，收入薛月順編，《台灣省政府史料彙編－台灣省行政長官公署時期（一）》，頁405～406。

對台灣的財政有所補助。戰爭使得台灣無法從大陸得到經濟援助，同樣也中斷了台灣和日本之間活躍的貿易關係，其結果衝擊戰後台灣經濟的重建與發展。

表 3-1　台灣戰時（1937～1943）各項歲入統計表

單位：%

	租稅收入	專賣收入	公有營業及財產收入	公債收入	米穀管理收入	上年度剩餘	其它收入
1937	21.2	30.7	25.2	--	--	20.5	2.4
1938	20.7	29.6	27.0	--	--	19.9	2.8
1939	21.1	29.6	27.4	2.5	--	17.0	2.7
1940	23.3	25.9	24.9	1.5	--	20.3	4.1
1941	25.5	24.5	20.1	1.7	2.0	21.7	4.5
1942	27.5	22.8	17.6	1.8	1.4	24.9	3.9
1943	31.5	23.7	13.3	6.3	1.6	19.0	4.6

資料來源：轉引自黃通、張宗漢、李昌槿編，《日據時代台灣之財政》（台北市：聯經，1987 年），頁 72～73。

　　戰後台灣大部份的經濟基礎毀於戰火中，尚未復原。當時台灣經濟的首要目標無非是要尋求物資的充分供應，以及恢復戰前台灣原有的生產力。因此，當時財政政策的重點便是要竭力遏止通貨膨脹與尋求長官公署收支的平衡。以台灣日治時期各期的財政收入來看，專賣收入為總督府重要的財政來源。第二次世界大戰期間，專賣收入所占之比例雖有高低的起伏，但是始終維持在 20%以上。再者，就日治時期台灣戰時的財源分析，主要是以租稅、專賣及公營事業為主，從表 3-1 看，租稅收入年年增加。租稅增加是因為戰時的增稅。1937 年到 1944 年間，日人為籌措戰費，除了提高舊稅之稅率外，並創設了特別稅，如 1937 年的華北事件特別稅、1938 年中國事件特別稅 1942 年之大東亞戰爭特別稅與直接稅增稅等合計 8 次的增稅。〔註 39〕長官公署要因應戰後復員諸多開銷的難題，最可能的選擇便是延續日治時期的專賣制度。

　　對於戰後台灣省專賣局接收工作的進行，《台灣省菸酒公賣局局志》指出：「當時幾乎所有制度承襲日據舊規，但接收後機關組織突然膨脹許多。光復初期日籍員工有一，五二七人，僅留用四人，其餘陸續遣返，來台接收之

〔註39〕黃通、張宗漢、李昌槿合編，《日據時代台灣之財政》，頁 74～79。

外省籍人數有限，且甚少對專賣具有實際經驗，而台籍員工語言不通，文化有差距，各種制度尚未建立，……難免略顯紊亂。」〔註 40〕雖然陳儀在接收後屢次申明專賣制度重要性，然而從可見的檔案史料中，例如《台灣總督府專賣局公文類纂》、《台灣省行政長官公署檔案》、《台灣省菸酒公賣局檔案》等相關資料，陳儀及負責接收的台灣省專賣局長任維鈞對於戰後專賣制度將如何施行，可供參考的資料並不多見。台灣省專賣局僅僅為台灣省行政長官公署承襲自日本總督府的一部份，台灣省行政長官公署對於其所延續的專賣制度，明顯缺乏詳密的規劃與具體的施行目標。結果，在接收之初台灣省專賣局各項專賣事業的辦理仍多依循舊制，政權的轉移所產生的差異，除了專賣局組織上科、室的變動，與人事任用的變化外，台灣省行政長官公署統治之下與台灣總督府的統治之下的專賣局變革並不大。

戰後台灣省專賣局的變革中，內部組織的變動最為頻繁。日治時期專賣總局下設有總務課、鹽務課、菸草課、酒課，各科業務採取部門責任制，專業課同時負責生產與配銷，組織變動小；1946 年間專賣總局隨著專賣項目的更易，科室組織屢屢調整變動。在沒有完善接收計畫的情形下，加上處在政權更易、人事變動的時期，專賣局內部組織有多次的改組。專賣總局在接收時，分為一室四課，即秘書室、礦物課、菸草課、鹽腦課、酒課。〔註 41〕1946年 1 月 17 日〈台灣省專賣局組織規程〉公佈，依照此規程，調整為二室五科，即秘書室、總務科、鹽腦科、菸草科、酒科、運輸科及會計室等。〔註 42〕1946年 3 月，配合食鹽專賣劃由鹽務局辦理，專賣局重新劃分權責。1946 年 4 月1 日修正為三室五科，即樟腦科，菸草科，酒科，運輸科，火柴科，度量衡科，會計室及查緝室。〔註 43〕過去總督府時期，專賣局並未另設緝私部門，查緝室是一項新的創置。到了 1946 年 11 月，又將專賣局之菸草、酒、火柴、樟腦各科依其業務性質改組為公司型態，成立菸草、菸葉、酒、火柴、樟腦五大專業公司。〔註 44〕由於缺乏完整的規劃，各項專賣項目屢屢變動，專賣局內各科之執掌與組織一再劃分，科室更迭的頻率遠遠超過戰前總督府專賣局。

〔註 40〕台灣省菸酒公賣局編，《台灣省菸酒公賣局局志》，頁 15。
〔註 41〕《民報》，1945 年 11 月 21 日，第 1 版。
〔註 42〕台灣銀行金融研究室編，〈台灣光復後之經濟法規〉，《台灣銀行季刊》創刊號（1947 年 6 月），頁 370。
〔註 43〕台灣省菸酒公賣局編，《台灣省菸酒公賣局局志》，頁 33～34。
〔註 44〕台灣省菸酒公賣局編，《台灣省菸酒公賣局局志》，頁 29。

二、中國的財經政策與台灣的接收

　　統制經濟是一種由國家干預主導的經濟體制，在統制經濟制度下，生產工具為全民所有，企業則為國營，企業部門的生產不為市場的需求導向，而是以政府計畫經濟的目標來決定其最適當的生產量，故也稱為「計畫經濟制度」。統制經濟或存在於社會主義的國家、或存在於面臨戰爭的國家，統制經濟是特定歷史條件下的產物。從過去的歷史來看，統制經濟政策的實施是戰時政府因應財政經濟問題的重要措施。如第二次世界大戰前的德國、日本、義大利等，基於戰時經濟及戰後復原的考量，都曾經採取若干的統制措施，國家直接介入經濟過程中的資本累積和發展，以加強國家的動員力量。以日本來說，在發動對華的侵略戰爭時，即全面建立統制經濟的體制。1937 年 6 月，第一次近衛內閣成立，便召開閣員會議，制定「財政經濟三原則」，並討論統制經濟的可行性。次年，公佈「國家總動員法」，全國投入支援戰爭的行列中。〔註45〕

　　中國在二次世界大戰前便已著手推行統制經濟的政策，對部份工商業加以統制。1937 年中國國民黨第五屆三中全會通過中國經濟建設方案，其內容主要強調「中國經濟建設之政策，應為計畫經濟，即政府根據國情與需要，將整個國家經濟如生產、交易、分配、消耗諸方面，製成彼此互相聯繫之精密計畫，以為一切經濟建設進行之方針。」〔註46〕抗戰以後，為增強政府對全國經濟的統籌力量，採行統制經濟政策。〔註47〕專賣事業因具有增加政府財政收入及強化政府統制經濟的功能，故為政府所採用。1941 年元月，財政部召開第三次全國財政會議，會中議定有關戰時財政改革案，辦理專賣事業便為其中一案。決定試行國家專賣制度，對部份民生必需品實施物價管制，達到杜絕操縱居奇及充裕國家財政收入之雙重目標。

　　戰時中國的專賣事業自 1941 年規劃設計，1942 年全面實施，辦理專賣的物品計有火柴、菸類、食糖及鹽等。籌辦之初，並無統一的專責組織，之後方在財政部內設立「專賣事業司」，1944 年改設「財政部專賣事業管理局」。〔註48〕之後各項專賣品陸續取消專賣，或徵收統稅，或者徵實，至 1945 年

〔註45〕　中村隆英編著，《「計畫化」と「民主化」》（東京：岩波書局，1990），頁 1～16、頁 69～106。

〔註46〕　經濟部編，《經濟問題資料彙編》（台北市：經濟部，1951 年），頁 54。

〔註47〕　何思瞇，《抗戰時期的專賣事業》（台灣省台北縣：國史館，1997 年），頁 40～63。

〔註48〕　何思瞇，《抗戰時期的專賣事業》，頁 544。

停辦。專賣事業在中國雖然僅推行了短短的三年，卻是國民政府改革財政，強化統制經濟的成就之一，具有重要的時代意義。〔註49〕

　　戰後台灣經濟政策無可避免的延續抗戰以來民生主義的思想，採取管制經濟與重要企業國營化的政策。這樣的政策一方面可以說是陳儀的施政主張，一方面也是中國國內統治經濟思潮的效應。自1938年經濟部資源委員會（以下簡稱資委會）成立以來，政府經濟建設的工作無不由其總管大權。資委會以技術官員為主，各層幹部多為留學外國的知識份子。1942年邢慕寰任職資委會經濟研究室，當時資委會的正副主任委員為翁文灝、錢昌照。像錢昌照便主張以漸進方式在民主政治體制內實現社會主義的理想，強調三民主義民生主義的重要與國營事業的社會使命。〔註50〕李國鼎也認為資委會的影響使國內部份的官員傾向統制經濟。〔註51〕

　　國內統制經濟思想風潮的影響下，雖然中國國內專賣事業隨著抗戰結束，宣告終止；專賣制度的理念並未終結。1946年3月中央政府修訂之「財政收支系統法」第3章便是「獨占與專賣」，該章第14條：「中央政府為增加國庫收入或統制生產消費，得依法律之規定，專賣貨物，並得製造之。」〔註52〕此一條文清楚說明統制經濟仍是戰後政府重要的經濟政策。又該條文中附加註明「專賣為中央獨有之權，地方政府不得為之。」從法理的角度來說，台灣省專賣局辦理之專賣事業並無法源，地方政府辦理專賣並不合乎中央財政法。台灣專賣的辦理依據的是〈台灣接管計畫綱要〉及〈台灣省徵收國稅暫行辦法〉，「前者曾經主席蔣核准有案，後者亦經財政部核定」，台灣的專賣事業為奉中央政府核准因地制宜的暫行措施。若無中央的核可，陳儀將無法在台灣辦理專賣事業。其中的端倪從〈台灣省徵收國稅暫行辦法〉之訂定可看出。〈台灣省徵收國稅暫行辦法〉訂定主要是為了解決台灣與大陸各項稅制的問題而訂定。當時財政處長嚴家淦兩度行文財政部，財政部以「台灣光復後所有各項稅制應依中央法令逐漸改進，期與各省歸於一致，在未劃一徵收前，為便利貨運起見，應兼顧地方情形，於不悖逐漸改進原則下，酌定徵收辦法，

〔註49〕何思瞇，《抗戰時期的專賣事業》，頁570。

〔註50〕邢慕寰，《台灣經濟策論》，頁2～5。

〔註51〕康綠島，《李國鼎口述歷史──話說台灣經驗》（台北市：卓越文化出版，1989年），頁86。

〔註52〕中國第二歷史檔案館編，《中華民國史檔案資料彙編》（南京市：江蘇古籍出版社，2000年），第5輯第3編財政經濟（1），頁95。

以資過渡。」財政部與省財政處長依照逐漸改進的原則切實磋商後，在 1946
年 5 月擬定了〈台灣省徵收國稅暫行辦法〉，該辦法經行政院核准後，財政部
電請「台灣陳長官飭屬一體遵照辦理」。〔註53〕該辦法內容主要的重點有三：

其一，關於所得稅、遺產稅及其他各種直接稅，其財產在台灣省內或其
收益在台灣省內發生者，暫由台灣省依其現行法規查徵，依台灣省內法規辦
理。

其二，關於專賣制度，在中央政府未改辦法以前，暫予維持。凡台灣省
施行專賣之貨品由國內移入台灣省時，得由台灣專賣局收買之。凡台灣省製
之貨品直接報運國內者，應由國內入口，海關按中央規定代徵統稅，國內向
徵統稅之貨品及菸酒礦產品等移入台灣者，應由台灣省機關檢驗國內完稅憑
照證明後放行，不再重徵。

其三，鹽稅、關稅及統稅屬於中央稅收，故台灣省食鹽運入中國國內時、
應照中央稅率補徵鹽稅。台灣省貨物運往國外，及國外貨物運銷台灣，其進
出口稅應照中央關稅稅則，由海關徵收。除了關稅、鹽稅之外，其他在台灣
省之稅收及專賣機關暫由財政部委託台灣省行政長官公署監督指揮。

暫行辦法中，中央政府明確的將直接稅與專賣利益劃歸省署；至於關稅、
統稅和鹽稅的部份屬中央的稅收，由中央駐台機構徵收。專賣這個支持台灣
大半財政收入的事業，由於中央政府並未像工礦事業有由資委會接收的計
畫，以及像關稅、統稅、鹽稅被視爲中央政府的稅收情形下，中央政府將專
賣權利授與台灣省行政長官公署，不失爲權宜之計，也是維持台灣財政自主
的良方。換句話說台灣專賣事業的辦理不單是陳儀的施政主張，其實也符合
中央政府接收台灣的政策考量。

或基於以上的因素，二二八事件之後，陳儀曾說：「人家攻擊我在台灣不
該實行政治建制和經濟建制的特殊化，其實這是主席交代我的兩項根本政
策。非如此，不足以安定這塊新祖國的領土，不能防止它免於國內時局動盪
和經濟波動的影響。」〔註54〕

〔註53〕　〈財政部呈報行政院台灣省徵收國稅暫行辦法〉，（京稅三字第 1014 號，1946
　　　　年 5 月 3 日）薛月順編，《台灣省政府史料彙編－台灣省行政長官公署時期
　　　　（一）》，頁 415。

〔註54〕　何漢文，〈二二八事件見聞紀略〉，收入鄧孔昭編，《二二八起義資料集》（台
　　　　灣台北縣：稻鄉出版社，1991 年），頁 393～416。

三、陳儀的經濟理念與施政主張

　　1946 年，京滬平昆記者團考察台灣後，在草山的座談會中，記者問到「聞台省屬行經濟統制政策，確否？」陳儀長官答道：「中國前途之危，莫大於經濟，過去日本帝國主義治台，有兩大武器，除智識外，便是經濟。台設專賣、貿易兩局，完全依照國父遺教，……今年收入台幣五億，專賣約可收入三四億，因此賦稅極輕，人民負擔不重，使商人剝削手段無從施其技，政府拿得自人民的錢，用在爲人民謀幸福，所謂取之於民，用之於民。所以既不能稱之爲統制經濟，亦無所謂官僚資本。」〔註 55〕雖然陳儀自己否認施行統制經濟，然當代許多研究則是視陳儀爲統制經濟的施行者。關於陳儀的經濟理念，已有不少的論著闡述。〔註 56〕歸納陳儀經濟思想，主要來自陳儀對三民主義之民生主義的詮釋，與所處時空環境下社會主義與統制經濟思潮的影響。陳儀採行統制政策，主張統制經濟爲了人民的公益。在主閩時期，即發展省營事業，實施統制經濟。陳儀到閩後，先後設立福建省銀行、貿易公司、運輸公司、企業公司。從生產、銷售、到運輸全由省統制。〔註 57〕糧食「公沽」也是陳儀主閩時期採行的重要政策。由於當時中國已開辦專賣事業，專賣依規定爲中央收入項目，不得不迴避「專賣」一詞，採用「公沽」這兩個字。〔註 58〕

　　從陳儀來台前在福建省的施政與主台後的言論，可以發現他非常著重政府的功能，強調政府在經濟上的角色，以落實「三民主義」作爲施政的終極理想。陳儀在台灣所推行的經濟政策，不僅在延續日治時期既有的舊制，更是從他的經濟理念，從他的治閩經驗發展中而來。曾參與中央設計局台灣調查委員會並於接收後擔任民政處處長的周一鶚便指出，陳儀堅持建立國家資本，故主張存續專賣制度和將接收來的工礦企業改爲公營。基於這個主張，〈台灣接管計劃綱要草案〉在擬妥呈報後，因此被擱置很久，直到發表陳儀爲台灣行政長官時，

〔註55〕 杜都，〈草山一夕談──台政之面面觀〉《台灣月刊》2（1946 年 11 月），頁28。

〔註56〕 賴澤涵，〈陳儀與閩、台、浙三省省政〉，收入《中華民國建國八十年學術研討會論文集》（台北：近代中國出版社，1991 年），（第 4 冊），頁 232～357。劉士永，〈陳儀的經濟思想及其政策〉，《台灣風物》，第 40 卷第 2 期，頁 55～88。翁嘉禧，《台灣光復初期的轉型與政策》（高雄市：高雄復文圖書出版社，1998 年），頁 23～46。

〔註57〕 錢履周，〈陳儀主閩事略〉，收入《陳儀生平及被害內幕》（北京市：中國文史出版社，1987 年），頁 35。

〔註58〕 嚴家理，〈公沽始末〉，收入《陳儀生平及被害內幕》，頁 53。

才由最高國防委員會通過。〔註59〕自陳儀受命爲台灣行政長官之後，更是一心懷抱著建設「三民主義模範省」的理想。1945年9月，陳儀在與記者的訪談中，即表示他此次到台灣，施政的方針爲「切實施行三民主義，以增進國民福利」，他表示：「台胞幾乎從未聞及三民主義之理論與獲得三民主義之福利，所以在台灣推進三民主義，比其它各省尤其迫切而重要。」〔註60〕

　　對於台灣之施政，陳儀謂：「今後台灣之施政方針，必須遵照國父遺教，徹底實行三民主義，使台胞於脫離日本壓榨之不平等不自由之苦痛。」〔註61〕陳儀長官在台灣省參議會第一屆第一次大會演說時強調，「本省施政目的，除實行民族主義民權主義外，必須實行民生主義與經濟建設」。〔註62〕基於對孫中山民生主義的信仰，對國家社會主義的支持，陳儀深信專賣收益歸於公營，可發展國家資本，達到均富。爲了達到這個目標，陳儀認爲統制經濟有其必要性。他在對台灣省行政長官公署各部會局室首長、警備總司令部及公署職員等4百餘人紀念週的談話中便指出：

> 近聞外間有人誤會，說我們設立專賣局，統制物資，使人民不能自由貿易，係政府與民爭利，這完全是錯誤的。……所謂與民爭利，誠適用於君主專制時代，因爲君主之利往往與人民相反。現在政府是人民的政府，無分彼此，自無所謂爭利，但政府有管理統籌的責任，必要時是應該加以統制的。〔註63〕

台灣省行政長官公署接收台灣之後，原台灣總督府及日人在台灣的產業，依據〈收復區敵僞產業處理辦法〉、〈台灣省接收日人財產處理準則〉，皆歸中國政府所有。又依據〈台灣接管計畫綱要〉：「敵國人民在台所有之工礦交通農林漁牧商業等資產權一律接收，分別與以清理調整或改組。」〔註64〕依此，全省的工礦企業依其性質、設備及規模，分爲國營、中央與省合營，地方政

〔註59〕　周一鶚，〈陳儀在台灣〉，收入《陳儀生平及被害內幕》，頁105。

〔註60〕　《大公報》，1945年9月27日，第3版。台灣省行政長官公署祕書處編輯室編印，《台灣省行政長官公署施政報告：台灣省參議會第一屆第一次大會》，頁25。

〔註61〕　《大公報》，1945年9月2日，第3版。

〔註62〕　台灣省行政長官公署祕書處編輯室編印，《台灣省行政長官公署施政報告：台灣省參議會第一屆第一次大會》，頁25。

〔註63〕　《民報》，1946年12月18日，第1版。

〔註64〕　台灣省行政長官公署民政處編，《台灣民政》第1輯，（台北市：台灣省行政長官公署民政處，1946年），頁95～96。

府與民間合營等類，中央與省合營者有資源委員會；與省府合營的有糖、石油等；地方政府與民間合作的有工礦、農林等。少部份規模較小的日人企業則出售或租賃給私人經營。〔註65〕這些接收自日產的國營、省營事業，即為戰後台灣公營事業的開端。接收自總督府的專賣局，自然亦屬於公營事業的一環。不少研究認為陳儀執政深受三民主義民生主義的影響，加上他對國家社會主義的支持，故陳儀強烈主張公營事業。因此，公營事業、專賣事業的成立與維持，不僅受到意識形態的影響，是意識形態下的產物，且受到實用主義的主導，是以當時經濟狀況和客觀經濟環境為考量，戰後專賣政策的延續與專賣事業的接管是由意識形態到實用主義的結果。

戰後台灣經濟在千瘡百孔中重建，面臨的是惡性的通貨膨脹，工業原料的不足，生產機構的殘破與政府財政的困難。關於台灣省財政困窘的情況，從台灣省行政長官公署政務會議的紀錄中可以窺知。如：「現在省級和縣級的財政都相當困難，我要告訴諸位我們來台後的財政是如何維持的，實靠了兩個政策：第一、我們將一千元的台幣及日本銀行的鈔票全數凍結，台灣銀行因此得了五億元存款。第二、我們准許日僑把所有的衣物在此出售、將所得之現款，存入銀行，因為他們攜帶的現款，盟國有限制的，台灣銀行因此又得六億元的存款，共得十一億元。現在台灣銀行的存款，已經為機關公司墊借殆盡，而四、五、六三個月內財政無收入，所以益發艱難。」〔註66〕專賣制度所以繼續辦理專賣，是延續日人已具規模的舊制，是基於中央政府對於台灣的接收政策與陳儀個人的經濟理念與施政主張，更重要的，是因為戰後台灣，百廢待舉。戰前乃至戰爭時期，專賣收入對台灣的財政影響均極為重要。「在戰後，同樣的一套系統亦可滿足於國家在經濟富源與調配資源之需求。……，統制經濟體制的接收與延續，對戰後的政府來說，不但是法律上繼承的結果，更是出於現實考量下的必要。」〔註67〕

雖然中央政府對於剛接收的台灣也像 1895 年日本統治台灣之初，採取特別預算的方式，「台省財政整理期間，擬暫不規定，除本年度（1946 年）台省收支先准以特別預算處理。」不同的是，日本治台灣之初，每年對台灣

〔註65〕行政院「研究二二八事件小組」，《「二二八事」研究報告》，頁 8～9。

〔註66〕薛月順編，《台灣省政府史料彙編──台灣省行政長官公署時期（三）》，頁502。

〔註67〕吳若予撰文、檔案管理局編，《二二八事件與公營事業》（台北市：檔案管理局，2007 年），頁 21。

有「補充金」的挹注。〔註68〕而戰後初期的台灣，雖「准以特別預算處理台省收支之年度以內，中央地方收支暫可毋庸劃分，但應由台省自行負責切實求得平衡。」〔註69〕盱衡當時台灣財政，在沒有可替代財源情形下，如何維持省政建設的各項經費？如何不增稅加重台灣省民的負擔？從日治時期台灣的財政歲入的結構來看，專賣收益所占比重極大，短期內很難有替代的辦法，廢止專賣制度，自然不可能。財政歲入的考量，是專賣制度所以延續的最主要原因。

第四節　專賣局的接收與改組

日本投降後，台灣省行政長官公署以〈台灣接管計畫綱要〉和〈台灣省徵收國稅暫行辦法〉作依據，台灣專賣事業繼續辦理。1945 年 11 月 1 日台灣台灣省行政長官公署展開對前台灣總督府的接收工作，專賣局部份由任維鈞負責辦理。接收後，「台灣總督府專賣局」改名為「台灣省專賣局」。依據台灣省行政長官公署公佈之台灣省專賣局組織規程專賣局隸屬台灣省行政長官公署，其行政業務並由財政廳負指揮監督之責。在 1945 年到 1947 年間，其組織有以下之變動。

一、台灣省行政長官公署專賣局（1945.11～1946.12）

本時期台灣省專賣局隸屬於台灣省行政長官公署，其行政業務則由財政處負指揮監督之責。專賣局掌理樟腦，食鹽，菸草，酒，火柴，度量衡等之產、製、運、銷等事宜。改組後之台灣省專賣局，各地從屬機構的名稱，一併採用中國語法，消除日本色彩。各地支局均改作分局，出張所改作辦事處，

〔註68〕 就財政的觀點，台灣對於日本之貢獻，是很大的。但在日本統治台灣之初，得自日本的扶助也不少。日本扶助的方式包括：1、財政形式的直接補助，以日本國庫撥給台灣的「補充金」為例，1896 年約為日圓 700 萬圓，占當時台灣歲入總額 72%，1897 年約日圓 600 萬圓，占總額 53%；1898 年約 400 萬元，占總額 34%；以迄 1903 年，每年均占歲入總額 10% 之譜。2、財政形式以外的間接補助：台灣不分擔國防與外交費用。3、財政形式以外的保護：（1）日本實施砂糖保護關稅，使台灣糖業得以發展，稅收增加。其他如米穀、鳳梨等產業亦同。黃通、張宗漢、李昌槿編，《日據時代台灣之財政》，頁 18～19；頁 23～24。

〔註69〕 〈財政部呈報行政院有關台灣財政整理原則之意見〉，（禮字第 17588 號，1946 年 3 月 27 日）薛月順編，《台灣省政府史料彙編－台灣省行政長官公署時期（一）》，頁 404。

生產工場名稱未作改變，僅「場」改作「廠」。〔註70〕

　　從屬機構方面，除原有台北、新竹、台中、台南、高雄、花蓮港、屏東、宜蘭、嘉義、基隆、台東等地分設 11 個分局；埔里和澎湖 2 個辦事處外，另原屬前總督府專賣局編制內的機構與相關業務往來的日資公司，皆在接收之列，總計接收了 31 個單位，原均屬於公產（參見表 3-2）。〔註71〕這些單位整編後計有台北南門樟腦工廠、松山菸草工廠、台北菸草工廠、新竹火柴工廠、台中火柴工廠、台北酒廠、板橋酒廠、樹林酒廠、番子田酒廠、度量衡工廠及菸草試驗場等 11 處。1946 年 6 月後，原附屬於分局的酒廠紛紛獨立，計有台中酒廠、嘉義酒廠、屏東酒廠、花蓮酒廠、宜蘭酒廠、台南酒廠、埔里酒廠、台東酒廠及新竹酒廠等。〔註72〕另外，還有部份相關的材料工廠。

〔註70〕從文字觀察，「支」局改作「分」局，「出張所」改爲「辦事處」僅有些許的差異，然其背後所代表的意涵——即意圖以中國語的用法取代日本語法，消除日本色彩的目的，不應忽視。1946 年 11 月底專賣局前台中分局局長溝口直三郎給專賣總局總務科的信函正是一個例證。此一信函起因於台中分局在 11 月 24 日《台灣新生報》所刊載祝賀台灣光復的賀詞。由於該則賀詞的署名仍作「台灣總督府專賣局台中支局」，總局因此要求台中分局長詳細説明理由。該局長表示該則祝賀送給報社的時間在 10 月，送稿時局名仍未更改，故沿用舊名。在 11 月 7 日「任局長電命本支局改稱爲『台灣省專賣局台中分局』，本局立即遵命將有關本局各事務改換，…因光復祝賀登報不慎，祈請見諒。」這樣的公文往來，説明了台灣省專賣局在接收後，對主權的重視。國史館台灣文獻館館藏，《台灣總督府檔案——專賣局公文類纂》，〈民國 34 年至 35 年雜書〉，影像編號 0012252。另外，從今日保存有關台灣省專賣局的公文檔案來看，在接收的第 1 年，不少公文是中文與日文並具的，或因爲仍有部份的留用日人，或因爲台灣人對中文的使用仍未嫺熟，中文與日文處在一個轉換的過程。今國史館台灣文獻館保存檔案中，專賣局酒科營業係便保存有一份「中國公文慣用語集」，可以説明這個現象。〈民國三十四年十一月「中國公文慣用語集」〉〉台灣文獻館館藏檔案，《台灣總督府檔案——專賣局公文類纂》，影像號碼 0012253。再如，1945 年 5 月台中分局的業務報告中，在「將來計畫」中，便將「確立文書制度，革除日化文書」定爲目標之一。國史館台灣文獻館館藏，《台灣總督府檔案——專賣局公文類纂》，〈台灣省專賣局業務會議報告（民國 35 年）〉，影像編號 0012256。

〔註71〕專賣局採取凡是專賣有關的企業一併接收的方式，然戰後接收的機構中，除表 3-2 所列，另外有些公司並非全屬日產，不免遭到排拒。以台灣葡萄糖工業株式會社爲例，戰前該公司受專賣局委託製售合成清酒用的葡萄糖，與專賣局有業務往來關係，但公司大部份的股東爲台籍人士，故極力抗拒專賣局的接管，專賣局未能接收成功。台灣省菸酒公賣局編，《台灣省菸酒公賣局局志》，頁 15。

〔註72〕台灣省菸酒公賣局編，《台灣省菸酒公賣局局志》，頁 34～35。

表3-2　台灣省專賣局接收企業

名　稱	產品別	所在地
火柴公司	製造火柴	台北市
新竹火柴廠	製造火柴	新竹市
台中火柴廠	製造火柴	台中市
樟腦公司	製造樟腦	台北市
精製樟腦廠	製造樟腦	台北市
南門工廠	製造樟腦	台北市
菸草公司	製造捲菸	台北市
台北菸廠	製造捲菸	台北市
松山菸廠	製造捲菸	台北市
製盒工廠	製造捲菸盒子	台北市
酒精公司	管理各廠製造	台北市
第一工廠	製造白露酒	台北市
第二工廠	製造啤酒	台北市
第三工廠	製造勝利酒	台北縣
第四工廠	製造紅露酒	台北縣
第五工廠	製造白露酒	台中市
第六工廠	製造藥酒	嘉義市
第七工廠	製造白露酒	屏東市
第八工廠	製造芬芳酒	花蓮港市
第九工廠	製造白露酒	宜蘭市
第十工廠	製造白露酒	台南市
埔里分廠	製造芬芳酒	埔里區
台東分廠	製造白露酒	台東縣
二萬坪分廠	製造勝利酒及試驗紹興酒	嘉義市
番子田分廠	製造紅露酒	台南市
製樽公司	製造各種木樽	台北市
印刷公司	印刷專賣局商標	台北市
木栓公司	製造各式木栓及蓋	台北市

菸葉公司	管理菸葉出產	台北市
台中試驗所	菸草試驗	台中市
屏東分所	菸草推廣	屏東

資料來源：〈台灣省行政長官公署電呈行政院撥歸公營企業清冊〉，收入薛月順編，《台灣省政府史料彙編──台灣省行政長官公署時期（一）》，頁 236～240。

二、台灣省專賣局及專業公司（1947.1～1947.5）

專賣局接收一年之後，爲掃除積弊、促進業務發展，專賣局擬朝企業化組織發展。1946 年 11 月，專賣局奉台灣省行政長官公署之命進行改組，將生產與業務分開，局內原設之菸、酒、火柴、樟腦等四科改組爲公司，先成立籌備處，隨後在 1947 年 1 月 1 日正式成立。〔註 73〕改組後的專賣局除設秘書、會計、統計三室外，不另設科；設業務委員會，下設調查、運輸等組，專營配銷業務，負責與各分局聯絡及管理專賣局所屬各直營工廠；菸葉、菸草、酒類、火柴、樟腦五大專業公司照公司法，屬於股份有限公司。〔註 74〕五大專業公司由專賣局經營，以執行業務股東的資格管理之；查緝工作則由專賣局移交警務處辦理。〔註 75〕至於原專賣局所屬之分局與工廠則循舊制，不作變動。

專業公司的設置有助於專賣機構的調整，五大公司改爲企業化的組織，管理所屬工廠，並提供技術上專門管理與改進；專賣局內存留各科室及所屬各分局處，作爲業務行政機構，互相配合。然而，因二二八事件之故，1947 年台灣省行政長官公署廢止，台灣省政府成立後專賣局隨即改組爲台灣省菸酒公賣局，五個專業公司同時裁撤，先後僅有 5 個月，似未產生實質的功能。

從理論上與客觀歷史事實來看，戰後初期台灣專賣的問題，不在於專賣

〔註 73〕〈台灣省專賣局組織規程〉，《台灣省行政長官公署公報》（台北市：台灣省行政長官公署秘書處編，1946 年），1947 年夏字第 6 期，頁 87～88。

〔註 74〕依〈台灣省公營事業組織通則〉，台灣各種公營事業均依公司法組織爲公司，分股份有限公司及有限公司兩種。兩者在資本上有些不同，股份有限公司以接收日產資本，接收後政府新添資本，原有民股作爲發起人，所認股份不招收新股；有限公司以接收日本資本，政府新添資本及台灣銀行所投資本爲總投資額。專賣局的菸草公司、酒公司、樟腦公司、火柴公司便屬於有限公司。〈台灣省公營事業組織通則〉，收入薛月順編，《台灣省政府史料彙編──台灣省行政長官公署時期（一）》，頁 284。

〔註 75〕《民報》，1947 年 1 月 1 日，第 3 版；同年 1 月 4 日，第 3 版；台灣省菸酒公賣局編，《台灣省菸酒公賣局局志》，頁 34。

制度的存廢，而在於如何改進專賣制度與事業。在權衡專賣制度是否與中國內政法律制度謀合之際，是否也當思考日人治台之時，在推展專賣制度、推動專賣事業過程中，是否有值得借鏡之處，抑或只是著眼於施行的成就——專賣收入。1922 年 7 月 1 日，日人在台灣開始實行酒類的專賣。考諸酒類專賣的推動過程，1922 年 3 月台灣總督府擬舉債以因應推動酒類專賣時的各項費用。在審議這項公債議案時，委員佐竹義準提出反對的意見。他的提問雖是針對酒類專賣而有，所隱含的意義卻頗具思考的價值。他問：「所謂酒的專賣是因為台灣資本不足，但又要獲利益。因此是不得已的事。……從另一個角度來說，也許可以獲取收入，但對於歸附土地的人民有所損害時，會不會帶給統治上很多的困難？」〔註76〕

關於此一公債案，貴族院表決的結果，贊成與反對者票數比為四比四，最後是主席裁定通過，才確定了酒類的專賣。相同的，中國統治台灣，繼續施行專賣制度，會不會在統治上帶來很多的困難呢？比較台灣總督府與台灣省行政長官公署專賣政策的制訂，「光復」指的是土地的光復，或者涵蓋了其他的意義？「祖國」對於甫經「光復」的台灣，繼續採取日人的舊制度，特別是延續極富統制意義的專賣制度，從前文閩台建設協進會上海分會等團體之代表陳榮芳、楊肇嘉等提出的陳情，以及二二八事件後閩台監察使楊亮功及監察委員何漢文在事件調查報告中指出「專賣局之統制，使一般小本商人無法生存」的陳述可知，戰後專賣制度的辦理，單憑著〈台灣接管計畫綱要〉和〈台灣省徵收國稅暫行辦法〉，二者均為單行法，除欠缺法理依據外，也不符合台灣人民的期望。

〔註76〕林良哲整理，〈酒類專賣制度的決定——1922 年日本帝國議會的開會紀錄〉，收入《台中酒廠專輯》，頁 132。

第四章　二二八事件前的專賣事業

專賣的施行，與台灣經濟的發展及財政歲入關係密切；專賣事業的成效是否達成，專司其職的機關是關鍵。自 1901 年設置台灣總督府專賣局迄於公賣局民營化，專賣的機關組織變動最為頻繁的時間便是在台灣省行政長官公署時期，也就是第二次世界大戰以後到二二八事件爆發期間。1945 年至 1947 年這個變動的年代中，台灣專賣事業有怎樣的興革？何以如此？將整個制度的形成與演變置於時間的序列中，透過其中人、事、地、物交互作用觀察，將有助於該制度完整輪廓的獲得。

第一節　專賣品項目的調整

專賣制度為台灣總督府帶來龐大的收益，專賣品有鴉片、鹽、樟腦、菸、酒、無水酒精、度量衡、火柴、石油等。戰後，政府需費孔殷，為確保財源，避免其它稅負的增加，台灣省行政長官公署決定繼續實施專賣制度。由於戰前與戰後台灣在政權、政治體制，以及法令規章的差異，部份專賣品廢止專賣，僅保留了菸、樟腦、酒、度量衡、火柴等五項，繼續辦理專賣。

表 4-1　台灣專賣事業年期表

種　　類	創辦時間	台灣省行政長官公署時期之狀況
鴉片	1897 年 4 月 1 日（明治 30 年）	戰後明令禁止。
食鹽	1899 年 5 月 15 日（明治 32 年）	初由專賣局接收，1946 年 4 月 3 日改由財政部鹽務管理局接辦。

樟腦	1899 年 8 月 5 日 （明治 32 年）	初由專賣局接收，1947 年 1 月成立樟腦公司， 仍隸於專賣局。台灣省府改制後改隸建設廳。
菸草	1905 年 4 月 1 日 （明治 38 年）	由專賣局接辦，1947 年 1 月成立菸草公司。
酒類	1922 年 7 月 1 日 （大正 11 年）	由專賣局接辦，1947 年 1 月成立酒業公司。
無水酒精	1922 年 7 月 1 日 （大正 11 年）	由專賣局接辦。
度量衡	1942 年 6 月 24 日 （昭和 17 年）	初由專賣局接收，1947 年 1 月由建設廳工礦處 接辦，廢止專賣。
火柴	1942 年 7 月 1 日 （昭和 17 年）	初由專賣局接收，1947 年 1 月成立火柴公司， 1947 年 5 月台灣省政府成立後，開放民營。
石油	1943 年 5 月 2 日 （昭和 18 年）	1946 年 1 月廢止石油專賣，石油事業之後由經 濟部資源委員會接管辦理。

資料來源：台灣省菸酒公賣局統計室編，《台灣省菸酒事業概況》，頁 2。

一、廢止專賣的項目

（一）鴉片

　　鴉片在日治時期各項專賣品中施行最早，時間是在 1897 年 4 月 1 日。台灣總督府採取後藤新平的漸進政策，擬寓禁於徵，藉著鴉片專賣方式，使鴉片逐漸禁絕於台灣，但在日本近 51 年的統治後，吸食鴉片的人減少了，卻始終未完全禁絕。關於鴉片，接收之前，在接管計畫綱要中即言明「鴉片毒物之禁種、禁售、禁運、禁製、禁吸，接管後，須嚴屬推行，完全根絕。」[註 1]台灣省行政長官公署主台後，以鴉片專賣有違禁毒的政策，將其明令禁止。有關鴉片的禁絕，台灣省行政長官公署擬訂在六個月內將鴉片禁絕。規定長官公署接收自前總督府專賣局之鴉片，一律封存交衛生局保管，僅留一部份供藥劑用途及調戒期間煙民吸食外，其餘全部公開焚燬。此外，進行台灣本地吸食鴉片者的調查，據 1945 年接收時的估計，全省吸食鴉片煙的人數約為二千人。所有煙民一律需當地政府登記，分五期，每期一個月，調入指定之戒菸所施戒。調入戒煙所施戒之煙民，應將煙具及餘存鴉片一律繳交戒煙

〔註 1〕〈台灣接管計劃綱要〉（民國 34 年 3 月 14 日侍秦字 15493 號，總裁（34）寅元侍元代電修正核定），收入陳興唐主編，《台灣二二八事件檔案史料》：上卷，頁 23。

所，經施戒斷癮後，送回原籍，由當地政府定期調驗。凡經施戒斷癮後復吸之煙民，以及私運、私吸、私藏鴉片經破獲者，一律依照禁煙治罪條例懲罰之。〔註2〕

戰後台灣停止鴉片的專賣，並於 1945 年 12 月 1 日廢止舊律令第 5 號台灣鴉片令及其規定。〔註3〕關於鴉片的禁革，1946 年民政處的工作報告有這樣的敘述：「光復以後，為徹底根絕鴉片毒害，特訂頒禁絕鴉片辦法，並限期自三十四年十二月一日起至三十五年五月止，在六個月內，將所有煙民一律施戒完畢，除於台北設立戒煙所外，並於新竹、台中、嘉義、屏東、花蓮港、台東、澎湖等省立醫院附設分所。全省煙民人數，經調查登記者，共計一，九五一名，現均入所施戒。」〔註4〕

革除吸食鴉片的成效是否能立竿見影，全部煙民均能革除煙癮，令人存疑。不過，因鴉片在戰後廢止專賣，鴉片屬於違禁品，嚴禁鴉片的政策，終於將鴉片的吸食禁革。

（二）石油

戰時基於能源統制的需要，1943 年起辦理石油專賣。戰後台灣省行政長官公署認為石油已經無專賣之必要，宣布「前台灣當局頒布之律字第十四號台灣石油專賣令敕令第一百十六號台灣總督府專賣局官制訓令第八十二號台灣總督府專賣局分課規程，均應予廢止。」〔註5〕石油停止專賣後，原接收之日產擬由台灣省行政長官公署工礦處接續辦理，最終配合中央政府收復區工礦事業的接收政策，改為國營企業，由經濟部能源委員會獨辦。〔註6〕

〔註2〕　〈台灣省行政長官公署民政處呈送禁絕鴉片辦法〉民國 34 年 10 月 29 日，收入薛月順編，《台灣省政府檔案史料彙編——台灣省行政長官公署時期（一）》（台灣省台北縣：國史館，1998 年），頁 203～204。

〔註3〕　台灣銀行經濟研究室編，〈台灣光復後之經濟日誌〉，《台灣銀行季刊》創刊號（1947 年 6 月），頁 230。

〔註4〕　〈台灣省行政長官公署民政處三十五年工作報告〉，收入薛月順編，《台灣省政府檔案史料彙編——台灣省行政長官公署時期》，頁 183。

〔註5〕　《民報》，1946 年 1 月 18 日，第 1 版。

〔註6〕　戰後日產的接收，中央與地方政府，即經濟部與長官公署均有接管的計畫。經濟部資委會原擬將電力、石油、鹽、肥料、造紙、水泥、製糖等均由該會獨辦，或保留部份由省署協辦。如此一來，中央政府將全面掌握台灣之經濟，對省署而言，自然不樂意接受。經省署竭力爭取，資委會最後接受省署的意見，以下列方式接管 10 項事業：煉鋁、銅金、石油 3 項由資委會獨辦，糖業、電力、造紙、水泥、肥料、造船、機械 7 項以「會六省四」的方式國省合辦，

（三）鹽

鹽是生活必需品，清代雖已採專賣的形式，但日治之初則未施行。至 1899 年 5 月 15 日，因鹽業產銷不健全，供需失當，影響民生，才行專賣。食鹽產銷量雖大，因屬民生必需品，專賣利益並不多。

戰後，鹽務由專賣局接收，原「鹽腦課」更易為「鹽腦科」，掌理食鹽之產製、購、運輸及銷售業務。在鹽務相關企業方面，接收的是台灣製鹽株式會社、南日本鹽業株式會社及台灣鹽荷役株式會社。〔註7〕其中台灣製鹽株式會社是第一次世界大戰後，日本大力推動化學工業和沿海漁業，為應付激增的用鹽數量，於 1919 年（大正 8 年）所成立。南日本鹽業株式會社是 1937 年配合軍事需要所設。

戰後初期鹽與其他專賣品一樣，均由台灣省行政長官公署專賣局接收，繼續採行專賣制。1946 年 1 月，台灣省專賣局不顧台灣製鹽株式會社、南日本鹽業株式會社之反對，〔註8〕將二個製鹽會社合併為台南鹽業公司，負責鹽的產製；鹽荷役會社改組為台南鹽運公司，辦理鹽運。配銷的方式依照「台灣省專賣品販賣辦法」第 2 條、第 6 條、第 7 條之規定為：政府——聯合配銷會——零售商——消費者，與日治末期的二級制相仿。差別在於，二級制中的個別承銷商被零售商所取代。

1946 年 3 月，依據修正之「財政收支系統法」第 1 章總綱之規定「中華民國各級政府財政收支之劃分配置調劑及分類，依本法之規定。」〔註9〕「財政收支系統法」中，鹽稅是中央稅，台灣自然亦受此系統法的規範。同年 4 月 3 日，中央為統一鹽政，比照大陸各產區組織，同年 4 月，財政部鹽務總局在台成立台灣鹽務管理局，專賣局始將二公司移交鹽務管理局接管。台南鹽運公司不久後改名為台灣鹽務管理局運輸處。南日本化學工業及鍾淵曹達

資委會僅留下規模較小的 12 項產業公司由省署來處理。吳若予，《戰後台灣公營事業之政經分析》，頁 29～30。鄭友揆等，《舊中國的資源委員會——史實與評價》（上海市：上海社會科學院出版社，1991 年），頁 214。

〔註 7〕〈台灣省各機關接收日產企業目錄〉，收入薛月順編，《光復台灣之籌劃與受降接收》，頁 346。

〔註 8〕1946 年 1 月 13 日，台灣製鹽會社召開董事會議，反對與南日本鹽業會社合併。見台灣銀行金融研究室編，〈台灣光復後之經濟日誌〉，《台灣銀行季刊》創刊號（1947 年 6 月），頁 231。

〔註 9〕中國第二歷史檔案館編，《中華民國史檔案資料彙編》（南京市：江蘇古籍出版社，2000 年），第 5 輯第 3 編財政經濟（1），頁 93。

工廠及附屬採碱鹽田則由資源委員會接管，另組公司。〔註10〕

　　1947 年，中央核定將長蘆、東北、台灣三區所接收之敵僞鹽田及附屬工廠，由鹽務總局劃出，組設財政部中國鹽業公司，統籌經營。原屬台灣鹽務管理局管轄之台南鹽業公司，遂移歸中國鹽業公司接辦，改爲中國鹽業公司台灣分公司。至是台灣鹽務機構，乃劃分爲鹽政與鹽業兩系統。鹽政由鹽務管理局掌理，辦理鹽務行政、徵稅、緝私等事項；鹽業由中國鹽業公司台灣分公司負責，掌理台鹽產運及副產品之產製運銷等事項。〔註11〕

　　鹽長期以來採取專賣的制度，戰後廢止專賣的原因，主要在於鹽政綱領的規範。民國肇建後對於鹽業的管理即有專賣與徵稅二大派的論戰，對日抗戰期間，專賣制占上風，但對日抗戰結束後，徵稅派卻居於上風。台灣接收之初，暫依舊慣採行專賣制，乃是爲了避免一夕之間轉成自由貿易制，易生問題，必須有所緩衝。據《中國鹽政實錄》所記載，「其實國內各地，均已遵照鹽政綱領實行自由貿易；而本省專賣制度施行已久，人民相沿成習，驟易新制，誠恐扞格滋多，用是暫仍舊制，一面準備新制之施行。」〔註12〕可見得當時廢除專賣制的最大原因，是鹽政綱領中的規定。其次，在「財政收支系統法」中，鹽稅是中央稅，屬於國稅也是重要的原因。〔註13〕財政部所謂：「台灣光復後所有各項稅制應依中央法令逐漸改善，期與各省歸於一致。在未劃一徵收前，爲便利貨運起見，應兼顧地方情形，於不悖情形下逐漸改進原則，酌定徵收辦法以茲過渡。」〔註14〕1946 年 5 月「台灣省徵收國稅暫行

〔註10〕　經濟部接收人員認爲鹽是工業資源，應該歸經濟部資源委員會管理；但財政部卻認爲鹽田的生產是稅源所在，應該歸財政部管轄。經商定後呈報行政院核可，台灣之鹽，凡鹽田及附屬工廠以產鹽爲主者，歸財政部鹽務總局接管；如以製造化學原料爲主者，歸經濟部資源委員會管轄。

〔註11〕　財政部鹽務總局，《中國鹽政實錄》（台北市：財政部鹽務總局，1954 年），頁6。

〔註12〕　財政部鹽務總局，《中國鹽政實錄》，頁 5。

〔註13〕　關稅、鹽稅及統稅是中央財政中極爲重要的稅收，李文環在〈戰後初期（1945～1947）台灣省行政長官公署與駐台海關之間的矛盾與衝突〉一文中分析，戰前（1937 年）關稅、鹽稅及統稅三項稅收占中央收入總額的 77.3%，占稅收總額的 92.1%，中央對於台灣所課徵的統稅（砂糖貨物稅），仍是以大陸爲主體的思考模式，對於台灣稅收自然也相當重視，海關與長官公署之間對矛盾即根源於此。李文環，〈戰後初期（1945～1947）台灣省行政長官公署與駐台海關之間的矛盾與衝突〉，《台灣史研究》13：1（2006 年 3 月），頁 135～139。

〔註14〕　〈財政部呈報行政院台灣省徵收國稅暫行辦法〉，京稅三字第 1040 號，民國

辦法」訂定之目的便是居於這個原因。

　　鹽業在戰前台灣屬於專賣事業，戰後若無特殊因素，本應和其它各項專賣事業一併由台灣省專賣局接續辦理。上述暫行辦法，卻將鹽稅單獨例外，該辦法明白指出，除了關稅和鹽稅之外，台灣現行之稅收與專賣收益暫歸台灣省行政長官公署管理，關稅和鹽稅則歸中央徵收。這說明了即使台灣因為經歷日本五十年的殖民統治而與中國國內各地有所差異，為了使台灣在新舊制度轉換過程中，能夠銜接而允許台灣特殊化，一旦與中央財政權有所牴觸，亦不能豁免於外。在鹽政綱領的主導下，配合台灣當時的整體環境因素，台灣鹽的專賣於 1947 年 1 月正式結束。

二、辦理專賣的項目

（一）樟腦

　　日本治台初期，因外商堅持他們與清廷所訂的條約仍有效力，樟腦生產、販賣的實權仍為外商所掌握，總督府僅實行課稅而已。至 1899 年，總督府公布「台灣樟腦局官制」、「台灣樟腦及樟腦專賣規則」暨「台灣樟腦暨樟腦油製造規則」，樟腦實行專賣。日治時期，樟腦的專賣，可區分為兩個階段，即 1919 年至 1934 年官督民營的生產方式，與 1934 年以後的產、銷完全專賣的方式。〔註15〕日治時期樟腦的專賣，純粹是以財政收入的獲得為目的；〔註16〕在 1905 年至 1920 年間，其專賣收入甚至超過鴉片、菸、鹽等項目，居於第一位。1940 年樟腦產量減少，收入亦遠不及菸酒。

　　1945 年 11 年月，於專賣局內設鹽腦科，負責樟腦專賣事項，1946 年權責組織重新劃分，改為樟腦科專賣處理。專賣局出產的樟腦製品分為山製樟腦、再製樟腦、改乙樟腦（供製造賽璐珞和軟片用）與精製樟腦。除山製樟腦是由各專賣分局辦事處生產外；另有生產部門有：1、南門工廠：生產改乙樟腦、再製樟腦及副產物。2、精製樟腦公司：生產精製樟腦，精製樟腦公司原係日本樟腦株式會社之台北支店，該會社創立於 1918 年 2 月，由「神戶樟腦」、「藤澤友吉」、「日本商業」、「葺合樟腦」、「朝日樟腦」、「大日本鹽業」、「台灣精製樟腦」及「三井物產」等八會社聯合組成，日本戰敗後，台北支

---

　　　35 年 5 月 3 日，收入薛月順編，《台灣省政府檔案史料彙編——台灣省行政長官公署時期（一）》，頁 414。
〔註15〕周憲文，〈日據時代台灣之專賣事業〉，頁 22～25。
〔註16〕北山富久二郎，〈日據時代台灣之財政〉，頁 133。

店工場在 1946 年 4 月被接收。3、樟腦油加工公司：主要工作是利用南門工廠芳樟油製造各種醇類，利用果實製造香精，原爲日本有機化工株式會社，於 1945 年 12 月接收。4、芳油化學工業公司：原稱高砂化學工業株式會社，專賣局於 1946 年 4 月接收，除製造人工香料外，並有化學工業品、藥品即殺蟲劑的製造。〔註 17〕

　　觀察台灣樟腦的生產，決定於二項要素，一爲樟木原料的供應，一爲製腦設備的能力。此外，戰爭的影響、殖民地工業政策的作用也很大。台灣各項產品的生產量在日治時期的巔峰是在 1935 年到 1937 年，分析箇中的原因，除了因爲第一次世界大戰後，德、美等國新興人造樟腦的威脅漸趨和緩外，製腦效率的提高，生產成本減低也很重要。〔註 18〕然而，隨著第二次大戰的爆發，戰爭末期日人徵用腦丁、停灶休熬，加以戰爭期間樟腦業務銷路受到波及，樟腦各項產品產量日益減少。戰後樟腦的生產，由於戰爭初弭，腦寮蕭條，工廠設備殘破；原料缺乏，加以海外交通仍未通暢，主要應用原料無從輸入；原有的海外市場尚未恢復及日籍高級技術人員分遣返日，生產陷於停頓。1946 年起，樟腦生產逐漸恢復。但樟腦主要以外銷爲主，〔註 19〕銷售市場的情形對樟腦的影響甚鉅；或因爲人造樟腦的競爭，或因爲推銷不得其法，致各項產品滯銷。至 1946 年 10 月左右，樟腦生產逐漸恢復，正如同《民報》所載：「戰前日人將台灣之樟腦傾銷世界各國，尤其以美國，英國，澳大利，印度爲最多，自從德國發明人造樟腦後，亦不能影響台產天然樟腦，蓋因人造樟腦品質較劣，不能供爲藥用，及工業之用（如相片底片等）。至此次戰爭時，德國之人造樟腦品均陷於停頓，美國取而代之，目前向台灣購買樟腦之數大公司，已能自製人造樟腦代之，甚至可有餘量運至英國及印度，……，此種美產所用松香提煉之樟腦，雖然價格低，但品質較差，故必期待台灣之樟腦能迅速運至彼處甚殷。」〔註 20〕

〔註 17〕　專賣局，〈台灣光復後之專賣事業〉，《台灣銀行季刊》創刊號（1947 年 6 月），頁 216～219。
〔註 18〕　台灣銀行經濟研究室編印，〈台灣之樟腦〉，《台灣特產叢刊》，頁 40。
〔註 19〕　台灣樟腦的生產大多以外銷爲主，二次世界大戰期間，樟腦生產減少，又加上太平洋戰爭發生後，海運斷絕，樟腦便無出口，直到 1946 年 8 月，有上海印度商人向貿易局訂購精製樟腦 30 箱。
〔註 20〕　《民報》，1946 年 10 月 26 日，第 4 版。

相對於人造樟腦的價格，台灣樟腦的價格偏高，有其侷限性。《民報》轉載了一則《商務日報》美國紐約所傳回的報導，該則報導記載：「中國樟腦之售價被認為太貴，但人造樟腦之售價亦上漲，中國樟腦之售價，如能略加調整，當可與人造樟腦競爭市場。」〔註21〕指出本階段台灣樟腦銷售的問題。

1947年1月專賣局改組，樟腦科改為樟腦公司，1947年5月專賣局改組為公賣局，樟腦業務歸併建設廳。〔註22〕

（二）火柴

二次世界大戰期間台北、台南、台中的度量衡工廠三所，均遭到盟軍轟炸。台北廠全部被炸毀，台南、台中二廠，部份炸壞，機器不全，暫行停製。不過，這段時期火柴專賣仍繼續辦理。台灣省專賣局於1945年11月間接收台中火柴廠（原台灣燐寸株式會社）與新竹火柴廠皆暫時就地兼管；1946年8月，改由總局直接管轄。兩廠自接收後雖然生產不曾間斷，但產量不如預期，以1945年11月至1946年4月來說，台中和新竹兩廠預定的生產量為1,650箱，但實際的產量僅有961箱，占預定值的52.2%。〔註23〕台灣每人每日需耗用火柴12根，消費量甚大，兩廠總產量不足以供給台灣消耗之三分之一，由於戰後管理不盡理想，火柴雖屬於專賣品，省外火柴不斷走私輸入台灣島內，但是仍不足供應台灣所需。〔註24〕1947年5月，台灣省政府成立後，依台灣省政府委員決議，火柴開放民營。

（三）度量衡

日治時期，度量衡所原有台北、台中、台南三所，戰爭時均遭受轟炸，台北所全部毀壞；台中、台南雖部份受損，但因機件零碎，受限於經費，僅修復台北度量衡工廠。

〔註21〕《民報》，1946年9月27日，第1版。
〔註22〕樟腦專賣由建設廳樟腦局專賣辦理，1949年7月，台灣區生產事業管理委員會決議實行減產。1952年，樟腦局改為樟腦煉製廠，再隸屬公賣局，至1968年，樟腦專賣終止，改由民間自由製造、銷售。台灣省菸酒公賣局編，《台灣省菸酒公賣局局志》，頁31～32。專賣局，〈台灣光復後之專賣事業〉，《台灣銀行季刊》創刊號（1947年6月），頁216～219。
〔註23〕〈民國三十五年台灣省專賣局業務會議報告書（煙草科）〉台灣文獻館館藏檔案，《台灣總督府檔案——專賣局公文類纂》，影像號碼0012256。
〔註24〕專賣局，〈台灣光復後之專賣事業〉，《台灣銀行季刊》創刊號（1947年6月），頁220。

　　戰後，度量衡維持專賣。依「台灣省推行標準度量衡制計劃」所稱：「度量衡器，由各機械廠製造，由專賣局檢定後，統售統銷，其取價應以最低廉價格，專賣局于各批標準器發售前，應先呈標準度量衡推行委員會派人檢定後，方得發售。」〔註25〕接收之初，度量衡業務屬專賣局總務科權責，但度量衡的生產因製造廠全毀，根本無法生產。〔註26〕1946年專賣局組織調整後，設度量衡科綜理業務。台灣經日本統治50年後，日制度量衡深入民間印象，至1946年6月，台灣一般民眾仍用日制，基於驟然廢止舊制度量衡法，必對社會經濟造成影響，專賣局除編製新舊度量衡對照表分發各機關，提供民眾了解其關係外，專賣局同時注意到宣傳的重要，擬定計畫，在各地設宣傳班宣導。〔註27〕

　　1946年，接收糧食營團倉庫，作為度量衡辦公之地。是年2月奉令推行中國度量衡標準制度，日制舊器一律停止製造。復於8月聚集各廠度量衡器及材料，於南門工廠，開始製造。自1946年8月至1947年春，僅製度器20,000支，衡器100台，量器則暫停製。〔註28〕

　　1947年，配合專業公司的成立，度量衡移交工礦處接管，專造專賣之制同時廢止。度量衡器之製造與販賣，改交由民間製造。據《民報》報導：「除先指定鋼鐵機械公司負責製造大批上等度量衡器以供需要，並准販賣商依法申請核發販賣許可執照自由營業外，關於製造方面，……先行准許台北市製造商自由承造，凡具有各式台秤……之製造機器，技術，廠房，及資金者，概可逕向台北市南昌街五十二號本省度量衡檢定所依法申請登記，登派員查驗合格，即可核發製造執照，進行營業。」〔註29〕度量衡的專賣取消，度量衡的標準制度也逐漸停用日本制、或台灣本地的特殊制，期最終能施行與中國國內各地一致的公制。

〔註25〕　台灣銀行經濟研究室編，〈台灣光復後之經濟法規〉，《台灣銀行季刊》創刊號（1947年6月），頁395～396。

〔註26〕　〈民國三十五年台灣省專賣局業務會議報告書（煙草科）〉台灣文獻館館藏檔案，《台灣總督府檔案——專賣局公文類纂》，影像號碼0012256。

〔註27〕　〈民國三十五年台灣省專賣局業務會議報告書（煙草科）〉，台灣文獻館館藏檔案，《台灣總督府檔案—專賣局公文類纂》，影像號碼0012256。

〔註28〕　台灣省專賣局，〈台灣光復後之專賣事業〉，《台灣銀行季刊創刊號》創刊號（1947年6月），頁225。

〔註29〕　《民報》，1947年2月5日，第3版。

（四）菸

菸，如前所述在日本治台之初，原採開放方式。1905 年起，開始實施專賣。爲確保原料品質和供應的穩定，菸葉的種植採許可制，非專賣局同意不得擅自耕作，至於外國菸草的輸入，主要是由三井物產代理。

戰後，台灣菸葉栽植亦採許可制，受到戰爭的影響，種植面積自 5,525 公頃（1943 年）降至 2,747.6 公頃（1945 年）；產量由 9,810,000 公斤減爲 1,746,650 公斤。1946 年的種植面積僅有 1,015.96 公頃，收購量爲 350,834 公斤。在生產製造方面，有台北菸場和松山菸場。台北菸場原生產雪茄、菸絲，在捲菸日益暢銷後亦兼製捲菸，至於松山菸場則專製捲菸。此外，尚有菸葉試驗所一所及豐原、台中、嘉義、屏東、花蓮五菸草工場，與台中、嘉義、屏東、花蓮四菸葉加工場。

表 4-2　日治時期與台灣省行政長官公署時期菸類牌品對照（1945～1947）

種　類	日治時期	戰後時期
雪茄	新高山	仙女
	秀姑巒山	秀蘭
	能高山	新台
	大樂	大屯山
捲菸	士兵	勝利
	黑潮	鳳梨
	曙	香蕉
菸絲	白菊	白梅
	水仙	芙蓉
	玉蘭	芍藥

資料來源：台灣省菸酒公賣局編，《台灣省菸酒公賣局局志》，頁 19。

戰後專賣局菸類的產品計有捲菸、菸絲及雪茄三種。在捲菸方面，接收之初，牌名甚多，計有「勝利」、「鳳梨」、「香蕉」、「祖國」、「光復」、「中華」、「和平」「同仁」及「特製」等，其後各類菸陸續停產。〔註30〕1947 年下半，

〔註30〕台灣省菸酒公賣局編，《台灣菸酒事業概況》，頁 17～21。

僅餘「香蕉」和新推的「樂園」。「香蕉」牌的捲菸由日治時期「曙」牌香菸改名而來，戰前「曙」因價格低廉，甚為暢銷，戰後「香蕉」承過去餘暉，仍風行一時；直至「樂園」、「新樂園」興起才漸被取代。當時一首台語流行歌曲即是以「香蕉」、「樂園」為創作題材。歌詞的內容如下：

> 天光窗外鳥叫啼，出門作工手那搖，
>
> 滿面春風哈哈笑，友的啊！錢的惜，
>
> 吃煙咱著來吃香蕉。
>
> 朋友不可腳手軟，不可失戀心酸酸，
>
> 作工咱著為三頓飯，友的啊！聽我勸，
>
> 吃煙咱著來吃樂園。〔註31〕

雪茄，牌名有「仙女」、「秀蘭」、「新台」、「大屯山」四種。雪茄的製造全靠人工，訓練費時；加上在消費習慣上，雪茄的吸食者自過去便以上層官員或皇室為主，日治後期便已沒落，戰後僅有少量的生產。菸絲的生產的情形亦同，隨著捲菸的流行，製造量在戰後逐漸減產。接收時期的牌名有「白梅」「芙蓉」、「芍藥」、「牡丹」「新生」、「和平」、「國旗」等，1947年僅剩「芙蓉」與「和平」2種。

（五）酒

酒類的專賣，為期最晚，至1922年正式施行。專賣範圍，原止於不及90度的酒精與飲料酒，但迄1938年，燃料用的無水酒精，乃至工業用或醫藥用的含水酒精（96%左右），其在台灣境內消費者，皆在專賣之列，但酒精的生產與輸出，仍許民營；至於啤酒，則遲至1933年7月，採行專賣（仍許民營釀造）。

台灣的釀酒工業，從自由釀造的家庭工業，躋身於現代工業，僅二十餘年的時間。戰後初期，共有酒廠11所，小型酒工場四所。若干設備毀於轟炸，影響接收後酒類的生產。日治時期在1941~1942年間，全年產量曾高達50萬公石，1945年僅有12萬公石的產量，次年產量恢復至19萬公石。〔註32〕酒類的生產的恢復，有賴原料、容器及設備的改善。

專賣局生產的酒類產品可分為釀造酒、蒸餾酒、及再造酒三種。釀造酒

〔註31〕本首歌名為「煙酒歌」，由陳達儒作詞，蘇桐作曲。

〔註32〕台灣省菸酒公賣局編，〈歷年酒類生產量〉《台灣菸酒事業統計年報（民國41年度）》，頁136～137。

例如勝利酒、芬芳酒、啤酒三種；蒸餾酒例如白露酒、威士忌、酒精等三種；再造酒例如紅露酒、藥酒、橘酒、梅酒等均屬之。各項酒類產品中，白露酒、紅露酒、勝利酒、芬芳酒、藥酒、及啤酒為主要產品；尤其是白露酒，居行銷之冠。至於威士忌、橘酒、梅酒等，因價格較為昂貴，以城市區為消費市場，生產量較少。

戰後初期，菸酒生產悉照日治時期舊規，僅將菸酒產品改名。專賣局以最速件的方式，指示各科室，廢止日本牌號及使用日本文字。該件公文指出：「查前專賣局所出各種煙酒及火柴，係用日本牌號，及日本文字，且品質低劣，不足以應消費者之需要，本局接收以後，即注意於準備更換牌號，及採購優良品質等項，現已整理就緒，訂自三十五年一月一日起，一律出售新產品，並實行新牌號，原有日本牌號，概行廢止。」〔註 33〕在菸酒產品改變名稱之外，還有紀念性質的產品上市，例如，「祖國」、「勝利」、「光復」等新的香菸品牌。〔註 34〕戰前和戰後，菸、酒新舊牌名的對照如表 4-2、表 4-3。

表 4-3　日治時期與台灣省行政長官公署時期酒類牌品對照

日治時期	長官公署時期
凱旋清酒	勝利酒
福祿清酒	芬芳酒
濃厚酒	玉泉酒
金雞老紅酒	紅露酒
銀標特製米酒	白露酒
五加皮酒金蘭	藥酒
五加皮酒	五加皮酒
日月葡萄酒	日月牌葡萄酒
威士忌ウイスキ	航空威士忌
Espero Whisky	愛斯配露酒
Monopoly Whisky	高級威士忌
Monopoly Gin	Dry Gin
Ponkano Liqueur	烏龍酒

〔註 33〕國史館台灣文獻館館藏，《台灣總督府檔案─專賣局公文類纂》，〈民國 34 年
　　　　至 35 年雜書〉，影像編號 0012252。
〔註 34〕《民報》，1945 年 12 月 06 日，第 2 版。

梅酒	梅酒
鳳梨酒	波羅酒
高砂麥酒	台灣啤酒
高砂生麥酒	台灣生啤酒
日本藥局方酒精	檢定酒精

資料來源：台灣省菸酒公賣局編，《台灣省菸酒公賣局局志》，頁 19～20。

在配售方面，從 1946 年起重新訂定，成為分局——配銷區（配銷會）——零售商的方式。配銷會負責對專賣局分局承購專賣品，再將之分配給該轄區各零售商；配銷會的配銷品有菸，有酒，不再像日治時期一樣，分為「菸草賣捌所」及「酒類賣捌所」。配銷會是由配銷區之全體零售商組織而成，受專賣局分局、處之指揮監督，對分局、處配發之專賣品，負承領及轉配零售商之責，本身不得與消費者發生直接買賣的行為。零售商則是因襲日治時期舊制，由專賣局指定之，非經指定之零售商不得販賣菸酒等專賣品，否則予以取締。

比較特殊的是，戰後專賣局除了將菸酒牌號更改外，也注意到菸、酒的包裝。在台灣省專賣局業務會議報告中提到：「美麗乃普通人一般之心理，本省酒裝簧〔潢〕均屬通俗，常因外來酒之裝簧〔潢〕美麗受人歡迎，以致影響本省酒之銷路，嗣後往求美術家設計商標圖案，更改良容器模型，以吸引購者。」〔註 35〕為吸引消費者，提高銷售量，專賣局更新產品的商標，在報紙刊登重金徵求商標的啓事。內容如下：「本處（專賣局酒公司籌備處）現銳意改進各種酒類之質地，對於各種酒類之商標亦擬加以改良，茲特徵求各酒之新商標圖樣。」〔註 36〕

這則啓事，隱含著行銷專賣局酒類產品的宣傳意味。周憲文在〈日據時代台灣之專賣事業〉一文中談到：「當年（日治時期）台灣既不聞有禁酒、禁菸的言論，也極少見專賣局勸人買酒、買菸的廣告。」〔註 37〕日治時期對於菸酒這類的專賣品，既不作「寓禁於徵」的掩飾，也不作「增產報國」的宣傳，完全聽其自然。對於菸酒的包裝，關心的是衛生方面的改善，至於包裝

〔註 35〕　國史館台灣文獻館館藏，《台灣總督府檔案——專賣局公文類纂》，〈台灣省專賣局業務會議報告（民國 35 年）〉，影像編號 0012256。

〔註 36〕　《民報》，1946 年 11 月 8 日，第 2 版。

〔註 37〕　周憲文，〈日據時代台灣之專賣事業〉，《台灣銀行季刊》9：1（1957 年 6 月），頁 11。

的精美與否，並不重要。因爲，只有普通商品才需要精美的包裝與動人的廣告，至於專賣品，包裝與廣告，周憲文將之視爲「徒然耗費政府的收入，……徒然增加人民的負擔。」戰後初期的台灣各方面均處於重建的狀態，專賣品的包裝在生產量尚未恢復的情況下，產品的包裝設計易被忽視，或延續日治時期既有的形式，或做簡單的處理。當下社會裡注重產品外表的美觀與藉由包裝以利行銷傳達的概念，當時顯然尚未受到重視。部份人士或許也會有這樣的想法，即專賣品首要講究的哪裡是包裝的美觀？專賣品包裝圖案的必要條件應是具有專賣品字樣，讓消費者一看便可以辨明這是專賣局出品的；讓緝私人員能夠杜絕仿冒，方便緝私。從酒公司的業務報告與酒公司在報紙所刊登的啓示，我們可將其視爲廣告行銷的策略的注重，這樣的做法或許不同於日治時期，在酒的行銷觀念上有了變革。專賣局肩負著增加台灣省財政的任務，它的營運目標其實和一般企業的相同，均在提高獲利，必須採取積極的作法，吸引消費者購買。

第二節　戰後初期專賣事業的困境

　　國史館台灣文獻館典藏的《台灣總督府檔案——專賣局公文類纂》爲日治時期日人在台灣推動專賣事業所留下的相關業務資料。觀其內容，除專賣局各課室承辦業務公文以及台灣總督府等所屬各機關之間的往來公文、書信、契約外，專賣品的生產、加工、銷售統計等帳簿圖冊皆在其列，是研究台灣專賣事業發展的重要史料。這些檔案資料中，亦包含了部份戰後初期的專賣局資料，這一部份的檔案被歸類在「其他、雜件」項目中，主要是接收前後日籍職員名冊、專賣的取締、專賣局業務會議報告、1946 年及 1947 年間酒類的配銷、運輸、及部份的酒廠材料化驗分析與樣品配發等。戰後專賣制度的變革與專賣局各項業務的推動有密切的關係，因此，本節利用檔案中關於戰後初期專賣局專賣事業的相關資料，特別是各分局的業務報告，探究台灣省專賣局在專賣事業的推動上所遭逢的問題。

一、人事的變動

　　政權的更替帶來的接收，免不了在組織、行政、人事方面有不同程度的變動。專賣局在接收之初，計有日籍職員 1,527 人，台籍職員 641 人；日籍傭工 154 人，台籍傭工 1,777 人，職工共計 4,549 人。陳儀以戰前台人無論在總

督府或是州廳郡市街庄所任的工作職務均偏低，缺少具有相當行政經驗與中級以上的技術人員，在「行政不中斷」考量下，繼續留用日人。〔註38〕專賣局中留用的日籍人員為 250 人，其餘均遭返日本，出缺除由本地人遞補外，也向國內招募人員。

表 4-4　接收時專賣局職員國籍及職務統計表

	台灣籍	日本籍	合　計
敕任	－	1	1
奏任	－	46	46
判任	33	533	566
判任待遇	－	7	7
囑託	3	18	21
僱	605	922	1527
合　計	641	1,527	2,168

資料來源：台灣省行政長官公署秘書處編輯室及民政處秘書處編，《台灣參議會第一屆第一次大會台灣省行政長官公署施政報告》，1946 年 5 月，頁 33。

　　台灣文獻館館藏 1946 年各分局的業務報告提到，在人事方面，專賣總局中人事股由總務科改隸於秘書室。從秘書室的報告可以發現接收後人事的晉用主要有兩個方向，一方面是採行招募的方式，例如：1946 年 1、4 月中分別在台北、台中、台南三地招考工作人員 74 名，其中 20 名為會計人員。此外，派遣台中分局長趙定毅赴上海招考高級會計人員 30 至 40 名。另一方面採取培植技術幹部的方式，例如將台中工業職業學校當學年（1946 年）電機、機械、化工 3 班畢業生 75 人收為練習生，派至各工廠實習。〔註39〕

　　基隆分局的報告指出，該局自 12 月 1 日起辦理接收，當時局內計有日籍

〔註38〕台灣省行政長官公署民政處編，《台灣民政》，（台北市：台灣省行政長官公署民政處，1946 年），頁 70～71。陳儀留用日人的作法，當時已有不少反對的聲音，例如蘇新便指出：「當時主要是批名陳儀留用日人官吏和起用漢奸，以及批評物價政策和金融政策」，在《政經報》〈論人事問題〉一文中，呼籲政部可舉用日本帝國主義統治時期的日籍官吏及御用紳士，以免令民眾感到失望。蘇新，《未歸的台共鬥魂——蘇新自傳與文集》（台北市：時報出版社，1993 年），頁 62。《政經報》，1945 年 11 月 25 日，1（3）：5。
〔註39〕國史館台灣文獻館館藏，《台灣總督府檔案——專賣局公文類纂》，〈台灣省專賣局業務會議報告（民國 35 年）〉，影像編號 0012256。

人員 22 人，台籍人員 9 名。1946 年 5 月時，人事縮編為 23 人，計有由國內來台者 8 人，台籍人員 12 人與留用日人 3 人。台中分局則謂：「11 月 27 日開始接收，時受降伊始，員工心理不免浮動，且一切日制化，矯正需時，而言語、人手均極隔膜。……，分電國內各地招致人員來台，俾接替日人工作。」但基於「不輕易進用及不輕易辭退」、「減少用人費用」的考量，台中分局調整內部組織，局內由總務、耕作、製腦、火柴、酒、度量衡、及菸草製造等七課調整為六課（菸草製造課裁撤），六課以下各股也加以整編，將生產部門的行政與製造合而為一，「各股股長多由課長或各課技術人員兼任，課長多以改由省人充任。」〔註40〕

嘉義分局的業務報告的檔案保存狀況並不完善，從可辨別的資料判讀，該局的職員中，除局長非台灣籍外，課長 4 名，也多非台灣籍，以福建籍居多。〔註41〕

1945 年到 1947 年間專賣局人事的調整在政權轉移、體制銜接的過程中，因來台接收的外省籍人數有限，考量日治時期台籍職工大部份職務不高，暫時留用部份日籍職工。在日人遣返後，遺留的空缺除由本地台籍人士任職外，指定專人赴中國內地招聘。另有部份的技術人員是由工業學校培訓而來。

表 4-5　1946 年台灣省專賣局職員人數統計表

機關別	外省籍人員	台籍人員	留用日籍人員	備　考
總局	133	68	40	
台北分局	18	26	5	
基隆分局	5	12	3	
宜蘭分局	7	37	4	
新竹分局	2	68	9	
台中分局	10	101	15	
台南分局	11	60	5	
嘉義分局	7	78	10	
高雄分局	4	40	2	

〔註40〕 國史館台灣文獻館館藏，《台灣總督府檔案──專賣局公文類纂》，〈台灣省專賣局業務會議報告（民國 35 年）〉，影像編號 0012256。
〔註41〕 國史館台灣文獻館館藏，《台灣總督府檔案──專賣局公文類纂》，〈台灣省專賣局業務會議報告（民國 35 年）〉，影像編號 0012256。

屏東分局	15	55	10	
花蓮港分局	9	78	12	
台東分局	8	67	10	
埔里辦事處	6	31	5	
澎湖辦事處	2	7		
南門工廠	46	44	24	
台北烟工廠	19	27	10	
松山烟工廠	8	37		
台北酒工廠	6	27	2	
樹林酒工廠	4	22	11	
板橋酒工廠	8	60	10	
嘉義酒工廠	10	72	10	
番子田酒工廠	1	6		
度量衡所		6	6	
菸草試驗所	3	7	6	
啤酒工廠	13	13	6	
酒瓶公司	3	6		
印刷公司	8	5	6	
樟腦油加工公司		11	2	
樟腦油副產品加工公司	20		14	
精製樟腦公司	1	7	4	
木栓瓶蓋公司	2	12	6	
製樽公司	3	28	3	
合計	393	1,128	250	1,771 人

資料來源：台灣省行政長官公署秘書處編輯室及民政處秘書處編，《台灣參議會第一屆第一次大會台灣省行政長官公署施政報告》，1946 年 5 月，頁 103～104。

這樣的處理方式，似無不妥。如表 4-5 所示，1946 年專賣局 1,771 名職員中，台籍職員有 1,128 人。在日人的遣返後，專賣局的確以台籍人士填補了部份的空缺。但是從 1946 年 7 月台灣省行政長官公署人事室的統計資料來看，

專賣局十一個分局中，除尚未派任的台東分局外，各分局局長均爲外省籍；
從台東分局的業務報告發現，台東分局長還是國內來的外省籍人士。至於菸、
酒工廠的廠長也是清一色外省籍，台灣人並未在管理階層的職務中占有一席
之地。〔註42〕此外，如表4-6所示，在大批的大陸籍人士抵台後，台籍人士的
任用有減低的現象。1946年11月，專賣局人事編制有降低的現象，但舊任用
人員的比率而言，留用日人與台籍人員均降低了，然而外省籍卻沒有減少反
而增加了。留用日人不是台灣人所了樂意見到的，以外省籍人士塡補日人所
留下的空缺，甚至台灣籍職工仍然無法躋身於局長、副局長、廠長等行列，
這絕非是台灣人對「台灣光復」的期待。

表4-6　戰後初期專賣局職員籍貫統計表

時　間　＼　籍　別	台灣籍	日本人	外省籍	合　計
1945年10月前	641人	1,527人	--	2,168人
	29.6%	70.4%		
1946年4月前	1,128人	250人	393人	1,771人
	63.7%	14.1%	22.2%	
1946年11月前	972人	178人	513人	1,663人
	58.4%	10.7%	30.8%	

資料來源：湯熙勇，〈台灣光復初期的公教人員任用方法：留用台籍、羅致外省籍及
　　　　　徵用日人（1945.10～1947.5）〉，《人文及社會科學集刊》4（1），1991年，
　　　　　頁406。

　　除了上述情形外，在人事方面由於用人的不當，產生許多弊端。從《台
灣總督府檔案——專賣局公文類纂》中嘉義分局的業務報告可以發現，該分
局戰後復原重建深受在戰爭中被徵調的人員的復職與否、日籍員工返國後，
人員的如何接續等問題的困擾。特別是自戰後接收以來，接連兩任的局長均
未能順利完成接收。首任局長到任不久便自殺，第二任局長到任不到兩個月
即被控貪污而驟然離職。〔註43〕嘉義分局的接收工作因此擱延，專賣局的接

〔註42〕台灣省行政長官公署人事室編，《台灣各機關職員錄》，頁124～140。
〔註43〕嘉義分局首任局長爲陳際湜，於1946年2月14日投繯自盡。自殺原因或謂
　　　　因故鄉妻小貧病交迫，或爲貪污斂財，而恐事情被揭露而畏罪自殺。《民報》，
　　　　1946年，7月16日，第2版。繼任者周必璋則於4月6日被因貪污被收押。

收自 1945 年 11 月 1 日展開，唯獨嘉義分局至 1946 年 5 月底仍尚未辦妥接收手續。在原有日籍人員已全數歸國，其他非日籍人員則大多已更動的情況下，〔註44〕為戰後嘉義分局的接管與復原，增加不少困難。

二、生產製造

囿於現有專賣局業務報告的資料中，主要以菸、酒為主。這個小節中關於專賣品的探討僅及於菸、酒兩部份。

（一）菸

菸葉的生產，在接收的階段，面臨菸葉收購量不如預期的問題。以台中地區為例，台中菸區包含有今台中、南投、及彰化三縣，菸草的耕種黃色種生產地包在內新、員林、田中、南投、草屯、竹山等地，中國種在豐原和東勢。菸葉的產量受制於耕種面積、投入人力的多寡，與肥料的使用。1945 年受戰亂影響肥料短缺，致使單位面積產量下降，製造捲菸的黃色種每甲平均減少 402 公斤，製造菸絲的中國種每甲平均減少 178 公斤。1946 年菸葉的收購數量仍然下降，分析箇中因素，與上述生產條件完全無關，而在於菸農未依照契作規定繳交菸葉，菸葉流入民間。此一情形，專賣局或採取嚴密管制、或二次收購的方式改善。但 1947 年，面臨的則是人力不足、耕種面積減少。原來台中北斗區內菸葉的生產主要仰賴日籍移民耕作，現因日僑遣返歸國，耕種面積與投入人力的減少生產量隨之而降低。〔註45〕

菸類製品從原料到成品，必須經過收購、複燻（再乾燥）及加工製造等步驟。菸農在菸草收成，先行將菸葉乾燥、調理、包裝、儲藏後，交專賣局收納。戰後菸類產量的減少，除耕種階段總產量減少外，到了收購、再乾燥階段，因菸葉的收納期間適值日本投降，各處的菸葉輸送因而展延，原定計畫一再變更，本來應在 1945 年 11 月完成的再乾燥，延至 1946 年 2 月才開始

〔註44〕國史館台灣文獻館館藏，《台灣總督府檔案——專賣局公文類纂》，〈台灣省專賣局業務會議報告（民國 35 年）〉，影像編號 0012256。

〔註45〕國史館台灣文獻館館藏，《台灣總督府檔案——專賣局公文類纂》，〈台灣省專賣局業務會議報告（民國 35 年）〉，影像編號 0012256。另有關台中北斗區內日僑種植的菸草主要是黃色種。1913 年，花蓮吉野村的日本移民新掀起台灣栽培黃色種菸草的開端，之後陸續在豐田、林田等移民村擴張耕地。由於花蓮經驗的成功，黃色種菸草的種植，逐步推展至南部和中部的移民村。稅所重雄著，吳萬煌譯，《台灣煙草栽培變遷史》（台灣省南投縣：台灣文獻委員會印行，1993 年）頁 94。

辦理。由於「過渡時期治安紊亂，致收存於各地方倉庫之菸葉，在未經彙運再乾燥廠以前，已被竊盜甚多。」使得再乾燥數與收納數量相去甚遠。以 1945 年期為例，收購數量總計有 1,009,151 公斤，再乾燥總量為 709,183 公斤，短少了 299,968 公斤，短少的數量達到總量的 29.7%。〔註46〕

表 4-7　歷年許可菸葉耕種面積及收購量（1906～1953）

耕種面積：甲
收購量：公斤

年　別	耕種面積	收購量	每甲平均收購量
1906	156.74	168,785	1,076.9
1907	269.25	213,434	792.7
1908	820.81	420,261	512.0
1909	379.60	377,578	934.7
1910	636.40	782,969	1,230.3
1911	409.51	495,852	1,210.9
1912	383.56	449,123	1,170.9
1913	351.27	435,203	1,238.9
1914	389.79	523,404	1,342.8
1915	736.36	939,002	1,275.2
1916	1106.44	1,694,658	1,531.6
1917	739.73	728,899	985.4
1918	324.78	398,930	1,228.3
1919	506.70	678,144	1,338.3
1920	874.70	1,020,761	1,167.0
1921	1,369.63	1,936,920	1,414.2
1922	1,219.35	1,703,315	1,396.9
1923	1,068.72	1,637,727	1,532.4
1924	967.74	1,286,558	1,329.4
1925	774.77	999,628	1,290.2
1926	726.53	998,932	1,375.3
1927	849.40	1,240,832	1,460.8
1928	919.52	1,501,379	1,632.8

〔註46〕國史館台灣文獻館館藏，《台灣總督府檔案——專賣局公文類纂》，〈台灣省專賣局業務會議報告（民國 35 年）〉，影像編號 0012256。

1929	917.27	1,508,497	1,644.6
1930	845.13	1,503,976	1,779.6
1931	781.64	1,268,322	1,622.6
1932	746.45	1,279,487	1,714.1
1933	800.71	1,535,688	1,917.9
1934	951.07	2,140,455	2,250.6
1935	1,069.20	2,044,749	1,912.4
1936	1,254.30	2,223,910	1,773.0
1937	1,497.70	2,611,461	1,743.6
1938	1,706.46	2,895,684	1,696.9
1939	2,234.87	4,012,009	1,795.2
1940	3,282.83	5,916,486	1,802.3
1941	4,427.13	8,236,955	1,860.6
1942	5,696.35	9,809,784	1,722.1
1943	5,204.33	8,839,168	1,698.4
1944	5,174.30	7,596,575	1,468.1
1945	2,832.83	1,746,451	616.5
1946	1,047.47	350,835	334.9
1947	5,098.15	3,503,207	687.2
1948	4,210.12	3,903,079	927.1
1949	7,099.48	9,388,047	1,332.4
1950	5,229.21	5,834,459	1,115.7
1951	5,862.39	8,014,278	1,367.1
1952	5,707.80	8,971,996	1,571.9
1953	5,646.34	9,897,127	1752.8

資料來源：台灣省菸酒公賣局主計室編，《台灣菸酒事業統計年報（1953 年）》頁 206
～209。

　　菸葉的耕種面積如表 4-7 所示，戰前菸葉耕種面積與收購量均以 1942 年
最高，1945 年的耕植面積僅及該年的 49.7%，1946 年更少，僅有 1942 年的
18.4%。1945 年菸葉的收購量為 1942 年收購量的 17.8%，1946 年減少為 3.6%。
菸葉收購量的大幅降低，必然會影響專賣局次年各類菸品的生產。1947 年起，
菸草的種植面積恢復到 1944 年以前的規模，但因肥料缺乏的影響，單位面積
的生產量尚不及 1944 年單位面積產量的一半，總產量僅及該年度的 46.1%。
戰後香菸的生產，如表 4-8 所示，1945 年到 1947 年之間，專賣局菸品的生產，

捲菸、雪茄、菸絲三類均減少，特別是捲菸類產量的減少最為顯著。

表 4-8　歷年菸類生產量（1906～1953）

年　別	捲菸（支）	雪茄（支）	菸絲（公斤）
1905	--	--	181910
1906	--	--	1,672932
1907	--	--	1,589.433
1908	--	--	1,527,510
1909	--	--	1,644,873
1910	--	--	1,599,240
1911	--	--	1,859,280
1912	--	--	1,480,178
1913	--	--	1,640,908
1914	--	--	1,747,470
1915	15,000,360	390	1,536,012
1916	25,000,000	41,645	1,572,180
1917	36,620,500	83,250	1,545,116
1918	106,209,500	222,750	1,510,950
1919	111,466,250	353,845	1,264,100
1920	104,085,700	189,625	1,562,820
1921	5,3282,850	240,150	1,326,480
1922	10,0142,160	136,257	1,338,750
1923	5,6915,404	109,341	1,266,070
1924	8,1831,752	204,911	1,228,630
1925	12,9642,960	198,385	1,320,006
1926	15,8418,780	261,650	1,226,971
1927	182,588,990	294,500	1,234,802
1928	195,280,450	343,800	1,243,34
1929	213,834,250	463,375	1,232,871
1930	246,278,520	441,325	1181,561
1931	280,307,850	384,425	1075,470
1932	341,663,750	437,115	10748,859
1933	418,061,750	464,765	1038,012
1934	539,539,870	538,475	1024,542
1935	742,469,490	665,365	990,960

1936	795,705,480	644,550	945,482
1937	979,741,800	661,350	9117,802
1938	1,461,339,200	481,015	893,960
1939	2,229,260,130	539,460	918,095
1940	2,728,194,906	733,700	967,843
1941	3,267,280,000	667,315	972,938
1942	3,296,774,700	721,180	837,270
1943	3,853,520,000	530,325	782,995
1944	3,280,898,400	260,825	655,120
1945	860,199,943	102,550	537,499
1946	164,889,400	417,440	417,595
1947	1,930,326,935	151,220	211,700
1948	2,548,374,600	485,775	352,825
1949	2,787,766,580	452,635	305,540
1950	5,116,744,240	456,920	143,450
1951	6,062,438,100	222,250	133,850
1952	7,652,943,460	185,935	17,125
1953	8,381,673,090	160,626	59,880

資料來源：台灣省菸酒公賣局主計室編，《台灣菸酒事業統計年報（1952 年）》頁 118
～119。

　　1943 年是日治時期專賣局製造捲菸最高產量之年，共計出產
3,853,520,000 支，1944 年產量下滑，1945 年僅有 860,199,000 支的產量，生
產量僅及 1943 年產量的 22.32%。1946 年至 1947 年專賣局菸類的生產恢復的
情形，如表 4-9。從 1946 年至 1947 年菸類的實際產量觀察，菸類生產能力的
尚未恢復；計畫的產量明顯低於現有菸廠應有的生產能力，1946 年捲菸類實
際的產量僅達計畫產量的 66%，菸絲達 111%，雪茄達 90%。1947 年時三者分
別僅達到 89%，30% 及 38% 的計畫產量。顯見此一時期，菸的生產量仍與需
求量有些距離，菸絲、雪茄的生產雖然恢復情況較好，惟當時菸類的產品主
力，不在二者，而是以捲菸為主，供需明顯失衡。

　　至於菸的品質方面，1948 年改制之後台灣省菸酒公賣局曾說：「初期香
蕉菸之菸葉香料，係接收日人存貨，以日人對複薰工作未加注意，歷時稍
久，即易霉壞或變質。」〔註 47〕香菸的品質不好可知。此外，唐賢龍轉述
當時人的說法表示：「凡是吃過該局所製之菸酒的人均異口同聲的說：『專

───────────────────

〔註47〕台灣省菸酒公賣局統計室編，《台灣菸酒事業概況》，頁 17。

賣局的菸，大都霉辣的吸不入口，而專賣局的酒，更是淡如清水。』」這是
民眾對專賣局的看法，由於專賣局的菸酒品質不好，價格又高，大家轉而
購買美國菸，或國內菸，就連專賣局的科長也是如此。〔註 48〕唐賢龍的這
個說法被接受、引用，成爲描述專賣局菸酒時的既定印象。〔註 49〕菸葉的
品質影響香菸質與量的生產，戰後專賣局主管菸葉的生產的農務部門被批
評是「主持非人；總是改而不良。」〔註 50〕「農務設施之各部門卻是台灣
捲菸公賣企業脆弱的一環！……由是自光復以來，年復一年，菸產質量均
見低下。」〔註 51〕

表 4-9　1946～1947 年菸類生產力、計畫產量與實際產量比較

	生產能力		計畫產量		實際產量	
	1946 年	1947 年	1946 年	1947 年	1946 年	1947 年
捲菸（十萬支）	30,864	32,362	24,880	21,771	16,489	19,303
菸絲（百公斤）	10,189	10,190	4,832	7,000	5,375	2,117
雪茄（支）	893,520	893,520	463,200	400,000	417,440	151,220

資料來源：台灣省菸酒公賣局統計室編，《台灣菸酒事業概況》頁 44～45。

　　菸和酒都是屬於嗜好品，總產量雖恢復了，卻不一定可以滿足消費者
的需求。如表 4-9 所示，1946 年菸類的生產逐漸恢復，但是就捲菸類的生
產分析，捲菸的牌名多達九種，其中「勝利」爲軍用，消費者所偏好的「香
蕉」（曙）、「鳳梨」（黑潮）在 7 月以前並無生產；這兩種菸自接收以來，
便不易自合法的零售商、或是以公賣價格購得。〔註 52〕故形成一種「每到
賣菸時間，不獨愛菸家潮湧而至，即路邊商人亦派家人爭購而爲轉賣」的
怪現象。〔註 53〕

〔註 48〕唐賢龍，《台灣事變內幕記》，頁 31～32。
〔註 49〕例如，余玲雅，《戰後台灣公賣政策形成過程之研究》（台灣省台北縣：高立
　　　　圖書公司，2004），頁 99。
〔註 50〕楊逸農，〈台灣菸酒公賣事業面面觀〉，《台灣經濟月刊》12：2（1955 年 8 月），
　　　　頁 29。
〔註 51〕楊逸農，〈台灣菸業之生產及其行政管理〉，《台灣經濟月刊》9：1（1953 年 7
　　　　月），頁 29。
〔註 52〕《民報》，1945 年 12 月 8 日，第 1 版。
〔註 53〕《民報》，1945 年 12 月 13 日，第 1 版。

表 4-10 1946 年專賣局各牌名捲菸生產量比較表

單位：%

	祖國	光復	和平	大中華	香蕉	鳳梨	特製	勝利	同仁
1 月	9.3	15.4	63.8	—		—	—	11.5	—
2 月	2.2	20.6	59.3	11.0.		—	—	7.0	1.5
3 月	—	47.4	31.7	17.1		—	—	3.8	0.9
4 月	—	55.0	36.9	4.3			—	3.2	
5 月	—	36.6	49.9	8.0			0	4.4	
6 月	—	49.2	—	3.1			0.1	19.7	
7 月	—	—	—	14.0	65.9	13.9	0	6.3	
8 月	—	—	—	0.8	83.8	10.7	0	4.7	
9 月	—	—	—	0.1	79.3	16.2	0.1	4.3	
10 月	—	—	—		93.8	4.9		1.3	
11 月	—	—	—		91.0	3.9		5.1	
12 月	—	—	—		96.5	—	0.1	3.3	

資料來源：台灣菸酒公賣局統計室編，《台灣省菸酒事業概況》，頁 50～51。

　　1946 年「香蕉」、「鳳梨」上市後「光復」、「大中華」等逐一的停產，1947 年只剩下「香蕉」和「特製」兩種，7 月推出「樂園」新菸。〔註 54〕戰後陸續地推出不少的紀念菸，從表 4-10 可以發現，各種菸的牌名的訂定與戰後台灣歸與中華民國統治相關，具有特殊的含義，可惜生產週期都很短暫。這和日治時期與公賣局的各種菸的生產週期比較起來，〔註 55〕本階段各個牌名的菸，生產週期都不長，專賣局在選擇所將生產的產品時，除了應該考量紀念的意義外，也應顧及市場菸類的實際銷售狀況。

〔註 54〕「香蕉」、「鳳梨」為日治時期的「曙」、「黑潮」，接收後停產，至 7 月改名後重新以新牌名上市。各類牌名香菸的生產情形除由表 4-10 可知其外，《民報》亦有關於新牌香菸將上市，「光復」、「大中華」已停產的報導。《民報》，1946 年 7 月 4 日，第 2 版。

〔註 55〕以「香蕉」為例，從日治時期延續到戰後，於 1965 年停產。至於「樂園」，該牌品香菸從 1947 年開始生產，其間銷售情形經過幾度起伏，到了 1965 年才停產。台灣省菸酒公賣局編，《台灣省菸酒公賣局局志》，頁 109～110。

（二）酒

　　戰後初期酒類的生產，產量普遍減少，從專賣局的業務報告可知，專賣局酒工廠共 12 所。除板橋、埔里兩酒廠外，都曾經遭到轟炸，尤其以花蓮港、台東各廠損毀最大。〔註 56〕各廠自接收後，已陸續開工，因損毀部份尚未完全恢復，故未能發揮全部效能，影響酒類市場的供需。

　　除此之外，恢復生產最為棘手的是製酒原料短缺。各酒廠的因酒類產品不一，製造方式各異，各廠所需的原料亦不相同。在原料取得方面，主要是米糧的不足。例如埔里、台南酒廠，主要以玄米、梗米及屑米為原料。戰後由於米糧生產受戰爭、颱風、旱災等天候因素的影響，產量不足，糧食問題吃緊，米價不斷的上漲。台灣省行政長官公署在 1945 年 10 月先是採取徵購配給的方式，但由於管制配給失當，又改採自由買賣流通。米糧的產量不足，政府米糧政策的反覆不定，加上部份的米、糖被輸往中國國內，糧食價格飛漲。〔註 57〕此一情形，自然對專賣局酒類的生產造成衝擊。然因釀酒所需的原料米，居於專賣的需要，初期統一向糧食局採購，取得並不困難。專賣局酒類的業務報告中便說：「自糧食統制以後，由糧食局分給，可謂全無障礙。」〔註 58〕糧食管制廢除後，原料米不足，酒工廠因原料缺乏，無米乃用糖蜜、番薯簽、赤糖替代，各項替代物因市價逐日高漲，不易收購，酒類產量相形下滑。

　　另有部份酒類的製造以酒精為主要成分，酒精的製造原料為糖蜜，1946年製糖量降低，影響酒精生產，酒精取得的困難，亦影響酒類的生產。據專賣局估計台灣每月所需酒精量為 3 萬公石，戰後酒精產量每個月不及 8 千公石。專賣局約需酒精 5 千 5 百公石，原依賴嘉義酒廠生產。嘉義酒廠每月 4 千公石的產量，戰後降到 1 千 5 百公石，原料的缺乏，導致部份酒精生產經常停工。影響所及，例如，台東、新竹酒廠白露酒的製造是以稀釋酒精為主。由於酒精產量不足，造成酒精價格上漲，含酒精 24.5% 的白露酒，除了減產外，酒精含量也降為 23%。酒精生產遲遲未能恢復，影響下游酒廠酒的產量，也影響專賣局酒的生產品質。再者，台灣氣候炎熱，部份酒類，例如勝利酒的

〔註 56〕專賣局，〈台灣光復後之專賣事業〉，《台灣銀行季刊》創刊號（1947 年 6 月），頁 221。

〔註 57〕顏清梅，〈光復初期台灣米荒問題初探〉，收入賴澤涵編，《台灣光復初期歷史》，頁 84～89。

〔註 58〕國史館台灣文獻館館藏，《台灣總督府檔案——專賣局公文類纂》〈民國三十五年台灣省專賣局業務會議報告書〉，影像號碼 0012256。

生產，主要是以蓬萊米釀造而成，生產過程中必須要冷凍。戰後台灣冷凍用之阿摩尼亞購得不易，阿摩尼亞短缺之故，也影響了酒類的生產。

　　酒的釀造過程需要時間，保存需要容器、配售需要容器，酒瓶的優點是可以防止變質、防止變造及運輸方便。戰後酒瓶的製造由接收自日治時期民營之台灣景尾硝子株式會社負責。該廠在戰後由台灣工礦公司接收，工礦公司將其編爲玻璃分公司第一廠。但酒瓶的生產受制於玻璃工廠，酒瓶的生產供給有限。過去除靠著新瓶的採購外，有一半（1500 萬：2300 萬）是靠著空瓶回收。戰後，空瓶運輸省外者不少，一般家庭也需要使用空瓶。酒瓶的不足，間接影響酒的生產，1946 年 8 月以後，空瓶定爲非常賣品，買酒必須持瓶換購。〔註 59〕一般民眾買酒需持空瓶購買外，各分局受到酒瓶回收困難的影響，申請配酒時，也必須以空瓶換酒。〔註 60〕

　　酒類的生產數量，如表 4-11 所示，日治時期全年生產數量在 1942 年時最高曾高達 50 餘萬公石，之後逐漸減少，至 1945 年產量最低，甚至不及 1922 年酒開始辦理專賣之時。酒的釀造因是以米、麥、糖蜜等作爲原料，戰後台灣嚴重的米荒，影響到酒類生產的恢復。表 4-12 顯示，1946 年酒類的生產僅爲計畫產量的 72.6％，1947 年僅有 66.8％，較之酒類工廠應有的生產力，分別僅達 47.7％與 46.3％。至 1950 年起開始恢復戰前的水準，1952 年酒類生產超越戰前的最高紀錄。

表 4-11　歷年酒類生產量（1922～1952）

單位：公石

時間	合　計	第一酒廠（台北）	第二酒廠（台北）	第三酒廠（板橋）	第四酒廠（樹林）	第五酒廠（台中）	第六酒廠（嘉義）	第七酒廠（屏東）
1922	182,860	30,992	--	--	13,090	19,756	20,509	--
1923	230,737	23,458	--		8,570	40,927	42,147	5,544
1924	265,255	40,187	--	--	15,502	47,574	39,627	16,745
1925	290,657	50,418	--	--	19,472	35,527	44,152	22,484

〔註 59〕　國史館台灣文獻館館藏，《台灣總督府檔案——專賣局公文類纂》，〈民國三十五年台灣省專賣局業務會議報告書〉，影像號碼 0012256。

〔註 60〕　國史館台灣文獻館館藏，《台灣總督府檔案——專賣局公文類纂》，〈民國三十五年酒類電報〉，影像號碼 00112263。

1926	297,713	43,463	--	--	29,876	55,881	44,897	24,845
1927	300,365	28,010	--	--	37,498	56,388	41,579	21,327
1928	310,526	47,161	--	--	45,314	60,897	46,131	25,436
1929	317,249	40,620	--	--	45,814	66,765	48,940	29,208
1930	285,703	33,781	--	--	46,681	59,634	41,579	26,013
1931	249,009	30,538	--	--	44,343	51,344	32,753	20,742
1932	271,809	33,288	--	--	45,617	57,231	58,479	23,104
1933	276,221	33,841	--	--	48,169	57,527	54,971	23,727
1934	311,914	45,482	--	--	50,714	66,936	66,936	25,946
1935	343,779	46,731	--	--	56,844	77,307	72,974	29,167
1936	364,460	51,351	--	--	57,603	87,900	72,894	32,150
1937	322,548	45,371	--	--	39,365	80,357	71,486	32,673
1938	341,793	51,473	--	--	45,924	83,373	76,347	32,818
1939	368,393	54,273	--	5,496	52,682	79,286	87,357	34,378
1940	455,846	59,012	--	33,712	52,428	91,245	101,898	39,608
1941	500,037	61,280	--	51,170	58,500	105,782	93,303	46,445
1942	509,597	65,438	--	51,646	58,837	100,451	100,982	45,353
1943	428,107	*	*	*	*	*	*	*
1944	294,056	*	*	*	*	*	*	*
1945	124,100	*	*	*	*	*	*	*
1946	191,643	38,482	9,609	18,987	27,714	29,584	16,466	17,127
1947	212,541	33,816	19,500	21,824	18,336	27,360	17,525	27,606
1948	304,228	57,192	21,243	27,486	25,981	36,781	32,430	33,433
1949	351,041	70,230	22,211	25,095	25,372	44,831	38,464	40,471
1950	418,640	85,539	31,379	28,912	32,804	65,087	44,049	35,945
1951	409,305	100,239	42,543	25,843	32,353	46,280	43,587	39,344
1952	558,086	122,756	58,878	40,686	45,703	65,861	56,608	50,913

說明：「＊」表未有資料，「--」表該廠未生產。

資料來源：台灣省菸酒公賣局主計室編，《台灣菸酒事業統計年報（1952年）》，頁136～139。

表 4-11　歷年酒類生產量（續）（1922～1952）

單位：公石

時間	第八酒廠（花蓮）	第九酒廠（宜蘭）	第十酒廠（台南）	第十一酒廠（埔里）	新竹分局（新竹）	台東分局（台東）	澎湖辦事處（澎湖）	其他工廠
1922	7,479	10,985	12,488	2,356	5,008	1,889	--	58,301
1923	9,031	9,198	23,780	2,963	6,257	4,192	--	54,670
1924	9,806	12,348	25,295	3,087	7,270	4,118	--	43,696
1925	11,340	12,857	25,204	3,334	6,957	5,132	--	42,020
1926	12,269	16,879	19,017	3,553	7,076	4,721	--	35,981
1927	12,333	17,953	19,596	3,600	2,459	4,748	--	51,556
128	12,441	17,678	21,566	3,733	--	5,190	--	24,979
1929	14,513	17,647	21,035	3,576	--	3,889	--	25,242
1930	14,412	15,215	19,170	3,332	--	3,820	--	22,066
1931	12,618	13,609	16,309	3,078	--	3,247	--	20,428
1932	13,282	15,461	17,419	3,309	--	3,134	--	1,485
1933	14,101	16,076	16,027	3,425	--	3,357	--	--
1934	16,340	15,355	13,036	3,519	--	3,650	--	--
1935	18,806	19,614	15,960	3,282	--	4,094	--	--
1936	21,847	20,423	11,081	3,843	--	5,368	--	--
1937	22,528	16,217	8,556	3,445	--	2,550	--	--
1938	24,238	13,456	7,885	3,679	--	2,600	--	--
1939	26,379	13,426	8,380	4,221	--	2,515	--	--
1940	32,725	24,775	10,269	4,306	--	5,868	--	--
1941	34,750	27,027	10,957	6,024	--	4,799	--	--
1942	32,299	30,000	10,890	5,942	--	7,759	--	--
1943	*	*	*	*	*	*	*	
1944	*	*	*	*	*	*	*	--
1945	*	*	*	*	*	*	*	--
1946	10,411	13,326	3,575	2,868	2,295	1,198	--	--
1947	12,149	20,561	4,621	2,532	5,806	905	--	--

1948	13,990	26,290	3,616	4,029	11,865	2,578	2,304	--
1949	17,677	25,238	11,000	7,482	12,171	2,879	4,636	--
1950	23,174	30,690	8,209	8,863	13,625	4,966	5,399	--
1951	18,699	25,238	8,478	4,419	12,708	5,200	4,674	--
1952	26,126	34,944	10,017	8,754	24,800	8,264	3,776	--

說明：「＊」表未有資料，「--」表該廠未生產。

資料來源：台灣省菸酒公賣局主計室編，《台灣菸酒事業統計年報（1952 年）》，頁 136
～139。

表 4-12　1946～1947 年酒類生產能力計畫產量與實際產量之比較

單位：公石

	生產能力		計畫產量		實際產量	
	1946 年	1947 年	1946 年	1947 年	1946 年	1947 年
總計	407,842	458,682	266,601	318,132	194,440	212,541
勝利酒	31,000	20,100	1,700	12,100	814	1,736
芬芳酒	61,250	68,100	51,500	54,500	40,193	33,886
白露酒	191,720	271,420	152,850	158,450	100,545	121,537
紅露酒	40,072	37,258	13,150	33,350	19,824	16,268
藥酒	40,000	33,000	31,651	33,000	16,429	16,681
愛斯配露	700	—	100	—	133	—
碰柑酒	600	1,200	200	500	346	532
威士忌	300	1,700	300	1,400	60	1,135
烏龍酒	100	—	60	—	37	—
梅酒	700	2,000	300	1,000	666	960
啤酒	14,400	23,040	13,040	23,040	9,609	19,500
玉泉酒	21,000	—	1,600	—	132	—
檢定酒精	6,000	864	150	792	5,652	306

資料來源：台灣省菸酒公賣局統計室編，《台灣菸酒事業概況》，頁 110～111。

三、配銷

戰後初期酒類的配銷，在不同階段，有不同的現象。二次大戰結束前受
空襲影響，運輸困難，酒類配給集中在各酒工廠所在地。部份經銷商藉端攔

延，未將酒配予零售商以從中取利，形成配銷的障礙，導致酒類價格未依照定價販售，使得黑市交易日益盛行。〔註61〕

　　戰事終止至台灣省行政長官公署接收前，日人等待接收的這段期間一切生產停頓，酒類的生產亦然。產量不足，遂以庫存酒替代，影響既定的計劃。加上各級承銷人或借端提高價格，或乘機囤積，圖謀厚利，使得黑市價格高漲。受到酒價高漲且配銷不普及的影響，自製私酒風氣因應而生。接收之後，因顧及成本，1946 年 1 月改訂酒類價格。新訂價格較黑市價格低，加上產量不多，造成民眾競相購買的現象。4 月，隨物價波動上漲，再行改訂價格。8月，因糧價高漲，第三度調漲價格。不斷調整價格的結果，民眾不滿的聲音漸起。此段時期，為消除中間人的剝削，於 1946 年元月，廢除日治時期的經銷商制。經銷商人由政府指定，通常由特定階級或具特殊身分人士充任。廢除後，改為菸酒一併配售，原賣捌區劃為配銷區，由區內全體零售商組成聯合配銷會，專門辦理配銷責任。1946 年全省計有 91 個配銷會，受當地分局之監督指揮，對由分局配撥之專賣品，負有承領及轉配零售商之責任。〔註 62〕戰後配銷會與零售商成長的情形如表 4-13。

表 4-13　菸酒配銷會及零售商數（1946 年）

分局處	配銷會		零售商	
	接收前	1946 年	接收前	1946 年
台北	12	11	715	1,066
基隆	5	5	277	306
宜蘭	5	5	252	289
新竹	8	9	640	901
台中	18	18	1024	992
埔里	3	3	64	71
嘉義	12	13	739	732
台南	6	6	636	531
高雄	7	7	353	445

〔註61〕　國史館台灣文獻館館藏，《台灣總督府檔案——專賣局公文類纂》，〈接收後一年來酒類工作報告〉，影像號碼 0012254。
〔註62〕　台灣省專賣局，〈台灣光復後之專賣事業〉，《台灣銀行季刊》創刊號（1947年 6 月），頁 221。

屏東	9	9	322	544
澎湖	1	1	75	113
台東	1	1	125	150
花蓮港	3	3	183	192
總計	90	91	5,405	6,332

資料來源：國史館台灣文獻館館藏，《台灣總督府檔案──專賣局公文類纂》，〈接收後一年來酒類工作報告〉，影像號碼 0012254。

　　外酒與私酒數量增多，妨礙專賣局業務的推行。1945 年 12 月，酒業公司即將成立的消息公布後，部份酒商誤認酒類專賣將廢除，私釀、私販的因而增加。違反專賣規則的事件層出不窮，就連假冒專賣局商標出售的事情也有。以 1946 年 8 月至 10 月為例，專賣局原定銷售的酒量是 35,056 公石，卻只銷了售 11,275 公石，達成預定額的 32%。〔註63〕

　　戰後台灣各方對專賣制度的質疑聲浪，對民眾產生不小的影響，部分民眾因此誤以為專賣制度將不再繼續辦理，私製的菸酒於是有了存在空間，充斥在市面上。專賣局的零售商及配銷會在大批私貨的競爭下，專賣品銷售的利潤有限，零售商及配銷會均不樂意推銷。加上專賣品品質不佳，銷售更形困難。例如台中分局配售的捲菸，貨配至零售商，不到一週便發熱變質，零售商隨即將這些專賣品退回配銷會。又如基隆分局，該局 1946 年 1 月到 5 月間所配銷的 72 公升裝芬芳酒總數量為 144,720 公升，同一時間內相同產品損壞的數量為 538 公升，失竊的有 144 公升，因為變質而退換的數量為 21,528 公升，排除損壞和失竊的，退貨的數量占了配銷總數量的 15%。〔註64〕

　　從各個分局的業務報告書來看，復原最為艱鉅的應屬台東分局，前往接收的局長稱該局有三個特點，即沒有工廠、沒有辦公廳、沒有汽車。該局因當地人口中，原住民高山族占有相當比重，台灣總督府專賣局並未禁止原住民自行釀酒飲用，直到 1936 年 7 月才受專賣法規的限制。由於花蓮與台東間交通便利，整個東部地區的酒類均由花蓮港分局負責，台東分局也就一直沒有獨立的製酒工廠。戰爭期間，改為由花蓮港分局供給高度米酒前往台東分局分裝；當空襲嚴重時，台東米酒之供應，改由台東明治製糖會社供給酒精

〔註63〕國史館台灣文獻館館藏，《台灣總督府檔案──專賣局公文類纂》，〈接收後一年來酒類工作報告〉，影像號碼 0012254。

〔註64〕國史館台灣文獻館館藏，《台灣總督府檔案──專賣局公文類纂》，〈台灣省專賣局業務會議報告（基隆分局）〉影像編號 0012256 計算而得。

作爲原料。戰爭結束後，製糖廠生產力銳減，自 1946 年 1 月起，停止供應酒精給台東分局。台東地區酒類的需求量，清酒每月短少 150 公石，米酒則欠 500 公石。由於台東運輸極度困難，台北與台東間無直達火車，公營之交通車全部停擺，日用品的運輸完全依靠不定期行駛的卡車。當時由大武至台東一段，便需 5 個小時，車行顛簸，時虞傾覆。比較特殊的是，因運輸不便之故，遂無大量的菸、酒、鹽、火柴私貨進入台東。此外，花蓮港方面雖然有清酒可以配送台東，卻因容器不足，配運困難。〔註 65〕

　　不同於當下，科學文明的進步與物資的豐裕，對於屬於液態的酒類，製造者考量消費者購買、保存和飲用的便利性，瓶裝酒幾乎是酒類裝容常見的形式。戰後初期酒類延續日治以來的舊慣，〔註 66〕分爲幾種不同的包裝容器，有瓶裝、樽裝、甕裝及罐裝等，瓶裝容量的大小有 1.8 公升、0.72 公升、0.7 公升、0.63 公升、0.6 公升、及 0.3 公升等不同類別。另有散裝零售的 75 公升、

〔註 65〕國史館台灣文獻館館藏，《台灣總督府檔案——專賣局公文類纂》，〈台灣省專賣局業務會議報告（民國 35 年）〉，影像編號 0012256。

〔註 66〕傳統中國酒的容器大多以陶瓷的罈、罐爲主，玻璃瓶的使用較晚。早期台灣酒類的包裝形式與中國內地相仿，1895 年隨著日人而來的外來文化，逐漸影響台灣酒的生產，使用現代材料的西洋包裝形式也開始在台灣出現，木樽、玻璃瓶容器開始使用於酒類包裝。日治時期總督府專賣局的酒器皆採購自民間，當時之台灣製樽株式會社、台灣オフセット印刷株式會社、國產（木栓）株式會社、台灣景尾硝子株式會社均屬台灣專賣局的衛星工廠，配合製造玻璃、木樽容器，以及瓶塞、酒類運用用的竹籃。前述會社在戰後分別改爲專賣局的（一）印刷材料工廠：因菸、酒產品種類的繁多，所需包裝紙、封簽、及標貼等爲數甚大。該廠位於台北市區，創設的時間是 1921 年 3 月，原名爲オフャット印刷株式會社，戰後改稱爲專賣局印刷公司，1947 年 1 月改稱爲印刷工廠，下設照相、製版、印刷、修理、包裝五個部門，負責菸、酒、樟腦、火柴等各類商標之印刷。（二）製樽工廠：菸葉與酒類之包裝，需要容器。菸葉容器爲菸桶，酒類容器有酒瓶、酒甕與酒樽三種。各項容器中，瓶甕需向外購買，樽、桶兩項則由局內之製樽工廠製造。製樽工廠戰前稱台灣製樽會社，接收後改稱製樽公司；1947 年 1 月改稱工廠。總廠原位於台北市，後遷移到台北縣板橋市；總廠無機械設備，專司行政管理，不負責實際產製之責。總廠下設三分場，一在台北縣板橋市（海山區），負責製造、修理清酒樽及洋酒樽等業務；一在台中市之梅枝，製造醬油樽及味噌樽，供應民間需求；一在嘉義市竹圍，製造各種樽箱及菸桶。（三）木栓工廠：木栓工廠製造木栓及瓶蓋等，日治時期稱爲「國產コルク工業株式會社」，接收後改稱專賣局木栓瓶蓋公司，1947 年 1 月改稱木栓工廠。姚村雄著，《釀造時代——1895～1970 台灣酒類標貼設計》（台灣省台北縣：遠足文化，2003 年），頁 23～27。台灣省菸酒公賣局編，《台灣省菸酒公賣局局志》，頁 105～107。

72 公升、25 公升裝等以酒罈或酒樽包裝的。日治時期銷路最大的米酒、太白酒（白露酒）等，便是用酒罈、酒缸來裝，要買酒的人拿著空瓶或容器到商店去買，商人用工具將酒裝入容器中，論斤計兩來買賣。〔註 67〕過去人們購買酒時，便說「搭」酒。「搭」5 元的酒，「搭」1 斤的酒，以金額或酒量來形容購買數量的多寡。這種方式一直延續到戰後初期，1950 年後瓶裝酒漸漸普遍，酒大多以瓶子包裝，直接配銷各商店。

專賣品的運送，接收前完全委託通運公司辦理，接收後因通運公司運輸工具缺乏，鐵道運輸亦不適合要求，每每因運輸脫節導致產品堆積。部份分局為解決交通運輸的問題，有的便自行購車運輸。〔註 68〕雖然如此，類似酒類這種大容量的包裝方式，在運輸過程中，尚有不少難題。例如缸裝的酒，其密封的方式不是非常理想，在運送過程中可能因震動而溢洩。從專賣局 1946 年的酒類電報中，可找到不少的事例。其中一例是從樹林酒廠配運到台南分局的缸裝紅露酒，當時因考量本地氣候炎熱，酒置於倉庫會有變質之虞，便直接配送至配銷商人，事後商人發現該批酒 720 公升（24 缸），溢洩不足的數量計有 53.7 公升，耗失量達 7.5%，台南分局報告專賣總局酒科後，樹林酒廠依總局命令照數補償了商人。又如新竹分局甕裝的白露酒、紅露酒在配運過程中也有破損短少、變質不堪飲用等「無法避免之耗損」現象。〔註 69〕

同樣的，木樽包裝也有漏酒的困擾。台中酒工廠委託通運公司運交嘉義分局 140 樽的芬芳酒，每樽重量應為 100.8 公石，到達嘉義分局過磅檢收，實存重量為 99.96 公石。嘉義分局行文專賣總局，經總局查明後，總局以台中分局的回覆回應嘉義分局：「查七二公升樽裝芬芳酒定價，本局為顧慮運途中之損耗起見，特僅以六十八公升淨量計算，於四公升則作耗損數，據稱實存重

〔註67〕 消費者買酒是由桶子裏舀酒，裝入備好的容器中零售的。因恐商人不誠實，為了圖利在酒桶內加水動手腳，日治時期專賣局會發給零售商酒精度數換算表及酒精量針、溫度計、量杯等器具。度量的方式，先是用溫度計測量室溫，用酒精量針測量酒的濃度，再參照酒精度數換算表，即可獲知室溫下酒精的濃度，知道酒是否摻了水。蔡雅芬，〈黃泉利商店的傳家寶「酒量度針」〉、〈一甲子的小賣人——鄒國孟和他的小雜貨店〉，收入《台中酒廠專輯》頁 73～75。

〔註68〕 國史館台灣文獻館館藏，《台灣總督府檔案——專賣局公文類纂》，〈台中分局業務會議報告〉，影像編號 0012256。

〔註69〕 國史館台灣文獻館館藏，《台灣總督府檔案——專賣局公文類纂》，〈民國 35 年酒類電報〉，影像編號 0012263。

量九九‧九六公石，並無減少。」〔註70〕

從這麼多內容是以運載耗損請求補償的電報來看，裝載過程中的耗損，對於某些專賣局官員而言，似乎是陌生的，這些前來接收的官員對於專賣局的許多運作甚至並不了解，徒然增加不少公文往來，影響專賣制度的復原，更引起原來懷抱著期望的台人的不滿。

配銷是一門大學問，因地、因時、因消費者而有不同，無法齊頭式的分配。沒有經過市場需求的調查分析，供需失調，或錯誤的商品供給，都可能引起民怨。例如花蓮港分局向專賣局酒科要求，希望停配啤酒，改配藥酒，該分局謂：「配給本局〇.六公升酒瓶裝啤酒八〇〇打，因轄境僻遠，人民購買力薄弱且氣候漸寒，要更恐不易配銷，迄未敢領。查〇.六公升裝藥酒銷路頗旺，……請貴科收該啤酒改配藥酒，俾迎市面需求而裕專賣局需求」。〔註71〕該份電報發送的時間是 11 月，台灣的氣候，即便是花蓮地區，11 月時也逐漸的轉為涼爽的秋天型態。酒屬於嗜好品，專賣局配酒類時應該考量該區的消費者的嗜好、時節與經濟能力。不合時宜的配銷非但無益於專賣局產品的銷售，並可能致使商品存積變質，導致負面的反應。

又如 1946 年 11 月新竹分局請減配白露酒之電文，新竹分局 11 月核定配給的酒類內白露酒為 1,615 公石，紅露酒為 106 公石，對於這樣的分配，新竹分局認為：「紅白酒比例懸殊，配銷困難，且目前白露酒滯銷倉庫無法容置。」請減配白露酒 800 公石，增配紅露酒 500 公石，並且「全部瓶裝配給，以利銷售」；「洋酒存貨尚多，銷售困難，請全部免配」，均說明了市場需求對於配銷影響之大。〔註72〕

四、查緝

專賣品查緝在日治時期，原以各地警務機關為中心，與專賣局總務係共同辦理緝私工作。各分局僅在總務課下設取締係，配置少數人員，配合警務機關執行查緝。戰後，因外來私貨日多，充斥市面販售。於 1946 年 4 月在專

〔註70〕　國史館台灣文獻館館藏，《台灣總督府檔案——專賣局公文類纂》，〈民國 35 年酒類電報〉，影像編號 0012263。

〔註71〕　國史館台灣文獻館館藏，《台灣總督府檔案——專賣局公文類纂》，〈民國 35 年酒類電報〉，影像編號 0012263。

〔註72〕　國史館台灣文獻館館藏，《台灣總督府檔案——專賣局公文類纂》，〈民國 35 年酒類電報〉，影像編號 0012263。

賣局內成立查緝室，統籌辦理全省各地區及沿海各港口之緝私工作，以維護專賣制度。

　　從專賣局查緝的私貨林林總總，1946 年 1 月到 5 月，查獲的案件共計 203 起，查獲物品如表 4-14。從查獲之違禁物品來看，舉凡菸、酒、鹽、火柴，私製器材、私貨均有。台中專賣局在 5 月 15 日召集台中縣、市及彰化市警察所長暨憲兵、路警舉辦台中地區違反專賣法令取締會議。〔註 73〕所謂正本清源，緝私是短期間消極的作法，專賣局在接收近半年之後，需要努力的應是清楚的讓民眾知道專賣制度繼續實施的政策，應該是改善產品的品質、提高商人販售專賣局產品的利潤，使零售商樂意推銷專賣局的專賣品。

表 4-14　1946 年 1 月到 5 月專賣局查獲物品

品　　名	單　位	數　　量	品　　名	單　位	數　　量
酒	瓶	4,597	削刀	把	2
酒	罎	39	壓菸機	隻	4
酒	斤	64	糊台	隻	2
酒精	加崙	50	菸葉	斤	2,940
酒瓶	個	702	菸絲	斤	151
包裝網	張	64,580	菸骨	斤	5
封條	張	5,500	菸粉	斤	2
手捲機	付	64	捲菸紙	張	7,294,400
酒具		4	火柴	盒	26578
酒瓶蓋	籠	1	製火柴器具	個	2
捲菸	箱	996	食鹽	斤	890
捲菸	包	23,824	食鹽	噸	34,120
捲菸	枝	5,168	食鹽	袋	199

資料來源：國史館台灣文獻館館藏，《台灣總督府檔案——專賣局公文類纂》，〈台灣省專賣局業務會議報告（民國 35 年）〉，影像編號 0012256。

〔註 73〕國史館台灣文獻館館藏，《台灣總督府檔案——專賣局公文類纂》，〈台灣省專賣局業務會議報告（民國 35 年）〉，影像編號 0012256。

從以上的查緝成果觀察，所緝獲的種類極其紛雜，但是走私的專賣品數量是否僅有這些數量，令人懷疑。雖然專賣局查緝室屢次強調私菸私酒已在掌握之內，然而，報紙上，因查緝私菸私酒而衍生的糾紛卻不間斷。專賣政策要有效施行，查緝絕不是重點，首要因素在於社會控制完善，其次在於產銷制度的健全。〔註74〕

從專賣局的業務報告中，可以發現台灣省專賣局查緝工作與日治時期有些差異，戰後專賣局設立專賣的查緝室，擔任專賣品查緝的工作。由專賣局查緝員需配合警、憲人員共同執行查緝工作。與日治時期更大的不同是專賣局緝私員執行工作任務時配備了槍隻。然而，專賣查緝單位的設置，並未能解決專賣品違章的問題。由於專賣局未能達成台灣省內專賣品產銷的平衡，且無力管控省外菸酒等商品的輸入，專賣局所謂的查緝成效與報紙上不斷的緝私的案例對照，落實專賣政策並不容易。下列這則評論適足以說明這個階段，台灣專賣事業障礙之所在：

> 過去日人在台之專賣政策所以能夠貫徹，是因為日本本國也行專賣政策，有良好的制度，足多的經驗，苛而能廉的守法官吏為憑藉，我們呢？制度沒有，經驗沒有，除了鹽專賣以外，幾乎所有的專賣都是失敗的，至於守法的官吏，更是難得。據省參議會議長黃朝琴告訴筆者：他家裏（在台灣）有一次收到從東京饋寄來的兩條香菸，馬上就有警察來查問，證明其確為饋送，雖未沒收，但為防止他出售，卻將菸紙拿走了，其嚴密可見一斑。現全中國只台灣一地實行專賣，在先天上就難推行，加以緝私不夠嚴密，專賣根本毫無保障。〔註75〕

第三節　戰後初期輿論對專賣事業的建議

《民報》，發刊於 1945 年 10 月 10 日，是戰後完全使用中文，卻又深具本土色彩的民營報紙。它由一群在戰前便具有新聞工作經驗的台灣知識分子組成，社長林茂生、總編輯許乃昌、總主筆黃旺成、發行人吳春霖等，他們或為台灣文化協會成員，或為 1920 年代台灣民族運動、社會運動的參與者。

〔註74〕范雅均、郭崇美紀錄，〈菸酒歲月座談會專輯〉，《台北文獻》直字第 144 期（2003 年 6 月），頁 45。

〔註75〕李荊孫，〈台情平議〉，《中央日報》，1946 年 10 月 27 日。

這群人以日治時期《台灣民報》繼承者自任，秉持作爲「台灣人唯一的言論機關」的理念，抱持著批判時弊的言論立場。〔註 76〕從創刊至二二八事件爆發後遭到查封，在 1947 年 3 月 8 日被迫停刊，爲期僅 1 年 5 個月，《民報》共發行了 605 號。相對於《台灣新生報》的官方色彩，《民報》代表的是民間的輿論，更能反映當時台灣人的想法。

一、《民報》對於專賣的報導

（一）私菸私酒的取締

《民報》對於專賣，除了關於專賣局組織變動、專賣品廢止或改隸其他單位、菸酒產品上市等的報導外，關於私菸、私酒取締的事項不少。日本投降後至台灣省行政長官公署接收之前，因專賣的機制未能正常運作，專賣品或被竊，或未合法配銷，特別是菸、酒的價格，因受到供應不確定的影響，價格不斷上漲；《民報》對於此類的社會現象有不少的報導。例如，私貨的查緝有「桃園街坂田某，……密賣阿片，得利甚豪，……數次搜查，果得押收証據品，總額百萬元左右。」〔註 77〕「戰事結束，……被日本政府負責人竊賣或燒失甚眾，基隆八堵有專賣局倉庫，中藏十一箱之菸紙，……共值十六萬五千元。」〔註 78〕

這段期間菸酒流入黑市，除了有菸酒價格上漲的情形，同一地區內不同的街道販售的價格也不相同。以「黑潮號」香菸爲例，有賣 5 圓者，2 圓 5 角者，1 圓 5 角，及 8 角者。〔註 79〕菸酒私製、私釀的事情也不少，對專賣局的衝擊很大。所以，專賣局接收以後，專賣品不准私製的呼籲頻頻在報上出現，菸酒將歸專賣的政策一再地被重申，許多取締解決私菸私酒的方案也相繼被提出來。充足公賣菸酒並加強取締的報導，經常揭諸報章。〔註 80〕專賣局爲平抑香菸價格，不斷釋出香菸的報導不少，但香菸價格仍然偏高的報導也很多。以「曙號」（捲菸）的香菸爲例，定價是 8 角，但零售店根本無法以此價格購得；消費者必須以高於定價的價格購買，若是這樣，則香菸隨處可得。〔註 81〕

〔註 76〕《民報》，1947 年 1 月 10 日，第 1 版。

〔註 77〕《民報》，1945 年 11 月 16 日，第 1 版。

〔註 78〕《民報》，1945 年 12 月 8 日，第 1 版。

〔註 79〕《民報》，1945 年 11 月 16 日，第 1 版。

〔註 80〕《民報》，1945 年 12 月 13 日，第 1 版；同年 12 月 3 日，第 1 版；同年 12 月 8 日，第 1 版。

〔註 81〕《民報》，1945 年 12 月 15 日，第 1 版。

為加強查緝私酒、私菸，1946 年 4 月特別在專賣局成立查緝室，各分局及辦事處組織查緝隊，責由隊員辦理全省各地區及沿海各港口之緝私工作，以維護專賣制度之完整。私菸、私酒的取締在 1945 年至 1947 年間，不曾間斷。為打擊私貨，台灣省專賣局酒公司籌備處還刊登了「不要喝私釀的酒，因為它是毒藥，要喝專賣局製造的酒」這樣的廣告。〔註82〕

私酒、私菸氾濫，在報紙的報導時常可見，在國史館台灣文獻館館藏的台灣總督府檔案，戰後為數不多的資料中，私菸、私酒的查緝案件也有好幾筆。〔註83〕菸酒私造、私販猖獗，甚至還有假冒專賣局商標而出售的事情發生；影響專賣局產品的生產和銷售極大。以致於 1946 年 8 月到 10 月原定銷售量 35,056 公石的酒，卻僅銷售 11,275 公石，只達成 32%的預定額。〔註84〕

在「專賣局將取締專賣品抬價，私菸酒亦將加緊查緝」這則報導中，專賣局宣布這個措施，即專賣品價目表公佈後，不准再私自漲價販售，一經查獲，專賣局必定祭出吊銷販賣執照的重罰；中國國內、美國及其他外國的菸、酒，在各港口也將嚴加查緝，一經查獲，悉數充公。〔註85〕這種期望藉由重罰嚇阻私菸、私酒的現象，適足以說明其嚴重的情形。

1947 年 2 月 28 日，《民報》以醒目的標題刊載：

延平路昨晚查緝私煙隊，開槍擊斃老百姓──查緝隊員用槍口擊傷

賣煙婦人，群情昂奮要求賠菸醫藥費，竟肇起慘事！〔註86〕

不同於日治時期，台灣省專賣局設有專賣的查緝單位，查緝隊員雖非司法警察，卻賦予司法警察的實質權限，加上部份查緝員的態度不當，在執行勤務時，常有糾紛，二二八事件之緝菸事件並非單一的事端。1946 年 12 月 7 日在基隆市亦有一起因查緝私菸開槍傷人的事件。後來經過基隆市參議長等多名議員的走訪，專賣局同意負擔傷者醫藥費，專賣局副局長也作了「遵照專賣

〔註82〕　《民報》，1946 年 11 月 8 日，第 2 版。

〔註83〕　台灣總督府專賣局檔案中，此一時期的檔案資料，有部份是留用日人的名冊，有部份是長官公署配銷出貨的單據，及部份地區分局的庶務記載；其中，也有不少取締私菸、私酒的記錄。

〔註84〕　〈民國 35 年台灣省專賣局業務會議報告書〉，《台灣總督府檔案─專賣局公文類纂》，影像編號 0012256。

〔註85〕　《民報》，1947 年 2 月 20 日，第 3 版。

〔註86〕　《民報》，1947 年 2 月 28 日，第 3 版。

法繼續查緝私菸私酒，但是嗣後查緝不帶槍的決議。」〔註87〕類似的情事並未因此中止，幾天後，又有糾紛發生，緝私員又開槍肇事。〔註88〕相似事件層出不窮，除突顯私菸、私酒的嚴重氾濫的現象外，緝私員的查緝是否有過當的行為，亦應注意。

（二）專賣局之弊案

台灣人民在戰後對於祖國寄予熱烈的期待，惟在戰後復原成效不佳，重建緩慢，加上不時有貪污等弊案披露的情形下，台灣人心之變化可以猜想。在專賣局的弊案方面，有幾件事端是最廣為人知的。第一件為負責接收專賣局的任維鈞案件。任維鈞以企業專業的身分接管專賣局，本該是適當的；但在任維鈞任內，專賣局諸多弊端，官員進行貪污舞弊，被《民報》刊載的不少。

例如，1946 年 7 月 11 日，第 2 版，該則報導指稱專賣局自 7 月 1 日配銷啤酒給全省各地酒家或餐館，民眾極為期待。只是所有的啤酒銷售店，均必須要繳 5000 元「運動費」，只要繳了錢，即刻便可開張。這些費用最終轉嫁於啤酒，啤酒價格極為昂貴，民眾大多喝不起。「這責任在誰？請大家問問專賣局長吧！」該則報導估計，以全省 80 家銷售店來算，專賣局可獲得 40 多萬元的污財。文末並呼籲，專賣局是「要為民眾謀福利的，並不是官員個人的發財機關」，「當局此貪污行為宜有一番嚴查，專賣品零銷店的指定，與省民常有密切關係，決不可讓一部份下級官員亂用職權」。〔註89〕

《民報》揭發上述事端後，專賣局沒有自我檢討調查，反而是以專賣局台北分局之名義公函求《民報》列舉事證，如無實據，則應自行更正。公函內容如下：「查本局辦理專賣業務向有定章，最近配售生啤酒，亦係會同有關單位辦理。頃見本月十一日貴報，『展望台』欄，刊載銷售啤酒店每家需五千元運動費，八十家共得四十多萬『污財』新聞一則，不知此項消息貴社有無事實根據，至希賜予列舉，本局當依法嚴辦；如無事實根據，應請貴社自行更正，否則本局當依刑法毀謗名譽訴諸法院。特函奉達、請於三日內函復，以憑核辦，為荷。」〔註90〕

〔註87〕《民報》，1946 年 12 月 11 日，第 4 版。
〔註88〕《民報》，1946 年 12 月 14 日，第 4 版。
〔註89〕《民報》，「展望台」，1946 年 7 月 11 日，第 2 版。
〔註90〕《民報》，1946 年 7 月 16 日，第 2 版。

7月16日，《民報》刊登了公函內容的全文，並公開答覆專賣局。《民報》載：「（專賣局）竟老羞成怒，恬莫知恥，不自檢點內部黑幕，竟以台灣省專賣局台北分局名義，即日對本報致一公函，雖曰欲知事實，而其語多恐嚇，有如哀的美敦書者。……詎知該局，竟又奇想天開自十三日以來，又以台灣專賣局名義在新生報廣告欄上，連日刊登廣告。」〔註91〕同時，在當日同版面以「瀆職貪污不知恥，專賣局百鬼橫行」為標題，列舉了多則貪污事端，摘錄7則如下：〔註92〕

1、「大千酒家被索一萬元，緝私變成敲詐機會」、「沒收品那裡去？」——專賣局借取締之名在各地沒收之菸酒商品很多，除私菸、私酒外，前專賣局所售出之菸酒亦被沒收充公。甚至有查緝員推諉，不肯發給沒收的收據。

2、「基隆酒矸起風波」——要求將要載運空酒瓶出港之風盈輪，必須以每隻酒瓶2元5角的價格將酒瓶買回，物主未答應其要求，酒瓶便被扣留了。由於酒瓶當時已非管制品，且有金海輪、海辰輪等運酒瓶出口，有濫職之嫌。

3、「前嘉義分局長為什麼自殺？」——前嘉義分局長自縊身亡，專賣局對外表示係因該分局長家境清貧所致，其友人亦稱其是因工作推進困難，自重慶寄來的家書中又提到家中妻貧子病，再加上連日來情緒困擾，而留書自殺。《民報》則指前嘉義分局長是吞沒六十萬公款，畏罪自殺。

4、「菸草工廠，欲吞私人書籍」——前專賣局菸草課長林旭屏在戰時被派到南洋服務，將家中頗有價值之裝訂漢書封箱寄放菸草工廠廠長暫管，雖有收牌條子為據，亦同意其妻領回，惟辦事之雇員拆箱檢視後，竟推諉私吞。

5、「太太亦是內行人，『山珍居』支付六千元」——「山珍居」這家餐館為能取得啤酒銷售，除交付5000元給菸酒課長之妻外，他日又付6000元請人代交菸酒課長，該課長個人得4000元，中間人則得2000元。專賣局官員依恃權力，未依規定辦理配銷並收取賄賂。

6、「另一分局長亦因貪污被扣押」——嘉義分局之另一分局長閣必瑋吞沒19萬元與局內職員平分，對將行回國之日僑，假借留用名目，索賄3萬圓。該局之販賣主任甚至公開宣稱：「來台灣是為發財，不是來做官」，吳在隨後被搜出25萬元支票及8千元現金贓款被法院扣押究辦。

〔註91〕《民報》，1946年7月16日，第2版。
〔註92〕《民報》，1946年7月16日，第2版。

7、同版「展望台」指出：「啤酒求賄的貪污事實，是無法湮滅的是非曲。」「殺人儆——是司法當局的老手段，但是我們僅能以筆槍檢舉妖魔，以紙彈來轟炸貪污，貢獻建設新台灣。」《民報》將專賣局要求更正的聲明視爲警告威脅，除舉證事例駁斥專賣局的聲明外，再次強調其嚴明的監督立場。

專賣局貪污事例被揭發後，造成社會的震驚，受害者紛紛聚集討論回收損失的辦法。有些涉案者因而四處告饒，企圖掩飾貪污證據。〔註93〕有些專賣局人員則自行擬妥報紙廣告文案，強迫受害者登報否認事實。例如一家名爲「三榮行」的商店便應專賣局之要求，在《台灣新生報》刊載「毫無此事」之啓事。〔註94〕

1946年8月4日，閩台區接收清查團團長劉文島蒞台。〔註95〕清查團在台期間，《民報》在〈熱言〉、〈社論〉不僅表達了對清查團的期許，也鼓勵台人「大家奮勇，協助清查團」。〔註96〕在台灣人民揭露的許多弊案中，不少是與專賣局有關的。對於專賣局的弊案，8月31日劉文島對記者表示，已將專賣、貿易兩局貪污案的調查證據送交台灣省行政長官公署，當局會嚴加究辦，涉案官員將先行撤職，再移送法院審理。〔註97〕9月12日，清查團在台北召開記者會，公布了此次來台的收文情形，並再次表達速予專賣、貿易兩局局長處分的決心。

9月13日台灣省行政長官公署作出處分，陳儀批示：「專賣局長任維鈞應予停職，其職務派陳鶴聲代理。」〔註98〕9月14日《民報》第2版報導陳儀已函覆閩台區清查團團長劉文島，表示其已接受該團建議，對專賣局長任維鈞及貿易局長于百溪作了行政處分，並移送法院處理。9月18日《民報》報導了任維鈞停止專賣局長職務，其缺由工礦處主任秘書陳鶴聲代理。任維鈞

〔註93〕《民報》，1946年7月17日，第2版。

〔註94〕《民報》，1946年7月18日，第2版。

〔註95〕劉文島爲閩台區接收處理敵僞物資工作清查團第二組團長，負責清查台灣區的接收工作。劉氏當時表示：清查團會以客觀的態度，對於負責接收的人員，優良者將予以表揚，不良者依法處罰。《民報》，1946年8月4日，第2版。

〔註96〕《民報》，1946年8月6日，第1版；同年8月7日，第1版。

〔註97〕《民報》，1946年8月31日，第2版。詳見清查團報告〈檢舉台灣專賣局長任維鈞等案〉，中研院近史所檔案館藏，檔號228G：1～4。

〔註98〕長官公署以最速件的方式於9月19日發布這項訓令及任免人員通知書，任維鈞遭到停職。「台灣省行政長官公署檔案」，國史館台灣文獻館日治與光復初期史料檔案，典藏號00303232006194，1946年9月13日～1946年9月14日。

一案,已交由台北地方法院辦理偵查;及台北地院首席檢察官表示,該案將依法偵查辦理,希望外界不要多加猜測的消息。〔註99〕任維鈞一案,因案情重大,法院派人將任氏拘捕。但台灣省行政長官公署隨即以專賣局未辦理移交不能即予拘捕為由,讓任氏辦理交保。〔註100〕任維鈞一案,以不起訴收場。這個事件非但打擊了陳儀的聲望,〔註101〕也種下了後來國民黨第六屆三中全會中劉文島等55人提案將陳儀撤職查辦的伏因。〔註102〕

二、《民報》對專賣的建議

(一)關於專賣制度之存廢

《民報》自1945年10月10日發刊到1947年3月8日被停刊期間,對於專賣的看法有以下的轉折。最初,僅有為了保護樟樹而反對樟腦專賣的主張,〔註103〕除此之外,《民報》並未有反對的意見揭諸於其報導;《民報》對於專賣制度,採取的是支持的立場。對於專賣《民報》建議:第一,專賣事業須繼續,且如製糖等大企業,亦應歸於國營。原因是《民報》認為日人統治下之台灣,專賣的項目甚繁,若突然中斷,必造成物價激烈波動,影響民生,甚至治安亦受波及。第二,專賣可以補充政府財源,有助財政之健全。〔註104〕第三,專賣事業的辦理,「歸公」是一個好辦法,如此一來,可以斷絕御用紳士爭奪利權的野心。〔註105〕《民報》非但贊成繼續辦理專賣,且主張專賣事業應歸公營。在時事評論的專文中,更具體指出施行的辦法,強調「專賣事業無論其為國營,或是省營,原則上是以公共性質為目標」,「於實行上務必遵照法令,事事以法辦理,不容有所苟且,專賣事業才能夠健全發展。」〔註106〕

1946年後,由於專賣局不斷的傳出弊案,媒體新聞的報導、閩台清查團對

〔註99〕 《民報》,1946年9月18日,第3版。
〔註100〕 張琴,〈台灣真相〉,陳興唐主編,《台灣二二八事件檔案史料》,頁142。
〔註101〕 周一鶚,〈陳儀在台灣〉,頁111。
〔註102〕 張炎憲等,《二二八事件責任歸屬研究報告》(台北:財團法人二二八事件紀念基金會,2006年),頁108~114。
〔註103〕 《民報》1945年10月31日第3版,該則新聞以為:「本島光復,專賣事業已是沒有存在的必要。」其因在:日軍投降後,製腦的人不再受到庇護,大批的樟樹被部份原非從事採樟製腦的人,砍伐殆盡,僅餘少量含腦成分較低者,以後腦業必然減產。此外,若不特別照料保持樟腦,恐有根斷種絕之虞。
〔註104〕 《民報》,1945年11月2日,第1版。
〔註105〕 《民報》,1945年11月21日,第1版。
〔註106〕 《民報》,1945年12月26日,第1版。

專賣局舞弊案情的調查，台灣輿論要求撤銷專賣局的聲浪日益升高。專賣局的存廢，再度成為議題。《民報》開始出現反對的聲音，7 月 18 日的「自由論壇」便以「專賣制度，可以休矣」為標題，論述專賣制度的施行。文中指出：「（專賣制度）是為了財政上的理由，但是聽說專賣局還是虧了本，……把大家消耗的菸酒做了專賣的標的，使台灣人民成了剝削的對象，納了很重很重的稅。」又說「當局唯一把專賣制度存在的理由，是根據軍事委員會所發台灣接管計畫綱要，其通則第五條規定，日本占領時代法令除壓榨箝制民者應予廢止外其餘暫行有效。……那麼專賣法令是不是壓榨法令？……專賣制度違反三民主義的民生主義，更不用說了，為什麼不廢止？」〔註107〕這個時期，弊端的層出不窮，《民報》對於專賣局的質疑與專賣施行方式的批判日益增加。

日治時期菸酒的專賣有其成就，自然也有為人所詬病者，例如，專賣產品的特許權。台灣總督府專賣局將菸、酒、食鹽、鴉片及樟腦等項目的販賣，指定委託民間辦理經營，專賣品的特許權被視為一種很好的利權。〔註108〕《民報》關於菸酒的配銷，也有不少的報導。

（二）菸酒的配銷

日治時期菸酒所採取的配銷的方式，在菸的部份，初期是採總配銷人、配銷商人及零售商人三級制。1914 年，廢除仲賣人，僅留配銷人及零售商，採兩級制。因為皆有削價競爭的情事，復於 1918 年仿效日本菸類專賣辦法，將銷配人之銷售區域加以劃定。當時之配銷，分為進口菸與台灣產菸兩種；進口日菸通常由日人經銷，台灣本地則由台籍之知名商紳充任。依台灣專賣法規之規定，就各分局處所轄之配銷區域，分別劃分為若干菸草「賣捌區」，其下設菸草「賣捌所」，由專賣局指定經銷商及其他匿名股東聯合組織之。因經銷商之收入甚豐，往往被作為政治酬庸的工具。1922 年，酒類正式專賣，承銷辦法亦比照菸類辦理。

經銷商的辦法在日治時期便受到批評，戰後亦然。經銷商的經銷方式被認為是「日統治下所謂御用紳士及走狗相互爭奪的利權之一；即專賣品之批發事業，皆由日人獨占。」〔註109〕因此撤銷經銷商，或將仲賣委託公共團

〔註107〕《民報》，1946 年 7 月 18 日，第 1 版。
〔註108〕參閱鄭慶良，〈日據時期台灣之菸酒專賣〉，國立台灣師範大學歷史研究所碩士論文，1999 年 5 月，頁 148～149。
〔註109〕《民報》，1945 年 12 月 16 日，第 1 版。

體之呼籲相繼出現。〔註110〕例如在 1945 年 11 月中旬，桃園社會服務隊便認爲日治時期專賣事業的弊害在於它是被高官或御用紳士所獨占，故召開會議，決議對陳儀長官提出建議，禀請以後應將「仲賣人」歸各地之公共團體。〔註111〕

　　該年 12 月，爲「解除寄生蟲性存在及企圖明朗性起見」，開始思考是否停止經銷商制度，改組零售人等方案，陸續揭諸報紙。〔註112〕12 月 25 日，《民報》刊載了專賣局將廢止承銷人制度，續繼沿用零售人制度，而由零售人組織小賣公會代辦承銷人業務的決定。〔註113〕這項決定，和日治時期不同的是，過去菸和酒的零售商分別設置，以後則是將菸和酒兩者合併。其次，菸酒的零售人係由專賣局指定；非指定之零售商不得販賣菸酒，否則將予以取締。

　　1946 年元旦起，賣捌制正式廢止。依據「台灣省專賣品販賣辦法」，改由零售商組成配銷聯合會負責承銷業務。例如員林郡員林地區之聯合配銷會便是 1946 年 1 月 17 日所成立。〔註114〕

　　專賣局的貪污情形，或者有關接收貪污，或者有關營業舞弊，在《民報》之外，有不少相關的敘述。〔註115〕專賣制度，在台灣行之有年，在抗戰時期，中國亦曾一度試行過。如專賣制度辦理良善，將有助於政府的財政；如人謀不臧執行不當，將致弊端叢生。《民報》社論中指出，專賣局的問題不在存廢，而在如何施行。文中批評台灣自接收後「未經一載，貪污舞弊的醜事續出，致使專賣放入不能如意，反爲財政的一大禍根。」分析箇中原因，在於工作之公務員是在工作公務員，不能理解本身任務之重大，貪圖一己私利所致。結果人民非難不斷，怨聲載道。這些營私舞弊的官員，分部各個層級，甚至連專賣局局長已因弊案遭受停職的行政處分。因此《民報》的看法是：「國營事業的運營，不是這班舞弊無恥之徒所能勝任的，必須登用本省富有經驗的廉潔人士，才能達成目的。……本省要建營專賣事業，第一要根本的改革貪污弊害。其穩妥辦法先由民間選出有能而廉潔的人士，組織專賣事業運營委

〔註110〕《民報》，1945 年 11 月 16 日，第 1 版；同年 11 月 21 日，第 1 版；同年 12 月 26 日，第 1 版。
〔註111〕《民報》，1945 年 11 月 16 日，第 1 版。
〔註112〕《民報》，1945 年 12 月 16 日，第 1 版。
〔註113〕《民報》，1945 年 12 月 25 日，第 2 版。
〔註114〕《民報》，1946 年 1 月 20 日，第 2 版。
〔註115〕唐賢龍，《台灣事變內幕記》（又名《台灣事變面面觀》）（南京：中國新聞社出版部，1947 年 6 月），頁 26～32。

員會，以防止舞弊及樹立健全運營方針。若實發揮民主作風，公正運營。專賣局可無必要撤，實要更擴大其機構，以謀財源的充實。」〔註116〕

（三）登用台籍人才

不少二二八事件的研究，都談到了戰後台灣籍人士未被重視的問題。台人在日治時期，參政的機會少，在各領域裏，台人擔任的通常都是基層的工作。戰後，台人在公營機關中，職位仍比不上外省籍人士、比不上留用日人，這樣的現象，在專賣局依然相同。1946 年 11 月 15 日《民報》社論以〈人材的登用量質要並重〉題，「希望為政者，對於本省人的登用，應下一番的猛省」。該社論指出：「（台灣省行政長官公署）省署這次發表了公務員的總計，全體公務員三萬九千八百二人中，本省人占了 61.11%，外省人占 19.95%，外國人占 17.65%。從「量」的方面看，本省人是斷然優勢，但是在「質」的方面，事體卻就不同了，⋯⋯（簡任和簡任待遇）在三百二十七人中，只占 0.82%，薦任和薦任待遇，在二千六百三十九人中，只占 6.63%。」〔註117〕

《民報》認為唯有登用台灣本省廉潔人才，才是解決專賣局的方法。9 月 25 日，專賣局決定存續的消息傳出。專賣局表示，在人事機構的改革外，長期以來專賣局「生產配銷一貫化的經營方法」，將因應專賣局的企業化，在生產部門設立菸、酒、火柴及樟腦四大公司，以改良品質並增進生產；至於營業部門，除致力營業的合理化外，將積極調查銷路，力行改善配銷辦法。〔註118〕針對這個改變，當日同版「展望台」表達了看法，該文認為：「繼續維持是必然的，但是以天下為公的精神去辦公的人是很少，不關心國計怎麼辦只顧飽私囊。這樣怎麼專賣事業能夠順利運營呢？」因此，人才的登用非常重要，「專賣事業的生產部門，雖然從專賣局劃分離身，另設菸、酒、火柴、樟腦四大企業公司。運營的缺陷原因已不能削除，甚麼很理想的機構都弄壞。總言之，要注重人才的問題。」〔註119〕《民報》的主張表達的相當清楚，該報認為施行專賣制度所得的專賣利益是台灣建設的財源，專賣事業的辦理不僅在於組織機構的改革，最重要的是人才的任用，以廉節的台籍人才經辦專賣事業是

〔註116〕 《民報》，〈晨刊〉，1946 年 9 月 20 日，第 1 版。
〔註117〕 《民報》，1946 年 11 月 15 日，第 1 版。
〔註118〕 《民報》，1945 年 9 月 25 日，第 3 版。
〔註119〕 《民報》，1946 年 9 月 25 日，第 3 版。

改善現有弊端的最佳辦法。

　　台灣省行政長官公署在延續日人制度時，強調新舊銜接，避免造成台人的不適應，〔註120〕但在人事的問題上，嫻熟日治時期各項舊制度的台人並未獲得預期的任用。台人被任用的總數確實高於其它族群，但是居於較高職位的，比例卻很低。這篇社論認為這是「以三民主義為招牌，而暗中來推行帝國主義統治的作風」，和日本人統治時期並無二致。〔註121〕此外，台灣籍與外省籍員工待遇相差太遠，也是一大問題，例如樟腦公司員工，自2月起即以陳情、派代表的方式，期待能改善台籍員工的待遇，但均被拒絕。只好採取罷工的方式，要求調整。〔註122〕此次罷工為時甚短，自22日下午3時起，當日5時，便復工了，他們的要求並未得到回應。〔註123〕這個事件，為當時台灣人待遇之不平等，又添一例。

（四）專賣事業要合理化

　　《民報》在社論中也曾提出專賣局的改革方針，指出專賣局的積弊，以及應當具體實現的目標，有三：第一，肅清官僚習氣，將專賣局組成一個現代化的商業機構。第二，增加生產並改善品質。第三，盡最大可能節省開支與消費，以減輕成本。〔註124〕

　　專賣事業的收入是台灣重要財源，《民報》期望藉由改革，能確立官營事業的目標，瞭解增進政府的財政收入，是為了改進台灣省民的民生問題。文末，提到了民意機關監察機制的重要性，有以下之結語：「專賣事業的運營需要光明正大的態度，使民意機構有參加運營與自由監察的組織。若仍以官僚習氣，數項不公開，則專賣事業的合理化，或恐屬於百年待河清。」〔註125〕

　　專賣在台灣行之有年，制度與規模的樹立，在日治時期。戰後，基於財政收入的考量，由台灣省專賣局繼續辦理專賣事業。「台灣省專賣局（1945年～1947年）」為期不到2年，在戰後55年的專賣歷史中，或因為時間短暫，並未受到關注。然而，從長時間的角度觀察，台灣省專賣局是台灣總督府專

〔註120〕〈台灣省施政總報告（1946年5月）〉，見陳興唐主編，《台灣二二八事件檔案史料》，頁81。
〔註121〕《民報》，1946年11月15日，第1版。
〔註122〕《民報》，1947年2月2日，第3版。
〔註123〕《民報》，1947年2月23日，第3版。
〔註124〕《民報》，1946年11月16日，第1版。
〔註125〕《民報》，1946年11月16日，第1版。

賣局，到台灣省菸酒公賣局的重要轉折期，它的歷史意義不容忽視。

　　分析這段時期的專賣，政權的更替是關鍵的因素，影響所及除了機關和組織的存廢外，政策的變動，及人事的更迭，甚至人民對新政府的心理期盼，都涉其中。其次，各項專賣品所以列入專賣有其「時空背景」與「任務性」，例如鴉片、樟腦、石油等。以樟腦為例，專賣目的著眼於財政，然而在合成樟腦問世後，它的收益降低，加上日治時期，大量砍伐的結果，嚴重破壞自然生態，以致樟腦在戰後專賣項目中逐漸精簡。各項專賣品取消專賣的原因或許不同，不再符合潮流，是主要因素。

　　政府辦理專賣事業，是一種壟斷，也是一種保障，台灣省行政長官公署專賣局在專賣事業的推動上，因專賣品的生產量無法迅速恢復，品質無法提升無法與外貨競爭，形成專賣局「專而不賣」而社會中「賣而不專」的現象。此一結果與陳儀意圖以專賣事業的收入補充台灣財政歲入的想法，顯然背道而馳。專賣局的人事、專賣局官員的貪污弊案、專賣於緝私員的查緝方式，屢屢肇事引發民怨。專賣品原屬民生經濟上的一般用品，專賣事業辦理不善，反對專賣制度的意見自然匯流成主流民意，經濟上的問題逐漸的轉換為社會的問題。

　　戰後專賣制度的施行，《民報》並未持反對的意見，甚至是居於贊成的立場，期望專賣收益可以豐厚台灣的財政，增進人民的福祉。面對專賣局的貪污，私菸、私酒等問題，菸酒的配銷，以及人事的問題等人謀不臧的弊端，《民報》提出了透過監督的體制，令其改善，登用台籍廉能人士的建議。為因應政府組織的調整，與社會當下的狀況，專賣局內部組織架構不到二年的時間，便作了多次的修正。《民報》站在監督的角色報導專賣局的種種興革、現象，以及弊案，見證了這個時期的台灣專賣的歷史。

第五章　二二八事件與專賣局的改組

　　二二八事件對台灣社會影響深遠，戒嚴時期政府控制事件論述、掌握官方關鍵資料長達數十年，政治的情勢壓迫下，台灣人對二二八事件噤聲不語，二二八事件眞相直到解嚴後始陸續爲人所知。對於二二八事件的觀點，1947年政府官方的說法皆稱二二八事件的主要原因是共產黨煽惑；其次是日本殖民的遺毒。例如當年台灣省行政長官公署發布的〈台灣省二二八暴動事件報告〉、〈台灣暴動事件紀實〉，1947 年 3 月 17 日來台宣慰的國防部長白崇禧在台期間的幾次談話。〔註1〕隨後閩台監察使楊亮功、監察委員何漢文之事件的〈二二八事變調查報告〉雖然對事件的原因有較爲詳細的說明，在上述原因之外，另提及政府政策失當、公務員貪污失職的影響外，仍將二二八事件視爲「潛伏奸黨」、「御用紳士」、「歸台浪人」、「少數奸商」、「暴民」的「暴動」、「暴亂」。

　　1987 年解嚴後，討論二二八事的文章和書籍如雨後春筍，紛紛出版。民間要求二二八眞相與平反的聲浪不斷升高，官方爲了回應民間對於釐清二二八事件的要求，而有行政院之《二二八事件研究報告》。此一研究超越過去的說法，重新評價事件中當政者的功過，較爲清楚的呈現事件中官方的決策過程，也不再以「暴動」、「暴亂」來看待此一事件。或由於當時政治環境的侷限，該報告對於二二八事件的政治責任與歷史責任並未提及，2003 年在二二八事件紀念基

〔註 1〕行政長官公署之《台灣省二二八暴動事件報告》收入鄧孔昭編，《二二八起義資料集》（台灣省台北縣：稻鄉出版社，1991 年），頁 393～416。〈台灣暴動事件紀實〉收入陳興唐主編，《台灣「二二八」事件檔案史料（上卷）》，頁 233～258。白崇禧的對台廣播及訓詞，收入台灣文獻委員會編，《二二八事件文獻續錄》，頁 274～284。

金會的運作下，《二二八事件責任歸屬研究報告》於 2006 年出版。

查緝私菸的事件是二二八事件所以爆發的原因。本章首先將探究當時期專賣局的查緝工作的實施概況，其次，分述專賣局的各項弊案，從而探討專賣制度所以引發民怨的原因。最後，藉由二二八事件後對於有關專賣制度之改革意見，闡明台灣專賣制度由專賣到公賣的轉變。

第一節　專賣局的緝私工作

對於二二八事件的發生經過，行政院《二二八事件研究報告》之敘述甚詳。在事件之爆發，有如下的敘述：「民國三十六年二月二十八日，台灣省專賣局專員與警察大隊在台北市因查緝私菸，打傷與擊斃民眾各一人，自此引發一連串的抗官與排外（省）事件，並迅速蔓延全省。更有進者，省民從追究刑責升高為政治改革要求，導致與台灣省行政長官公署和軍警之間的緊張關係，而伏下緊隨而來之悲劇的種子。」〔註2〕

二二八事件的發生固有其歷史背景，但直接導引的因素卻是偶然的。「首先是民國三十六年二月二十七日晚上所發生之圓環緝私事件，民眾因不滿緝私員傷人、殺人而包圍警、憲單位。其次是二十八日之台灣省行政長官公署開槍事件，民眾由圍攻專賣局而赴公署請願，士兵因開槍阻止而傷害人命。由此引發一連串官民對立與省籍衝突事件，」〔註3〕1947 年 2 月 27 日圓環的緝私事件或許可以用壓垮陳儀行政長官公署統治台灣的最後一根稻草來形容，但就緝私事件的原因與緝私事件的當下情狀而言，則是接收以來執政者、執法者的積弊導致民怨的結果。

1947 年 2 月 27 日下午 2 時許，專賣局接獲密報，葉得根、傅學通、盛鐵夫、鍾延洲、趙子健、劉超群 6 名查緝員佩帶 3 把手槍，奉命會同 4 名警員前往淡水港查緝香菸走私。通知淡水派出所後開始追查，結果僅查到 9 條香菸，並沒有密報者所稱的 55 箱。下午 6 時左右，他們回到台北小香園。由於當時私菸的販賣白天大多是在台北車站附近，晚上則集中於天馬茶房一帶（今延平北路、南京西路附近），所以 6 人便至天馬茶房附近查緝私菸。〔註4〕

〔註2〕行政院「研究二二八事件小組」，《「二二八事」研究報告》（台北市：時報文化，1994），頁 47。
〔註3〕行政院「研究二二八事件小組」，《「二二八事」研究報告》，頁 47～48。
〔註4〕台灣省高等法院及警備總司令部軍法處關於「二・二八」事件起因調查訊問

　　7 時許，他們在天馬茶房廊下，查獲一名年約 40 歲的寡婦林江邁於該處販售香菸。依林江邁在高等法院所述之供詞，當晚在附近之菸販約有十幾個，因事出突然，她來不及走避而被查獲。事發之時所出售的香菸是在基隆火車站附近路攤買來的，都是來自中國國內的香菸，沒有專賣局出品。至於香菸是否經海關打稅，林則答以：「我聽說有經過打稅。」當晚她所有香菸的內容與數量，計有模利司 12 條，紅三星牌 20 條，清津 50 條、八五 10 罐、三貓牌 20 條，其他香菸約有 5 條，全部價值約在 5 萬元左右。當專賣局查緝員來的時候，身上賣掉的香菸錢約 6,000 元，二包袋香菸及排在板上的香菸均被沒收。

　　林婦表示，查緝員先取走她的香菸，之後才表明是來查緝私菸。林婦不讓他們沒收，跪地苦苦哀求，其中一名緝私員葉得根以身上佩帶的手槍敲擊林婦頭部，致林婦頭部流血暈倒。〔註5〕圍觀的民眾群情憤慨，以磚石向緝私員等擲擊，喊打之聲四起。查緝員等見情勢不佳，棄車各自逃避。其中一名查緝員（傅學通）在永樂町二丁目附近，因民眾的拉扯，情急之下開槍發射，擊中一名旁觀的路人陳文溪（陳送醫後，隔日不治死亡），〔註6〕民眾更加氣憤，將查緝員的卡車搗毀；繼而前往附近警察局和台北憲兵隊，要求交出 6 名查緝員，但並未得到妥善的處理和答覆。

　　憤怒的群眾，四處宣傳事件的始末。部份的民眾跑到台灣新生報社，要求刊登此一事件。在群眾的要脅下，該社允諾刊登此一事件，民眾才離開報社。不同於《民報》諾大的標題，《台灣新生報》僅以「查緝私菸肇禍，昨晚擊斃市民兩名」為題，作了簡短的報導。〔註7〕

　　2 月 28 日星期五上午，群眾到專賣局台北分局抗議，他們衝進分局內，

　　　　筆錄，國民政府監察院檔案：【8（2）21】收入陳鳴鐘、陳興唐編《台灣光復和光復後五年省情》下冊，頁 574。
〔註5〕台灣省高等法院及警備總司令部軍法處關於「二·二八」事件起因調查訊問筆錄，國民政府監察院檔案：【8（2）21】收入陳鳴鐘、陳興唐編《台灣光復和光復後五年省情》下冊，頁 582～583。
〔註6〕〈緝煙血案被告傅學通等判決書〉，收入陳芳明編《台灣戰後史資料選——二二八事件專輯》，頁 229～231。
〔註7〕《台灣新生報》，1947 年 2 月 28 日，第 4 版。該則報導以約 350 字報導此一事件，內容是 2 月 27 日在南京西路天馬茶坊，專賣局人員因查緝私菸，與林江邁發生爭執，並以槍擊傷林江邁；又在迪化街開槍射傷觀看路人陳文溪。陳文溪未及醫院，即斃命；林江邁送入林外科醫院即告斃命。此一內容顯然未經過詳細查證，部份情節與事實相違。

把存放在局內的香菸、火柴、酒及其它財產例如汽車、腳踏車均拋置馬路焚毀。位在南門的專賣局總局也是眾矢之的，惟總局職員已有因應，早將門戶緊閉，民眾進不去，只有敲破窗戶而已。二二八事件中當民眾焚毀香菸之際，聯合國善後救濟總署（UNRR）官員 Louise Tomsetta 目睹了這個情形，有個台灣人試圖奪取將被焚毀的香菸，隨即被毆打並驅離，顯示事件初期仍可控制。〔註8〕

午後，民眾聚集轉向台灣省行政長官公署出發，擬向陳儀示威請願。此時，駐守公署的憲兵向群眾開槍，造成群眾傷亡。由於現場混亂，傷亡人數眾說紛紜。〔註9〕情勢因此一發不可收拾，整個城市陷入混亂，學生罷課，商家關門，工廠停工，外省人或外省公務員、軍人警員遭到毆打，一場由打擊專賣局為目標的抗爭，轉變為對抗大陸外省人，宣洩一年多來的怨懟，人民與政府對立的政治抗爭。

為壓制民眾沸騰的情緒，警備總司令部宣佈戒嚴。其內容如下：

> 查二月二十七日晚本市延平路因專賣局查緝私煙，槍傷人民所引起之糾紛事件，除由公署妥善處理外，本部為維持治安，保護善良起見，業已佈告自二月二十八日起，於台北市宣佈臨戒嚴，禁止聚眾集會，如有不法之徒，企圖暴動擾亂治安者，定予嚴懲。望我軍民人等，務須各安其業，幸勿聽信煽惑，自蹈法網。〔註10〕

封鎖未能消弭動亂，民眾透過台灣廣播電台，向全島廣播此一事件的原委，加速和加強了呼應的聲勢。3月1日起，事件迅速的擴及全台，各地皆有動亂發生。

1947年的二二八事件，是台灣的大悲劇，這個悲劇教育了台灣人，也教育了當時大陸來的外省人，這個悲劇更是徹底地否定了行政長官陳儀管理台灣的政策。在經濟方面，陳儀以國營經濟理論來解釋三民主義中的民生主義，一心擴張政府在經濟上角色，冀望以專賣政策以彌補台灣的財政。但是，這樣的作法，社會大眾是否支持呢？事實上，專賣政策的辦理，支持者有之，例如，《民報》便是立於贊成的立場。反對者，亦有之。反對專賣政策的聲浪，

〔註8〕George H. Kerr，「二二八事件」，台北市二二八紀念館館藏，國家文化資料庫系統識別碼005641528。
〔註9〕行政院「研究二二八事件小組」，《「二二八事」研究報告》，頁54。
〔註10〕轉引自江慕雲，《為台灣說話》（台灣省台北縣：稻鄉出版社，1992年5月），頁99。

並非在緝私事件之時，或之後才有的，專賣的爭議其實一直存在著。台灣民眾對於接收以來長官公署的施政並不滿意，《台灣政治現狀報告書》所收錄之台灣民眾對政府的建議——1946 年 2 月民眾協會向監察使楊亮功提出的興革台灣政治的 21 項，當中第 3 項爲「關於專賣制度應予廢除」及閩台建設協會上海分會曾呈請國防最高委員會撤銷台灣的專賣統制的例子，均反應台灣民眾反對施行專賣制度的意見。

天馬茶房附近的緝私事件由台北地方法院訊辦，林江邁在林外科醫院經過治療後，於 3 月 5 日出院返家。在 3 月 8 日台灣高等法院的偵訊庭中，林江邁表示曾有人在 3 月 1 日送了一封裏面裝有 5 萬元支票的信到醫院給她，800 元的醫藥費即由其支付，因爲「有得到機關慰問，損失價值折抵過的去，想不要告他們。」〔註11〕此事件就法律層面來看，在林江邁部份屬傷害案件，而陳文溪部份則涉及殺人，故檢察官依案情提起公訴，台北地方法院的判決「傅學通殺人，處死刑，褫奪公權終身，傷害部份無罪。葉得根，傷害人之身體，處有期徒刑四年六月，褫奪公權三年。盛鐵夫、劉超祥、鍾延洲、趙子健均無罪。」〔註12〕

二二八事件之前，「每天都有軍民衝突的事件發生，所以說二二八事件並不是突然爆發的，換句話說，二二八事件是量的發展引發質的突變。」〔註13〕二二八事件以專賣局爲導火線並非偶然，自長官公署接收以來，台灣人和新政府之間關係愈來愈緊張，經濟狀況日趨惡化；台灣的「光復」曾給台灣人帶來許多的希望，然而政治上，台灣感受到的是政治上的全面壟斷，台籍人士並無公平的參政機會。經濟上，米糧的匱乏，通貨膨脹嚴重，失業率居高不下；新政府的官員或公財私用，或不實浮報，有關貪污與軍民的糾紛不時發生，諸如此類的報導，日有所聞。台灣人對新政府由期盼轉爲失落，對新政府失去信心，也失去耐心，轉而形成的憤怒，隨時均有宣洩的可能。

專賣制度在接收前便已存在不少爭議，實施後由於專賣局無力掌控整個產、製、運銷的過程，致使黑市橫行，台灣人對專賣局自然不可能會有好感。

〔註11〕林江邁筆錄，〈台灣省高等法院及警備總司令部軍法處關於「二・二八」事件起因調查訊問筆錄〉，國民政府監察院檔案：【8（2）21】收入陳鳴鐘、陳興唐編，《台灣光復和光復後五年省情》下冊，頁 585。
〔註12〕〈緝菸血案被告傅學通判決書〉，《台灣新生報》，1947 年 4 月 6 日。
〔註13〕訪問：卓遵宏、林秋敏，紀錄整理：林秋敏，《林衡道先生訪談錄》（台灣省台北縣：國史館，1996 年），頁 585。

專賣局控制有樟腦、火柴、鹽、菸、酒和度量衡的供應、製造和配銷，明令禁止未持有許可執照者私製、私運、私售。專賣局在局內設立專司查緝的組織，並用警力配合查緝。然而，查閱有關的檔案資料，專賣局菸酒、火柴等違章走私案件的查緝，成效並不好；而依恃著警力，取締與專賣局競爭的私販的案例，則不斷的被報章披露，進而使人以爲專賣局專門對付弱小攤販的印象。人民會有怎樣的觀感，不言可喻。

關於二二八事件或囿於身處事件之內，陳儀顯然未眞正明瞭事發的原因與民意的動向，他在致電國民政府談到二二八事件之遠因時說：「其遠因，實由台人受日本奴化太深，思想中毒，平時御用紳士未受懲治，報紙惡性詆毀未予嚴格取締。……總之，此次事變，完全由於少數「亂徒」希圖謀叛，決不是民眾要求改良政治與改變專業貿易等經濟制度的運動，事實俱在，不容歪曲，知注特聞。」〔註 14〕此外，「一年以來，因新聞、言論過於自由，反動分子得以任意詆毀政府離間官民，挑撥本省人與外省人之情感。」〔註 15〕也是二二八事件所以發生的原因。

在台灣省行政長官公署關於〈台灣二二八暴動事件報告〉談到事件原因時稱：「台灣省台北市奸黨暴徒于中華民國三十六年二月二十八日，因專賣局取締私菸攤販，乘機煽惑，造成暴動，並提出所請改革政治之要求」，關於事件的之遠因，該報告所指出的原因有四，即：1. 潛住奸黨之死灰復燃。2.「御用紳士」及歸台浪人之煽動。3. 日本奴化教育之遺毒。4. 戰後經濟問題之刺激。〔註 16〕關於經濟問題，該報告認爲受到日人戰爭失利的影響，台灣面臨經濟崩潰的困境，「積重難返，台人不知底蘊，且懷有過高希望」，戰後台灣各地物價上漲，人民生活痛苦，「於是奸黨亂徒，故作挑播離間之宣傳，事事與日本比較，曲解事實，批評政府，〔註 17〕特別是在專賣制度方面，該報告指出：「關於專業及貿易制度，于日本治台時已實施無礙。光復後政府繼續辦理，並改善其制度，而一部份自私台商以爲政府奪取彼等之利益，時時利用輿論力量，鼓吹撤銷，且復從中多方阻礙破壞，以爲專業及貿易政策撤銷後，

〔註 14〕　〈陳儀報告二二八事件情形致吳鼎昌等電（1947 年 3 月 24 日）〉，國民政府檔案：【－1876】，收入陳鳴鐘，陳興唐主編，《台灣光復和光復五年省情》，頁596～598。

〔註 15〕　〈陳儀上蔣主席呈〉，（1947 年 3 月 13 日），收入台灣文獻委員會編，《二二八文獻續錄》，頁 75。

〔註 16〕　陳鳴鐘、陳興唐主編，《台灣光復和台灣光復後五年省情》，頁 598～602。

〔註 17〕　陳鳴鐘、陳興唐主編，《台灣光復和台灣光復後五年省情》，頁 601～602。

即可福國利民，殊不知絕大數之人民，對於專賣及貿易政策，向表竭誠擁護，證之此次事變中「二二八事件處理委員會」，首先要求撤銷專賣貿易兩局。翌日又宣稱此非人民之要求，自動撤銷其主張，即可概見。」〔註18〕

　　政策是經濟發展的重要因素。在特殊條件下，有時政策對經濟發展也會起支配作用。尤其當政策失當時更是如此。〔註19〕戰後初期統制經濟的措施加重了台灣的經濟危機，造成了社會的衝突對立。對於二二八事件，陳儀在離開台灣後曾表示對台灣的一切，問心無愧。誠然，陳儀可能有他的抱負，希望做好政府應採取的一切行政措施，但他似乎並不了解政治不僅要有理想、抱負與計畫，更重要的是在如何以實際的行動去實現這些理想、抱負與計畫，因為民眾的感受是現實的，實際的作為與行政如果不能使民眾滿意，甚至引起反感，致使成為引發二二八事件的因子，造成如此的不幸事件，怎能「靦顏以『問心無愧』而輕輕推卸一個行政長官應負的責任呢？」〔註20〕

　　自專賣政策確定以來，在報紙上常常可以看到相關的宣導，以《民報》為例，1945年11月15日，便登載「煙酒專賣事業決定國家繼續經營，專賣品不許私賣」的新聞，〔註21〕至於相關的法令，因制訂需要時間，便暫時沿用日治時期的「台灣專賣規則」，為使民眾能明瞭繼而遵守，陸續公布菸草、酒類禁令。這些禁令中，以酒類為例，禁止的事項包括：一、酒類之製造權專屬於政府。二、酒類非由政府或未由政府之授權者不得由外地輸入。三、酒類非經政府許可不得輸出外地。四、酒類非由政府自營。五、未經政府所指定之承銷商或零售商不得販賣之。六、酒類零售商售價酒類不得超過政府所定價格。七、酒類販賣者除經專賣局許可零售之酒類不得私自變更或揭開政府封固之盛酒罈，且不得變更或揭破貼在盛酒器之標記。〔註22〕

　　各項專賣品的專賣規則與施行細則在若干修正後，至1946年7月至8月間，相繼公布。舉凡菸草、酒類及火柴的專賣規則都有「非經專賣局許可不得輸出，輸入，移出或製造」；以及「非經專賣局所指定之零售商，不得販賣」

〔註18〕陳鳴鐘、陳興唐主編，《台灣光復和台灣光復後五年省情》，頁602。
〔註19〕段承璞編，《戰後台灣經濟》（北京：中國社會出版社，1989年），頁123。
〔註20〕張煦本，〈二二八聞見思〉，收入氏著《記者生涯四十年》（台北市：自立晚報社，1982年）頁127。
〔註21〕《民報》，1945年11月15日，第2版。
〔註22〕《民報》，1945年12月12日，第1版。

的規定。〔註23〕綜合這些規定，台灣省專賣局查禁的違法事端，包括有私運、私製、私存和私售。

　　日治時期違反專賣法令物品的取締，是以各地警察為中心，配合專賣局所屬各局之查緝人員，執行查緝業務；故在組織上，未有專賣的單位，由總務科兼辦，各地支局也僅在總務課設置取締股。台灣省專賣局完成接收工作後，感到最為棘手的當屬專賣取締的業務。專賣局1945年11月19日所發布的訓令便明白指出取締工作的艱難。該公文旨在訓示各專賣局強化取締工作，文中提到：「關于專賣取締事務強化一件。這近來觀取社會情形，專賣取締事務至屬極困難，而何況其貫徹。更在終戰後專賣犯則事項越增越多加，自應這取締當屬焦眉之急，雖然從前來的取締法度現在未能所達。」〔註24〕

　　這則公文指出了當時專賣局取締工作的難題，即違反專賣條例的案例不斷激增，已非日治時期所採行的辦法能夠遏止。戰後違反專賣辦法的事件層出不窮，走私、私製、私售、哄抬價格等皆有，專賣局研擬了新的取締工作施行辦法。辦法如下：一、新設取締班派在別表（取締配置表）所示之錄取人員。二、核尅充任負責取締之官吏，即請准局長之批示。三、須要復活從前派在酒精工廠做駐留以及當查驗之法度。四、關於酒精之變性必要可使當事官員居中介在。五、凡關於一般犯則辦理照鑑現下情形，詳細探偵，以要告訴警察官吏，請囑他做查尋，吟味該事實之真象。六、前開看聽的犯則事案，須速報告向局長。七、對于辦法處罰，須要鑑按各地民情及犯則情形。八、關於暗造酒類特要趕速逐暗偵即尅報告。〔註25〕

表5-1　台灣省專賣局取締配置表

官署名	隸	雇	官署名	隸	雇
台北支局	2	2	埔里出張所	1	2
基隆支局	2	3	澎湖出張所	1	1
新竹支局	1	2	鹿港出張所	1	1

〔註23〕　〈台灣省酒類專賣規則〉、〈台灣省煙草專賣規則〉、〈台灣省火柴專賣規則〉，收入《台灣銀行季刊》創刊號，1947年6月，頁370，頁373，頁378。

〔註24〕　〈台灣省專賣局總字43號〉（1945年11月19日），國史館台灣文獻館館藏，《台灣總督府檔案—專賣局公文類纂》，影像號碼00112249。

〔註25〕　〈台灣省專賣局總字43號〉（1945年11月19日），國史館台灣文獻館館藏，《台灣總督府檔案—專賣局公文類纂》，影像號碼00112249。

台中支局	2	2	布袋出張所	1	1
台南支局	3	3	北門出張所	1	1
嘉義支局	2	2	烏樹林出張所	1	1
高雄支局	3	2			
屏東支局	2	1			
花蓮港支局	2	1			
台東支局	1	1			

資料來源：《台灣總督府檔案——專賣局公文類纂》，影像號碼 00112249。

　　以上的施行辦法，主要在防止省內專賣品的私造，另外，在杜絕走私方面，專賣局函文委請海關稅務司配合辦理。1945 年 12 月 11 日專賣局給台北關及台南關的公函指出，酒及菸草、火柴等，在台灣屬於專賣物品，非經專賣局特准，不得進口。由於經常發現商人自省外載運酒及菸草、火柴等專賣品至本省販賣者，專賣局向海關稅務司強調此一行為與台灣法令不合，請海關嚴格取締，以祛流弊。考量部份商人可能不明白當下政令。對於已經進口之專賣物品，准許由專賣局核價收購。請海關若發現此項進口物品之時，能夠通知附近專賣局各分局辦理。〔註26〕

　　專賣局冀望藉著港口的查緝，減少省外屬於專賣範圍的商品輸入台灣。可惜，由於自接收以來，對於基隆、高雄南北兩港的港務行政，海關與省署即出現頗大的爭議，從港口實質控管權的歸屬到台灣主要經濟物產以及工業材料等重建物資的管制政策，雙方有極大的落差。〔註27〕海關直接受命中央政府，不接受台灣省行政長官公署的指揮，港口查緝的效果受到限制。由於管制貿易政策的出入，使駐台海關與省署對於走私商品界定產生不同的認定。台南關稅務司的報告指出：「現時所謂走私活動，大都係指裝運出口省方單行法令所禁運之米糧、工業器材等項而言。自海關立場論，上項物品報運沿海省，並不構成走私行為。」〔註28〕

〔註26〕　國史館台灣文獻館藏，《台灣總督府檔案—專賣局公文類纂》，影像號碼 00112249。

〔註27〕　李文環，〈戰後初期（1945～1947）台灣省行政長官公署與駐台海關之間的矛盾與衝突〉，《台灣史研究》13：1（2006 年 6 月），頁 99～148。

〔註28〕　台南海關稅務司公署呈文，台南字第 62 號（1946 年 9 月 25 日），轉引自李文環，〈戰後初期（1945～1947）台灣省行政長官公署與駐台海關之間的矛盾與衝突〉，《台灣史研究》，頁 133。

　　這樣的結果，便利了私販的走私，對於專賣局的緝私工作則相當不利。對台灣民眾而言，則是法令的紊亂令人無所適從。《民報》在報導高雄港對外貿易冷清的景象時，隱約提到過。高雄海關在船隻進港檢查的手續方面，1945年10月時是由海關會同港務局水上警察署、海港檢疫所及憲兵隊共組檢查機構，11月以後奉財政部命令，海關以屬於中央獨立機關為由，未再參加。在走私的認定上，因本省法令與中央法令略異，例如台灣運往國內的米、糖，回程自國內運來已經納稅的煙等，海關執行中央的法令時，並不認為是走私，而港務局為台灣省行政長官公署所轄，卻認為此類商品並不合法。〔註29〕後來，依照省財政處長嚴家淦與財政部磋商結果，訂定〈台灣省徵收國稅暫行辦法〉，同意在中央政府未修訂辦法之前，凡是由大陸輸往台灣的物品中屬於專賣品者，應先經台灣收購，始可轉手出售。不過，這個因為中央與地方法令分歧所衍生的問題，並沒有得到妥善的解決。台灣省行政長官公署與海關間對輸出入品界定的歧異，至二二八事件前依然存在。台灣省行政長官公署特別行文海關，希望海關能夠協助辦理海口管制貨物進口。台灣省行政長官公署強調，台灣物價飛漲，台灣省行政長官公署為安定人民生活秩序起見，對於省外貨物的輸入有特別的規定，凡本省所需貨物必須由經政府核准，由貿易局進口使得運入。〔註30〕

　　類似的電文，台灣省行政長官公署也發給警備總司令部、省參議會，內容是「查本省為平抑物價安定民生，特採取緊急措施，關於限制進出省物資事宜亦經制定辦法並核定進出省物資種類公佈施行。」對於進出台灣貨物要依照〈台灣省出省貨物管制暫行辦法〉、〈普通核准出省貨物種類表〉及〈入省貨物處理暫行辦法〉、〈需特別許可方准入省貨物種類表〉辦理。各類貨物中特別是專賣局經營的酒類、菸草類、及捲菸紙等皆在需特別許可方准入省的項目中。〔註31〕雖然台灣省行政長官公署多次與駐台海關協商，或告知海關台灣省行政長官公署的諸多單行法令，然海關隸屬於中央，遵循中央法規，台灣省行政長官公署所訂定的法令為地方行省所定之法，兩者之間未能有效

〔註29〕《民報》，1946年11月31日，第4版。
〔註30〕〈長官公署電請海關協助辦理管制貨物進口（1947年2月19日）〉，收入薛月順編《台灣省貿易局史料彙編》，頁306。
〔註31〕〈長官公署電請警備總司令部等單位協助辦理管制貨物進口（1947年2月21日）〉，收入薛月順編《台灣省貿易局史料彙編》，頁308，頁319。薛月順編，《台灣省政府史料彙編－台灣省行政長官公署時期（二）》，頁258。

的溝通協調，人民無所適從的現象始終無法避免。

　　中央與地方法令的不同，不少的國內商人便藉口已完成統稅，向台灣輸入專賣品。為了防止這些「私貨」，專賣局定有收購的辦法，規定凡屬專賣品的貨物在未上岸前，如商人申請收購或運往指定倉庫者，准予依照成本核價收購。〔註32〕此外有私貨登記封存辦法及登記封存物品處理辦法，規定凡持有私貨的商人，必須於 1 月 20 日以前向各分局申請登記，以便核價收購。〔註33〕在查緝方面，訂定有〈台灣省專賣局查緝違反專賣法令物品辦法〉。這些措施與辦法的施行成效，專賣局的工作報告表示：「施行以來，各地私製、私運、私售之風不特未見減少，抑且變本加厲」，為加強查緝力量，集中事權起見，專賣局於 1946 年 4 月成立各級查緝單位，總局內設查緝室，各分局增設查緝股，同時頒發查緝人員服務規則一種，作為查緝人員服務之准繩。全省共劃為五個督察區：1、台北、基隆區，2、台中、新竹區，3、台南、嘉義區，4、高雄、屏東區，5、台東、花蓮港區，每區由局派視察一人前往督導並查緝。〔註34〕

　　專賣局所查獲之私製、私售、或私運的專賣品，菸酒居多，鹽、火柴、度量衡等亦有不少的違法情事。〔註35〕基隆因為是當時鼎盛的港口，往來船隻眾多，成為私貨匯集的地方。據《民報》報導，北部基隆與淡水的港口，自戰後接收以來，中國國內滬江、寧波、漳州和福州等處之民船載運什貨菸酒源源而至，因台幣與法幣有價差，便以物易物，交換台灣的糖、炭等，由於台灣政府禁運糖、炭出口，停泊在二個港口的將近有 400 餘艘。〔註36〕據此推測，自中國國內而來的菸酒，為數必定不少。為杜絕這個現象，專賣局基隆分局便以強化查緝工作為首要目標。基隆分局表示，該局設置於台灣最大吐納港，商業極盛，對於查緝工作，將朝健全查緝股之組織及與各處憲警

〔註32〕〈台灣省行政長官公署 1946 年度工作報告（專賣部份）〉，收入《台灣光復和光復後五年省情》，頁 523。

〔註33〕〈台灣省專賣局工作報告（1946 年 4 月～1946 年 12 月）〉收入《台灣光復和光復後五年省情（下）》，頁 538。

〔註34〕〈台灣省行政長官公署 1946 年度工作報告（專賣部份）〉，收入《台灣光復和光復後五年省情》，頁 523。

〔註35〕查緝室設立後，曾查獲不少違反專賣法令的物品，另外在當年度（1946 年）各分局的業務報告中，也有多起查緝成果的統計資料。〈台灣省行政長官公署 1946 年度工作報告（專賣部份）〉，收入《台灣光復和光復後五年省情》，頁 523～524；專賣局之〈業務會議報告（35 年 5 日）〉

〔註36〕《民報》，1945 年 12 月 21 日，第 1 版。

機關聯絡努力，以杜絕私品之來源。〔註 37〕這樣的宣示，除反映了該局查緝私菸的決心外，其實也反映了當時走私的猖獗。

當時專賣局的查緝，除了陸上的查緝外，也在沿海巡邏搜索。據專賣局查緝室主任告訴記者，在淡水至新竹沿海有不少裝載違禁的物品的船隻，這些船隻既不卸貨上岸，也不具實以報，查緝室所配備汽船，隨時在沿海搜尋，對於私貨根絕有不少幫助。不過，當時也有凶悍的商人，無視查緝單位的存在，採取武裝走私的方式。1946 年 7 月，台南關扣押了一艘自澳門走私洋菸、洋酒及西藥等物品到東港的機帆船，該船走漏稅款在百萬元以上。〔註 38〕

眾多的私貨直接衝擊專賣局所生產的製品，影響專賣品的銷售業績。屏東專賣分局酒工廠，每月酒的生產量約爲 5 千公石，私酒的猖獗，使得專賣局的酒滯銷，不得不將產量縮減爲 2 千公石。〔註39〕1946 年 11 月台中分局替局內所轄之各配銷會向專賣局總局請命，原因是當時白露酒的售價高於私貨且正逢農民收穫時期，民間自釀飲用，致使白露酒自漲價後乏人問津。各配銷會希望專賣局可以免追徵滯銷之白露酒的差價。〔註 40〕結果，總局的覆文非但命令台中分局必須限期繳納追徵酒價，還指責該局「近來酒類配銷成績過差，承辦人員似嫌怠忽，且私酒濫賣，未見徹底查緝，實屬不合。」〔註41〕文中並要求台中分局應盡快改善。

白露酒的滯銷，與私釀有密切關係，有效地解決違反專賣規則的情事發生極爲重要。爲避免酒精流入民間，加熾秘製私酒的風氣，妨礙專賣制度的推行，專賣總局通知台灣省糖業接管委員會配合酒精變性的業務，規定配撥工業用之酒精變性時需放紅、綠色之顏料，以資識別，爲了表示慎重，專賣局也會自總局派員或指定附近局處派員前往監察。此外，專賣總局通知生產酒精的嘉義分局也需配合辦理工業用酒精的變性工作。〔註 42〕

〔註37〕 國史館台灣文獻館館藏，《台灣總督府檔案——專賣局公文類纂》，〈台灣省專賣局業務會議基隆分局報告書（民國 35 年 5 月 20 日）〉，影像編號 0012256。

〔註38〕 《民報》，1946 年 7 月 23 日，第 2 版。

〔註39〕 《民報》，1946 年 11 月 25 日，第 4 版。

〔註40〕 國史館台灣文獻館館藏，《台灣總督府檔案——專賣局公文類纂》，〈民國 35 年酒類電報〉，影像編號 0012263。

〔註41〕 國史館台灣文獻館館藏，《台灣總督府檔案——專賣局公文類纂》，〈民國 35 年酒類電報〉，影像編號 0012263。

〔註42〕 國史館台灣文獻館館藏，《台灣總督府檔案——專賣局公文類纂》，〈民國 35 年酒類電報——酉梗專酒字第（8248）號訓令〉，影像編號 0012263。

製造酒精的嘉義分局在收到總局的電文後，確實的將管轄內的新營、龍岩、虎尾、蒜頭、南靖等糖廠彙整回報總局，請總局派員會同監督，以表慎重。走私與私釀影響專賣事業，「接收後一年酒類工作報告」也將酒類配銷所遭逢的困境歸咎於「民間私酒濫賣於市且外酒亦源源輸入，以致影響專賣事業頗巨」。〔註43〕對於菸酒黑市充斥的亂象，輿論做了很貼切的形容。「專而不賣」--雖然專賣但是沒有專賣品可以販賣；「賣而不專」——市面上雖然有菸酒可買，但買到的均非專賣局的專賣品。〔註44〕甚至也有將菸酒以高於定價發售者，民眾感於此，乃向台灣省參議會請願，希望能當局能糾正菸酒以黑市價發售的情形。省參議會依事情性質，發函台灣省專賣局。專賣局回覆省參議會時表示，小販囤積專賣物品有違專賣法規。專賣局已命令各級配銷組織，從各分局處到配銷會至零售商，對於配售專賣菸、酒、火柴等項，須盡量公開售賣，不得囤積居奇，牟取非法利潤。為了便利消費者購買專賣品，各分局處將增設門市部，直接發售專賣品，俾一般民眾可以法價購得成品。專賣局並令各分局處將當地攤販、叫販一律予以組織，准攤販充任專賣品之銷售員，使專賣物品可以普遍發售。〔註45〕此項新措施的推行，一則使專賣局開始直接販售專賣品的業務，另一方面等於將攤販合法化，二者均是日治時期所未有的。

　　為了打擊黑市，專賣局除了透過配銷會辦理配銷外，專賣局並設置門市部，直接零售於消費者，是專賣局自行辦理零售的開端。然而，這個辦法並沒有解決黑市猖獗的問題，反而是橫生枝節。專賣局門市部發售專賣品的生意雖佳，但這些顧客，購買專賣品之目的全非為了本身的消費，而是為了做生意。「為防止黑市的效果，尚不知道，但可以說救濟失業的功績不小」，結果路邊到處有販賣專賣局香菸和私菸的小販，而專賣局指定的零售商反而蒙

〔註43〕關於黑市杜絕所以不易、違法專賣品查緝的困難，當時人曾有以下分析：1、戰後警力不足，警力不能充分配合且警察人員中，以台籍占大多數，部份警員未能確實奉行命令。2、其他政府相關機關未能給予有效地支援，例如海關因未有財政部的命令，不能予以協助。3、專賣局人員有限，專賣區域過於遼闊，加以台灣四周環海，查緝工作不易收效。4、戰後台灣經濟，日趨惡化，失業日多，因此，不少人鋌而走險，商人從香港、廈門、福州等地走私島外的香菸到台灣。行政院「研究二二八事件小組」，「二二八事」研究報告，頁9。
〔註44〕《人民導報》，1946年6月6日，第2版。
〔註45〕台灣省諮議會館藏檔案，全宗名「台灣省參議會」，典藏號001222003501，時間：1946年7月19日。

受其害，專賣局因而遭到批評。專賣局所發售的菸酒，應依規定由指定的零售店販售，沒有秩序的發售方法非但於事無補，反而是雪上加霜。〔註46〕從以上的事例可以知道，專賣制度的施行能否妥善，產銷通路能否健全，是重要的關鍵。戰後的配銷過程中，迴異於日治時期的除了「經銷商制」與配銷會的指定與組成的方式外，香菸攤販的衍生也是一個很大的不同。香菸攤販可說是台灣戰後的新興事業，日治時期菸酒零售商非具有舖面與一定之設備不得經營，戰後或因戰爭初息社會經濟未甦，小本經營攤販應運而生。專賣局能否有效的落實專賣品的配銷，攤販的管理是很大的考驗。

攤販應如何組織列管？這是一個大難題。以二二八事件中的天馬茶房一帶為例，除了合法的菸酒零售商外，亦有不少的菸酒攤販，或為固定，或為流動性。所賣的菸酒更是紛歧，有專賣局之專賣品，有海關進入經過打稅者，有海關進入未經打稅者，更有不知來源者。從二二八事件中的林江邁對法官的證詞，可以尋得許多當時台灣存在的現象。根據林江邁的答問，林江邁表示對於香菸是專賣品要政府許可才能出售的規矩，她並不清楚，自「光復後」因為看到好多人都在作這種生意，她便跟著作。此次事件之前，也被查緝過二次，只是損失價值沒有這一次多。法官問她香菸哪裡買來的，林回答：「向基隆火車站附近路攤買來的，香菸的種類不一。」問：「究竟這個香菸是不是經海關打稅過呢？」答：「我聽說有經過打稅。」問：「你向來出賣的菸有無專賣局出品的菸，例如香蕉牌？」答：「我向來都是賣國內來的香菸，沒有賣專賣局出品的香菸。」〔註47〕從林江邁的回答，可發現當時一般民眾並不完全明白專賣局專賣法規的規定，哪些香菸是合法專賣品可以販賣，哪些不是合法的菸？林江邁每天哪裡買來這麼多香菸在街道販賣，以天馬茶坊附近而言，每天那麼多人賣菸的話，專賣局的查緝組織卻不知道私貨出自何處？按照專賣規則，私製、私運、私售均不合法，林江邁是攤販，專賣局只是沒收私貨，對於新興的攤販問題如何處理？綜合這些問題的情形，專賣局並未落實專賣法規，無力進行產、製、運、銷的管理，有效的查禁私貨，遏止黑市。

專賣所衍生的社會、經濟問題，受到民意機關的高度關注。台灣省諮議會之前身為台灣省議會，省議會前身則為台灣省參議會，現存許多戰後初期

〔註46〕《民報》，1946年8月17日，第2版。
〔註47〕林江邁筆錄，台灣省高等法院及警備總司令部軍法處關於「二·二八」事件起因調查訊問筆錄，國民政府監察院檔案：【8（2）21】，收入陳鳴鐘、陳興唐編《台灣光復和光復後五年省情》下冊，頁585～586。

的參議會檔案史料中，與專賣制度息息相關資料不在少數。由於台灣省參議會第一屆大會之會期正好與戰後初期專賣事業辦理過程中，弊病逐一浮現的時間相差不遠，會中便有不少相關的提案和諮詢案。參議員劉傳來曾就專賣制度提出質詢，希望專賣局可改善專賣辦理不善的問題。專賣局函覆他的質詢時表示，專賣當前的困境不在生產配銷，而在私貨猖獗。因此，專賣局會積極查緝，也希望台灣省民體察專賣在本省財政所占地位之重要，共同維護專賣制度，杜絕私製私售，力挽頹風。〔註48〕

參議員林日高問到「海關不為專賣局查緝私菸進口，警務處一般警察不努力檢舉私酒，而專賣局只靠專賣警察檢舉私菸、私酒，是否各主管少橫的連絡？」專賣局的答詢是：「關於管制外來專賣品問題，經由台灣省行政長官公署電請財政部飭令各海關，以後對於專賣品運入本省須繳本省專賣局之書面說明，始可轉口。至省內私貨查緝問題，亦請台灣省行政長官公署通令各級行政機關及警務機關一體協助在案。」〔註49〕

殷占魁參議員詢問基隆分局緝私人員鳴槍傷人一事，專賣局表示，查緝人員是因被搶劫及圍毆，出於正當防衛，不得已鳴槍示威，遭暴徒搶奪而致槍枝墜地走火傷人。查緝人員身受重傷，仍在醫院治療，至於受到傷的小童，其醫療費用及善後皆由專賣局負責。殷占魁又問專賣局「查緝工作不注意港口檢查，而著重小販之緝捕，且將緝獲物品以多報少」一事，專賣局答覆是：本局查緝工作自注意港口私貨之輸入，已呈請台灣省行政長官公署准由本局派員參加各港口聯合檢查機構，會同辦理船上檢查。攤販販售私貨，與走私有因果的關係，故不可放任。查緝人員在查獲私貨時，依規定應立即掣給收據交售販私貨之人收執，以為證明。破獲的分局亦會另製處分書送達被處分人，如有數量不符，被處分人便可提出，目的便在防止以多報少。辦理以來，尚無不法之事發生，如有其事，必當重懲。

王添灯參議員詢及沒收私菸的數量及價額；再者，沒收品如何處置？專賣局表示：「違反專賣法令物品經查獲，由破獲分局開會審查，評定價格，加貼標識，發交配銷會或零售商發售，所得價款分別解庫及提充密人或協助機關作為獎金，一切悉依台灣省行政長官公署之規定辦理。專賣局所查緝之違

〔註48〕 台灣省諮議會館藏檔案，全宗名「台灣省參議會」，典藏號 0017130335001，時間：1946 年 12 月 18 日。
〔註49〕 台灣省諮議會檔案，全宗名「台灣省參議會」，典藏號 001713033501，時間：1946 年 12 月 18 日。

法案件，截至 12 月 15 日止，計有菸類 2,831 起，酒類 1,430 起，火柴 684 起，其他 304 起，除未經確定處分者外，所得之違法物品計值台幣 5,380,469.17 元。〔註 50〕

　　緝私的問題，顯然深深困擾著專賣局。1946 年 11 月陳儀在台灣省行政台灣省行政長官公署第 50 次政務會議中說：「講到明年的收入，我最注意的是專賣，希望能達到十億的專賣收入……，要達到這個數目，必須要從積極消極兩方面同時努力，消極方面，要加強緝私工作，而且要發動民眾一致協助緝私，再最近一、二個月內，可以想盡種種方法，對人民廣為宣傳，要透徹的說明專賣收入在省財政中的重要性，如果專賣收入不能達到預期的數字，則各種行政開支如教育、衛生、治安、交通方面費用勢必向人民課稅來負擔，總要使人民都明白協助緝私是為了自身減輕負擔的舉動，……同時走私牟利的人也一定之所警惕，不敢再冒險作眾矢之的的，積極方面，我們應要加緊研究製造技術的進步，來改良品質，同時要盡量樽節開支以減低成本，達到價廉物美，盡人歡迎的目的，使一般私貨無法競爭，自然趨於淘汰而至絕跡。」〔註 51〕緝私工作的重視的程度由此可見。為加強查緝私貨，1947 年 1 月陳儀召集各部會議，討論設立經濟警察的問題。陳儀指出，經濟警的制度，台灣自日治時期便存在，接收之初，因恐人民反感，誤以為經濟警察是剝削人民的工具。現階段接收整理已告段落，為開始經濟建設，必須成立經濟警察。

　　經濟警察在中國也曾有相似的警察的制度設立，如鐵路的鐵路警察，鹽務有鹽務警察，但因辦理不得其道，成效不佳，造成不必要的擾民事件。陳儀私淑日本一元化的警察制度，即鐵路、礦務等各種警察都由警務機關統一管轄，由警務處訓練委派，經濟警察也是如此。凡是各部門需要警察協助的，均可通知警務處，由警務處轉令警察去執行。陳儀表示：

　　　　警察的任務在替各單位推行政令，經濟警察的任務在替各單位推行
　　　　有關經濟的政令，所以各部門的政令法規要讓經濟警察明瞭，如果
　　　　他們不明瞭政令法規，執行時就會發生困難。譬如專賣局的規章，
　　　　何者為私菸私酒，應該禁止，何者非私菸私酒，不必禁止，如果經
　　　　濟警察事前不清楚，勢必於執行時發生種種無謂的糾紛。……（經

〔註 50〕台灣省諮議會檔案，全宗名「台灣省參議會」，典藏號 001713033502，時間
　　　　1946 年 12 月 21 日至 1946 年 12 月 23 日。
〔註 51〕〈台灣省行政長官公署第 50 次政務會議紀錄〉，1946 年 11 月 15 日，檔案管
　　　　理局檔案，檔號：0035/9999/8/1/003。

　濟警察的工作）目前先置重點於專業和糧食，經濟警察辦理得好，
　不獨對於經建有關的一切政令能夠推行盡利，即如有妨害政令或違
　法舞弊的事情發生，也就容易解消或破案。〔註52〕

經濟警察之成效如何，囿於資料的限制，我們無從推斷。可知道的是，查緝
非法的專賣品是被視為這段時期專賣事業的重點。專賣局雖採取的諸多的辦
法與措施，有意落實專賣制度，辦好專賣事業，但在運作的過程中，或因為
行政單位間缺乏共識，因為管理者與施行者的經驗不足與部份人員的素質不
佳，因為商人與消費者未能遵守專賣規定，1945 年到 1947 年間的台灣省專賣
局，所要面臨的困難，除了前一章所言及受到政權變動所帶來的組織、行政
與人事的異動的調適，戰亂之後專賣品生產量的提升與配製的改良外，如何
管理這個既作為中國各省之一部份，又刻意維持特殊化的台灣，使列為專賣
品的菸、酒、火柴、樟腦等物品的配銷流通合乎僅有台灣一省實行的專賣法
規，是最大的難題。

第二節　專賣局的弊案與民怨

　　本節試圖由專賣局查緝是否確實、官員是否遵守專賣的規定與相關人員
的執法情形等三方面，說明專賣局緝私工作與民怨形成的關係。最後，就專
賣局的重大弊案，剖析緝私工作及專賣局弊案所形成的負面印象，對專賣制
度的影響。

一、專賣局查緝工作的缺失

　　1946 年 3 月 15 日《民報》社論以「專賣事業的進路多難」為主旨，分析
當時專賣事業所以受挫的因素，對專賣事業的恢復，指出三個重點，即第一、
增進生產的能力；第二、徹底的禁止流入的私菸、私酒；第三、維持專賣事
業的公益性。〔註53〕此外，《民報》具體的點出查緝工作的重要性，因省內的
香菸與酒的零售價格提高十倍，使得黑市的商品價格相對提高，獲得更高的
利論；省外的流入與省內的仿造亦因之日益增多。政府若不嚴加查緝，必定

〔註52〕〈行政長官陳儀指示設立經濟警察（民國 36 年 1 月 22 日）陳儀召集各部會
　　　　議指示〉，收入薛月順編，《台灣省貿易局史料彙編》（台灣省台北縣：國史館，
　　　　2001 年），頁 31～32。
〔註53〕《民報》，1946 年 3 月 15 日，第 1 版。

蠶食本省的專賣事業。不只打擊公財源，專賣事業將難以經營，對省民的私生活也造成重大的威脅。〔註 54〕

專賣成效攸關政府的財政收入，私菸私酒或來自省外的私運，或省內的私釀。在私釀部份，有的是農民在收成時，釀造自用，數量一般不大；另有不肖者，或假造標籤仿冒專賣局商品，或有奸商，將工業用酒精混摻酒中販賣，既影響民眾的健康，也令民眾對專賣局的查緝產生懷疑。〔註 55〕私菸、私酒若能禁絕，將俾益於政府的財政，但因有利可圖，禁絕並不容易。查緝工作衝擊部份人的生計，必然引起部份民眾的不滿，而真正引起民怨的則是查緝的不確實、查緝時不肖官員的假公濟私與這些查緝人員或態度不佳，或查緝失當。分別整理如下：

（一）查緝不確實

例 1、「街上黑市不黎明，查營員不嚴查督」：由於專賣局配售商品數量有限，零售商未依公定價格出售香菸，並將專賣香菸流入黑市，督查員卻未嚴格取締。〔註 56〕

例 2、專賣局配予員林地區之某酒類代售人大量的酒，該商人將所配給的酒依公告價加一倍發售員林郡內零售商，牟取不當益金，專賣局未加督查，民眾非難之聲四起。〔註 57〕

例 3、北斗區下專賣品零售店發售之香菸，酒類價格紛岐不一，是「專賣局當之糊塗亦或未聞者乎？〔註 58〕

例 4、專賣局查緝私菸的工作表現，有「祗抓小販，不捕走私」之嫌，給予民眾不良的印象。〔註 59〕

接收之初，由於配銷工作受到生產量減少、交通運輸困難、經銷商制廢止改隸聯合配銷會後，零售商利潤減少、一般商人趁機囤積，甚至專賣局專賣公司成立前，民眾誤以為專賣制度將廢止等因素的影響，〔註 60〕黑市猖獗。

〔註 54〕 《民報》，1946 年 3 月 15 日，第 1 版。
〔註 55〕 《民報》，1946 年 9 月 4 日，第 2 版。
〔註 56〕 《民報》，1945 年 12 月 13 日，第 1 版。
〔註 57〕 《民報》，1946 年 1 月 8 日，第 2 版。
〔註 58〕 《民報》，1946 年 8 月 10 日，第 2 版。
〔註 59〕 上海《文匯報》第 59 次星期座談會紀錄，民國 36 年 3 月 13 日，收入《台灣戰後史資料選》，頁 262。
〔註 60〕 國史館台灣文獻館，《台灣總督府檔案——專賣局公文類纂》，〈接收後一年酒類工作報告〉，影像號碼 0012256。

專賣局在杜絕黑市的努力除了加強緝私外，並採取增加專賣品數量的辦法，打擊黑市。然而，在督察不夠確實的情形下，專賣品被任意提高售價，零售商不依規定出售商品，使商品流入黑市的情形依然存在。專賣局緝私是為了維持專賣利益，但是令許多台灣人民感到不滿的是，這些私貨從哪裡來，台灣有美國香菸，有上海香菸，這些菸是誰運來的。「要知道這些都是有勢力的人用武裝保護著運進去的，人民的憤怒是在於專賣局的緝私，只跟為謀生而不得以賣私菸的人民找麻煩，逮捕他們，沒收他們的『私貨』。」〔註61〕

（二）不肖官員亂法違紀

例1、宜蘭分局長違法，自行提高香菸價格，中飽私囊，達數十萬元，配銷會發覺後派人到總局，請總局查辦。〔註62〕宜蘭分局長還有另一案，即擅自提高菸價，無視指定零售人之營業，擅自配給部份商人，壟斷利益，助長黑市。〔註63〕

例2、專賣局沒收物品時應發給收據，專賣局查獲之私菸、私酒數量眾多，沒收品到那裡去？「沒收品應歸公家，化公為私便是貪污。」五月間查緝員在台北某酒家查到一批價格將近十萬元的私酒，當下未發給收據，被沒收商家到專賣局要求發給收據，查緝員託詞推諉，延至該則消息在七月披露，仍未開具收據。〔註64〕

例3、炎熱的7月，啤酒上市，凡欲取得配銷的商家，必先繳納一筆五千元的「運動費」。〔註65〕

例4、專賣局人事股課員邵瑛，偽造三十萬噸樟腦提單及收據，盜蓋專賣局關防及局長官章，騙取商人廖嵩齡等三百餘萬元。〔註66〕

專賣局有十一個分局，各個分局生產業務由於產品的不同，各有差異。但各局均有其各自轄屬的配銷區域與配銷機構。關於專賣品的配銷業務，依照〈台灣省專賣品販賣辦法〉之規定，聯合配銷會各會員販賣專賣物品，其

〔註61〕 上海《文匯報》第59次星期座談會紀錄，1947年3月13日，收入《台灣戰後史資料選》，頁263。

〔註62〕 《民報》，1946年8月17日，第2版。

〔註63〕 《民報》，1946年8月31日，第2版。

〔註64〕 《民報》，1946年7月16日，第2版。

〔註65〕 《民報》，1946年7月11日，第2版。

〔註66〕 《台灣新生報》，1947年2月12日。收入沈雲龍，《耘農七十文存》（台北市：汲古書屋，1979），頁66。

數量由聯合配銷會決定，向主管局處申請派貨，經各局處核准後，統交配銷會承購支配。各個分局對於專賣品的分配有裁量的權力，部份公務員依恃這個權力，不按規定辦理所司業務，汲汲營取個人私利。例如「運動費」的名目，配銷商人、店家為了取得商品出售，只好支付「運動費」，而這筆支出最終必然轉嫁的消費者身上，加重其的負擔，引發其不滿。

在專賣品的查緝方面，訂有〈台灣省專賣局查緝違反專賣法令物品辦法〉。該辦法明白的規範了查緝的程序，該辦法中第三條規定查緝人員執行職務，應隨身攜帶查緝證，查緝違法物品時，須先出示查緝證，必要時並得請當地軍警憲關卡協助辦理。第四條規定查緝人員查獲違法物品，除掣收據交給貨主外，並應將查獲物品，名稱，品質，數量，違法情形及查獲經過，立即報告各該主管局處，各局處接到報告後，應於三月內填具查獲違法物品報告表一份，呈報本局。第五條則規定查緝人員查獲違法物品，應將違法物品運至各局處指定地點封存，如不搬運時，得委託當地政府，或其他適當之人代為保管，取具保管收據為憑，如在短期內有變質霉壞之虞者，應迅呈本局處置。〔註67〕

對照查緝的辦法，上述諸多的例子明顯的違反規定，就如林江邁的案例一樣，緝私員未先表明身分，沒收物品後，也沒有將收據給貨主，縱使民眾自認倒楣了事，心中必定不滿。對於官員的不守法，主管專賣業務的各層主管，應當負起行政責任，這麼多的弊端，「如果不是典守者通同作弊，便是主管者過於顢頇，這是整個行政上管理的大漏洞」。〔註68〕

（三）查緝人員執法失當

例1、專賣局埔里辦事處，查緝股長林朝在查獲私菸時，與菸販發生口角，不法開槍，誤傷3名路人。〔註69〕

例2、專賣局緝私人員會同憲警執法，在台北西門沒收多起私菸，既未帶緝私證，也沒有發給收據，次日當記者至專賣查證此次的緝查事件，台北分局卻稱未有此事。〔註70〕

〔註67〕〈台灣省專賣局查緝違反專賣法令物品辦法(1946年1月9日公布)〉收入《台灣銀行季刊》創刊號（1947年6月），頁369。
〔註68〕《台灣新生報》，1947年2月12日，收入沈雲龍，《耘農七十文存》，頁66。
〔註69〕《民報》，1946年4月30日，第2版。
〔註70〕《民報》，1946年5月25日，第2版。

　　例 3、台中專賣分局查緝員，因私故任意拘禁人民，並且動用私刑，遭民眾檢舉。〔註71〕

　　例 4、1946 年 12 月 7 日，基隆市發生專賣局查緝員取締私菸開槍傷人事件，當時共有緝私員 6 名，其中 4 名帶槍的緝私員爲盛鐵夫、朱君濤、劉青山、周迪華。12 月 9 日在參議會長黃樹水與參議員走訪專賣總局後，專賣局同意負擔醫療費用，並作成嗣後查緝不帶槍的協議。〔註72〕值得注意的，本次事件中的盛鐵夫，在二二八事件圓環緝私事件時，亦爲其中一員。

　　例 5、12 月 13 日，台北分局查緝股佯稱買菸，緝捕了一名販賣美國香菸的女性私販，該名私販被送到警局幾次要自殺。在查緝員沒收了 6 條香菸，即將乘車離開之際，該名私販瘋狂的追來，查緝員竟由車內向外開了 33 槍，引發眾議論與憤慨。〔註73〕

　　例 6、專賣局檢查沒收人民香菸未會同當地警察已屬違法，竟又當場開槍殺人，激起群眾公憤。〔註74〕

　　黃純青談到二二八事件時認爲該事件的發生專賣局有錯誤之處，他指出專賣局有四個問題。第一，專賣局所製公菸，其品質遠遜於私菸。第二，街頭巷尾以至路邊，到處私菸販賣，極其盛行，可知外來私菸爲大多數省民所歡迎。第三，大量私菸是由商人走私，自上海進入本省各港口。第四，在街頭巷尾，私菸小販，皆是貧家婦孺，均賴販菸以度生活。〔註75〕專賣局商品品質不佳，民眾購買意願低，轉而以較高的價格購買黑市的洋菸洋酒。商人見有利可圖，自然是趨之若鶩。香菸由上海出口，由基隆入口，大都是商人資本家所爲，著手嚴密緝查處應在此，但專賣局官員捨本逐末，嚴懲街頭巷尾的小販，動用警察，並且攜帶槍枝，自然爲群眾所不滿。〔註76〕

　　記者揚風到台灣工作八個半月，回到中國後，寫下他的感言。他指出，台灣環境與民族性皆令人喜愛，但在光復一年以來，民眾多對現存政府卻積壓著深沉的恨，且情形愈趨嚴重，屆時必定如火山爆發般難以收拾。其次，要瞭解台灣現形政治，應該檢驗陳儀如何統治台灣，不該只以「台灣情形特

〔註71〕《民報》，1946 年 6 月 27 日，第 2 版。
〔註72〕《民報》，1946 年 12 月 9 日，第 1 版；1946 年 12 月 11 日，第 4 版。
〔註73〕《民報》，1946 年 12 月 14 日，第 3 版。
〔註74〕「二二八」慘案台胞慰問團呈于右任關於處理台灣事變意見書，《台灣戰後史資料選》，頁 199。
〔註75〕「黃純青文稿」，國家文化資料庫系統識別碼 005990417。
〔註76〕「黃純青文稿」，國家文化資料庫系統識別碼 005990418。

殊」六字來敷衍過去。第三，檢討陳儀接收台灣後沿用日本統治台灣時的殖民地經濟政策，尤其是專賣局及專賣制度之外，又成立貿易局。他形容專賣貿易兩局為兩隻牢固鐵鉗，他說：「專賣、貿易兩局，就像兩只牢固的鐵鉗，緊鉗住台灣民眾的喉管，連喘息的機會也沒有。〔註77〕談到接收後民眾對於接收政府的觀感，陳碧笙報告二二八事件經過時謂：流血事件全由香菸專賣局緝私員與攤販之衝突及請願民眾與台灣省行政長官公署警衛發生誤會而引起，不敢擔保事件中無「搗亂份子」存在，但希望輿論界注意民眾情緒。〔註78〕

　　台灣事件起因於專賣局武力查緝「私菸」小販，亦即當局獨占利益受到損害，而施行「不問來源」的查緝政策。二二八事件激起民眾抑制久矣之情緒，雖有代表出面和政府交涉，但民眾怒火難消，事態益趨擴大。台北事件發生之背景在於台灣省行政長官公署一年多來治台的措置整個的失敗。在政治上，貪汙盛行、武力統治，導致人民熱情轉冷，且由淡轉向仇視；在經濟上，官僚制度壟斷一切資本，整個經濟變得蕭條，生產萎縮、失業增加，對這些不可忽視的問題，政府卻未積極處理。

　　戰後台灣的專賣事業，要確實落實專賣制度，有它的困難性。《陳公洽與台灣》一書雖然是居於為陳儀抱屈的立場，但也指出了部份事實。「台灣光復了，這個一向在專賣局把握住的市場，便有國內來台的商人，認為有隙可鑽，有利可圖，紹興酒比芬芳酒好喝，駱駝菸比台灣香蕉牌好抽，起初是夾帶，夾帶獲利了，因此國內菸酒無論好壞競爭向台灣傾銷；海關與稅收機構，只要交錢納稅，他們是替中央政府收稅不會替台灣緝私，而來打自己稅收飯碗。這些在台灣單獨販進的國貨或洋貨，正當商人不會替他承銷，正式商號不敢兜攬這個生意，這時唯一的出路便是下層失業苦力，以及流浪街頭的苦兒們，用木盤紙匣頂到頭上沿街叫喚，光復後的台北以及各縣市，這類新興風景線，煞是好多！」〔註79〕私菸私酒一批一批的湧入市場，專賣局未能對付這些走私的權貴高官，民眾常見的是專賣局以武力查緝沒收小販的「非法商品」。這種「不問來源」的查緝政策，不免給予台人只打蒼蠅不敢打老虎的觀感。

　　查緝過程中，一而再，再而三的衝突，與查緝員的不當用槍，早已令台

〔註77〕揚風，〈台灣歸來〉，《文匯報》1947年3月7日，收入陳興唐主編，《台灣「二二八」事件檔案史料（上卷）》，頁113～120。
〔註78〕《大公報》1947年03月11日。
〔註79〕《陳公洽與台灣》，頁31。

灣民眾極度反感。1947 年 2 月 27 日，天馬茶房的緝私事件觸動了民眾積壓已久的怒火，一起「原本要求懲兇的治安事件逐漸變質爲政治行動，即要求台政的全面改革。」〔註 80〕正如同吳濁流所言：

> 這件大事件的起因是極爲單純的。本省人不再信任外省人警察，覺得他們持有武器乃是件極端危險的事。取締私菸，並且又是一個女攤販，絕對沒有動員專賣局的多位警員的必要。更糟的是他們竟然開槍，殺死了一個毫無關係的人。這人既非強盜，更非土匪。原來就根本沒有拿出武器的必要，可是他們不但拿出來，還殺人！

> 再者，國家的官吏僅爲了取締人民就拿出槍械，這是舉世無前例的。這件事煽起了本省人極度的反感。他們假藉取締私菸，事實是連同不是私菸的專賣局出品也抄去，以便自肥。民眾有這樣的懷疑，也相信他們確然如此，因而一向就對這一類取締非常不悅。有一種說法，謂這些所謂之私菸，是專賣局裏的部份不肖官員，和查緝員勾結，走私進來的。而這樣的事最後引發了開槍、流血事端。〔註 81〕

關於林江邁的查緝，過去研究關注的重點可能在林婦是如何受傷的？是被群眾亂石擊中？或是與查緝員互毆？或是被查緝員以槍擊傷的？然而，在整個查緝過程中，緝私員執法的程序與態度亦值得重視。陳儀長官在二二八事件政務會議中感慨：「專賣局查緝私菸發生誤傷人命的不幸事件，……緝私的技術尚欠注意，查緝人員沒有遵照我屢次不准帶槍的命令，以及警政機關，事前不能防患未然，臨事不能斷然作應急的措施。」〔註 82〕緝私事件所以釀成二二八事件，絕不僅是陳儀所陳述的而已，從事件後民眾對專賣的觀感與改革建議可以窺知。台灣民眾對於台灣諸多的經濟統制早有不滿，對於全國各省均不實行專賣，惟台灣之菸酒火柴等日用消耗品實行專賣，不免有專賣制度使台胞增加例外負擔想法。〔註 83〕台灣行政當局厲行日用必需品如菸、酒、

〔註 80〕 行政院「研究二二八事件小組」，《「二二八事件」研究報告》，頁 56。
〔註 81〕 吳濁流著、鍾肇政譯，《台灣連翹》（台北市：前衛出版社，1989 年 2 版），頁 180。
〔註 82〕 轉引自江慕雲，《爲台灣說話》（台灣省台北縣：稻鄉出版社，1992），頁 1090。
〔註 83〕 〈「二二八」慘案台胞慰問團呈于右任關於處理台灣事變意見書〉，該意見書發出的時間在 1947 年 3 月 14 日，慰問團的成員包張邦杰、楊肇嘉、陳碧笙、林松模、王麗明、張維賢、李天成、張錫鈞、陳重光。國民黨政府監察院檔案：【八（2）22】，收入陳芳明編《台灣戰後史資料選》，頁 197。

火柴等之專賣，被視爲是使台胞在正常稅收外又增加不合理之負擔。台灣部份的民眾團體認爲：「此次慘案之起因由於專賣局查緝『非專賣』香菸，非法捕人殺人，而根本原因實在於台灣行政之特殊化，陳長官不恤民意屬行專賣統制政策所一手造成」。〔註84〕在整個二二八事件過程中，撤銷專賣局成爲重要的訴求。

二、貪污舞弊層出不窮

「接收」被比擬爲「劫收」，台灣人在接收之初對「祖國」寄予如何熱切的期望，然而貪官污吏使得不少台灣人失望改觀。《台灣事變內幕記》以「貪風籠罩」形容當時的台灣政治，列舉諸多貪污的例證。近年來，不少討論戰後初期官吏貪污的相關研究，莫不引用這份資料。在這些貪污的例證中，大多數都與專賣局有關。其中一件是任維鈞的貪污案。任維鈞除了前一章中所涉及的案子外，另一事情是在辦理移交時，藉口日人臨走時將移交清冊銷毀，無法尋覓，以多報少。任在「移交清冊中，列報食鹽被人民搶去一萬擔，紅土（即最好的鴉片菸）被白蟻吃掉七十公斤，糖損失數十萬斤等等。」〔註85〕關於此案1946年「接收處理敵偽物資工作清查團」來台時曾加以調查，發現專賣局在1946年3月與6月前後兩次鴉片接收量與現存量比較表，數據並不一致。清查團除了懷疑「白蟻是否會吃鴉片」外，推斷其中可能有舞弊情形。〔註86〕

除了任維鈞外，全省專賣局經台灣省行政長官公署財政處、會計處、設計考核委員會、日產處理委員會等派員清查，發現專賣總局、台南分局、台中分局、嘉義分局、新竹分局、嘉義酒工廠、屏東酒工廠等，在接收時或業務上都有營利舞弊等情事。林林總總的弊案，包括台南分局長林希美接收日產未列冊陳報與營業舞弊，「前後貪污共達六千餘萬台幣」。新竹分局呂前局長，私自賣地接收日軍樟腦油一百多桶，得款二百餘萬台幣。台中分局緝私股長私自盜賣緝私查獲的物品等。嘉義分局，接收以來以三易局長，接收清冊不明，庫存原料不可考。專賣總局列報多筆購買原料的款項，但是所訂購

〔註84〕 台灣「二二八」慘案聯合後援會爲挽救台灣危局致電之時間在1947年3月19日，後援會參加的團體與慰問團的人員大致雷同。國民黨政府監察院檔案【八（2）22】，收入陳芳明《台灣戰後史資料選》，頁201～202。

〔註85〕 唐賢龍，《台灣事變內幕記》，頁27。

〔註86〕 吳若予撰文，檔案管理局編，《二二八事件與公營事業——二二八事件檔案專題選輯》，頁114～115。

的各項原料則未將流向說明清楚。〔註87〕

　　專賣局各個局處依權責、職務大小的不同，而有不同程度的貪污，披露於報紙的，除了前一章所舉的例證外，尚有專賣局查緝員利用職務，牟取不法利益。例如，查緝之責在由各縣市專賣分局擔當後，台北市分局查緝股長利用職權，敲詐人民，貪污達十萬元以上。〔註88〕專賣局台北分局查緝股長利用向商家查緝私菸、私酒、私鹽、樟腦之便，以巧妙手段，騙取金錢。嗣後被以貪污提起公訴，庭訊之時對於舞弊之事實，仍堅稱自己不是收賄，而是借用。〔註89〕緝私者未將查緝所得物品充公，而是沒入私人口袋，甚者，當場舞弊營私，造成人民緝私「是為少數人發財，並不是維護什麼法令」看法，增加人民的憤怒。〔註90〕

　　此外，專賣局人事股課員邵英偽造三十萬噸樟腦提單及收據，盜印該局關防及局長官章，騙取商人得款台幣三百餘萬元。〔註91〕專賣局等機關營私舞弊，造成貪污盛行窮奢極欲之風氣，致接管十六個月來，生產停頓、商業破產、物價暴騰。〔註92〕

　　這些弊端，參議會議員也注意到了。林為恭參議員就專賣局前局長的貪污案提出質詢，專賣局表示「任前局長維鈞暫行停職，移送法院辦理，已由台北地方法案檢察處進行偵訊，尚未結案。」〔註93〕劉傳來詢問台北分局將封存樟腦私自發售一事與局長閻必璋的貪污案，專賣局除重申樟腦為專賣品，不得私製、私運、私售外，表示絕無此事。嘉義分局前局長閻必璋因案撤職，初由嘉義地方法院偵察，現移台北地方法院訊辦。〔註94〕

　　從專賣局貪污的案子分析，主要是在財產接收的部份與查緝、配銷的過程。而從涉案的人員看，以查緝人員與單位主管涉入的人數較多，從總局局長到分局長，管理階層不但不能作為表率，也未盡到行政監督的責任，明顯

〔註87〕　唐賢龍，《台灣事變內幕記》，頁26～32。
〔註88〕　《民報》，1946年4月6日，第2版。
〔註89〕　《民報》，1946年11月23日，第3版。
〔註90〕　〈上海文匯報第59次星期座談會紀錄〉，收入《台灣戰後史資料選》，頁263。
〔註91〕　《台灣新生報》，1947年2月20日，第2版。
〔註92〕　〈台灣「二二八」慘案聯合後援會為挽救台灣危局致于右任電〉，《台灣戰後史資料選》，頁202。
〔註93〕　台灣省諮議會檔案，全宗名「台灣省參議會」，典藏號001713033501，時間：1946年12月18日。
〔註94〕　台灣省諮議會檔案，全宗名「台灣省參議會」，典藏號001713033501，時間：1946年12月18日。

的失職且不適任。接收以來，政府在政治作風上，貪污盛行、效率不佳、有輕視本省人之習慣，且內地公務員之生活遠較台灣人民奢侈。〔註 95〕這樣的現象，經報紙刊載，經民眾口耳相傳，戰後初期的台灣，人民對政府由希望轉為失望，轉為不滿。

三、專賣品的價格問題

　　通貨膨脹情形下，專賣品提高價格也給予民眾不良的印象。一般人對公營事業懷有穩定經濟與物價的期望，公營事業應可在經濟波動期間，配合政府穩定經濟的政策，必要時在虧損的狀況下營運，使其對經濟的穩定產生直接而普遍的影響。《民報》指出，過去日人統治下的官營事業，無論是專賣事業或是運輸交通事業，均以增進總督府收入為目標。以獨占方法獲取高額的立論，榨取台胞的膏血，以維護日人的利益。戰後的台灣，「為實現三民主義的理想，……國營省營的事業，因為帶有公益的性質，比較民營的事業，不可以專以營利為本」，凡在國營省營事業所發售物品的價格，應該要比民營事業便宜。對於台灣省專賣局所發售的酒、菸草、鹽等品，因物價騰貴，便提高價，顯然違背了專賣的公益性，此一作法和過去日人統治之下相比，日人雖採用榨取政策，但是所有官營事業的種類，漲價之時，必定慎重討論，考慮其對於人民生活影響的程度，方才實行。戰後台灣省行政長官公署則不然。故而《民報》提出呼籲，強調國營事業不能因收入不能應付支出，便提高專賣品的價格，這樣的作法是「國營事業經營上最大的缺失」。〔註 96〕

　　《民報》這篇社論表達了對國營事業的期望，同時還指出戰後台灣採行官營事業，落實三民主義的理想，應有別於日治時期榨取是的官營事業。榨取式的官營事業在漲價前都必須考量人民生活受影響的程度，更何況是實現三民主義理想的省營事業。從這個觀點來看，專賣制度不僅在牟取利潤，增加政府財政收入，專賣尚應具有維持社會經濟穩定的機能，在物價上漲時，不應只考慮收入與支出的平衡，專賣品價格訂定時應具有彈性，考量其對於民生的衝擊。

　　二二八事件前台灣省行政長官公署許多攸關民生的政策，既不穩定也不妥善，例如米糧政策，一下強制徵收米糧，官定米價；一下開放自由買賣。

〔註95〕　〈「二二八」慘案台胞慰問團呈于右任關於處理台灣事變意見書〉，《台灣戰後史資料選》，頁 197。
〔註96〕　《民報》，1946 年 1 月 24 日，第 1 版。

〔註97〕政府對米糧加以管制配給時，黑市猖獗；廢除配給後，米價公然上漲，並且漲得厲害。當時人回憶：「一廢止（糧食配給制度）米就成爲自由販賣了，於是當時的『黑市價格』一斤十五元的米就驟然漲到二十元了。」〔註98〕也有人說：「那時經濟不好，今天買得到一包米，明天只能買半包，後天只能買十斤。」〔註99〕隨著米價、物價的上漲，專賣品也有上漲的情形。菸、酒、火柴等專賣品在接收後廢止舊的日本牌名，實行新牌名，菸、酒、火柴等新產品因「係採取新進原料製造，故應按照目前成本訂新價發售」，自1946年1月1日起開始實施，〔註100〕新訂價格如表5-2。

表5-2　菸草定價表（1946年1月1日）

單位：元

種　類	名　稱	包　裝	定　價
捲菸	祖國	10隻裝	3.00
	光復	10隻裝	2.00
	和平	10隻裝	1.50
散菸	牡丹	50公分裝	4.00
	新生	50公分裝	2.00
	和平	50公分裝	4.00
	白梅	50公分裝	4.50
	芙蓉	50公分裝	4.00
	芍藥	50公分裝	3.00
	國旗	50公分裝	1.00

〔註97〕由於戰前台灣總督府實施配給；戰後長官公署仍然實施配給，引起了許多人對台灣省行政長官公署米糧配給制度的質疑，要求改善米糧的管理政策。長官公署於1946年1月11日重新修訂米糧管理政策，停止配給制度，准許省內糧食自由買賣，應准人民設店零售食米。台灣廣播電台以糧食管制問題舉行民意測驗，並於1946年1月19日公布調查結果，在這次民意調查中，贊成米糧管制配給的有24,404票，占全部人數的42%，反對米糧管制的有32,656票，占57%，居大多數。顏清梅，〈台灣光復初期米糧問題之研究（1945～1949）〉，東海大學歷史學研究所碩士論文，頁54。
〔註98〕吳濁流，《無花果》，頁185。
〔註99〕見《二二八事件文獻輯錄》，頁651。
〔註100〕《台灣總督府檔案──專賣局公文類纂》，〈民國三十四年至三十五年雜書〉，影像號碼0012252。

雪茄	仙女	25 隻裝	300.00
	秀鸞	5 隻裝	60.00
	新台	25 隻裝	100.00
	大屯	10 隻裝	25.00

資料來源：根據國史館台灣文獻館，《台灣總督府檔案——專賣局公文類纂》，〈民國三十四年至三十五年雜書〉，影像號碼 0012252 整理製表。

　　專賣品中，酒的漲幅最大。以台灣省專賣局 1945 年 12 月 26 日代酒科科長久米延幸給局長任維鈞調整銘酒價格的簽呈來觀察（參見表 5-3），簽核後新、舊價格的差距比較起來，米酒的漲幅最小，是原來的 3 倍，日月牌葡萄酒最大，達到 5.3 倍，其他也都到 3.5 倍、4 倍之多。酒價的調漲雖然是因應物價、通貨膨脹而作調整，但是由於酒屬於專賣品，專賣品提高售價，民眾自然無法接受。

表 5-3　1945 年 12 月專賣局酒類定價表

單位：元

酒　類	酒　　名	單　位	原定價格	新訂價格	漲幅（%）
清酒	勝利	72 公升樽裝	371.00	1484.00	448
		1.8 公升瓶裝	10.00	40.00	400
	芬芳	72 公升樽裝	248.00	1116.00	450
		1.8 公升瓶裝	6.70	30.00	450
	玉泉	1.8 公升瓶裝	27.00	94.00	350
米酒	白露酒	0.6 公升瓶裝	2.20	6.60	300
紅酒	紅露酒	30 公升甕裝	200.00	640.00	320
		0.6 公升瓶裝	4.00	13.00	325
藥酒	藥酒	0.6 公升瓶裝	3.50	14.00	400
葡萄酒	日月牌	0.6 公升瓶裝	4.70	26.00	553
Whisky	Espero	0.6 公升瓶裝	12.00	42.00	350
Liqueur	Monopoly Dry Gin	0.6 公升瓶裝	15.00	52.50	350
	Ponkano	0.7 公升瓶裝	20.00	70.00	350
	Unron	0.6 公升瓶裝	5.00	17.50	350
果實酒	梅酒	0.6 公升瓶裝	5.00	20.00	400

波羅酒	19 公升甕裝	147.50	516.00	350
	0.6 公升瓶裝	5.00	17.50	350

說明：新訂價格實施時間為 1946 年 1 月。

資料來源：根據國史館台灣文獻館，《台灣總督府檔案——專賣局公文類纂》，〈民國三十四年至三十五年雜書〉，影像號碼 12252 整理製表。

1946 年 3 月專賣品中牌名為「大中華」的香菸由 3 元調整為 5 元，「光復」2 元改為 4 元，率先調漲。〔註101〕6 月時，「專賣品的價格，如菸、酒已經提高到比國內任何地方，要算最貴了。」〔註102〕不斷的調漲價格，輿論的批判也未間斷，「開源節流是預算編制的原則，……（提高）專賣品價格，當局也都說是為了補救財政，可是這麼一來，影響物價不少，以無方針為方針的官吏，已經沒有把握和自信去做事，應該要退場才行。」〔註103〕又如「官廳做事往往沒信憑，各機關的首長，所發表的意見，或是方針，時不負責，譬如以前專賣局的製品，漲了兩三次，被民眾大起攻擊，因為要鎮靜民眾一時的興奮，隨便就發表絕對不再漲價，但經過一個多月，不客氣的再漲價了。」〔註104〕

表 5-4　酒類定價與一般物價變遷比較表（1946 年）

單位：元

品　名	單　位	接收時	一月	八月／七月	漲幅% （1 月：8 月）
芬芳酒	公石	369	1666	3800	228
白露酒	公石	350	1050	3200	304
紅露酒	公石	535	2000	4700	235
米	市斤	6.6	160	375	234
糖	市斤	0.31	3	41	1366
酒精	加崙	2.13	26	72.57	283

說明：三項酒類為八月之價格，其餘米、糖、酒精為七月之價格。

資料來源：根據國史館台灣文獻館，《台灣總督府檔案——專賣局公文類纂》，〈接收一年來酒類工作報告〉，影像號碼 00112254 製表。

〔註101〕　《民報》，1946 年 3 月 2 日，第 2 版。
〔註102〕　《民報》，1946 年 61 月 24 日，第 1 版。
〔註103〕　《民報》，1946 年 6 月 25 日，第 4 版。
〔註104〕　《民報》，1946 年 11 月 13 日，第 4 版。

接收以來米價、物價不斷的波動上揚，菸酒等專賣品的價格調漲自然會引起民眾輿論的批判。尤其是政府還宣示不再漲價，卻又再漲價，民眾感受到的是價格上漲的壓力與政府失信於民。這不但形成政府與民間的隔閡，亦使得台灣民眾對台灣省行政長官公署產生極度的不滿及不信任。杜聰明先生當時曾對記者表示：「此間紛擾暴動之遠因，自光復接收時開始，貪污時有發現，對貪污事件處置又不嚴明。……，致使一般台胞（爲）之憤慨。又加（上）政府對糧政措施不當，去年糧荒，情有可原；目前之糧荒不能控制，使物價暴漲，一般台灣人對政府之怨恨，已達極點。」〔註105〕米價帶動物價的「癲狂跳漲」，〔註106〕加上上海金價、物價漲風影響所及，長官公署不得不採取安定管制物價的緊急措施，規定在物資，公營事業機關所有成品盡量出售。此外，自 2 月 15 日起至 3 月 31 日止，全省所有公營事業一律不准加價。〔註107〕

專賣局一直是民眾不滿意的省營事業，接收以後貪污的弊案、內部員工的人謀不臧、查緝菸酒開槍釀禍等均加深民眾對專賣局的憤怒。因而在二二八事件中，台灣省專賣局和所屬全省各地分局及工廠，紛紛遭受攻擊，除造成該局相關人員的傷亡，財物的損失與器材的損毀外，更影響專賣事業的營運。〔註108〕事件期間，專賣局所屬各局及工廠，除少部分維持營運外，絕大多數皆停止辦公或生產事宜，整個專賣事業陷於停頓狀態，直到 3 月 10 日，才逐漸恢復正常。

〔註105〕1947 年 3 月 1 日，中央社電，收入林德龍輯註，《二二八官方機密史料》，（台北市：自立晚報，1992 年），頁 9。

〔註106〕《民報》，1947 年 2 月 13 日，第 3 版。

〔註107〕《民報》，1947 年 2 月 15 日，第 3 版。

〔註108〕二二八事件後，專賣局爲瞭解事件期間所屬單位的損害情形，曾要求各分局、工廠紀錄事件的過程。從各分局的紀錄來看，各單位均有財物的損失、器材與私人物品的損毀，其中公物的損失大約爲 8 百多萬元。人員部份，外省籍員工皆各自躲避，部分逃避不及者即遭群眾毆打、拘禁，本省籍員工有的協助外省籍同事避難，有的協助處理行政事務，亦有趁機滋事者。〈二二八事件日記（民國 36 年 3 月）〉，收入侯坤宏編，《國史館藏二二八檔案史料（下）》（台灣省台北縣：國史館，1997 年），頁 1121～1138。專賣局各所屬單位在二二八事件期間的日記，已整理出版：另蕭明治、蕭碧珍在〈二二八事件前後的台灣專賣事業〉一文中，根據前述史料對專賣局各分局的損害情形也作了相關整理與分析。侯坤宏、許進發編，《二二八事件檔案彙編（九）》（台灣省台北縣：國史館，2002 年）。蕭明治、蕭碧珍，〈二二八事件前後的台灣專賣事業〉，國史館主辦、國家圖書館協辦，「戰後檔案與歷史研究學術討論會」（台北市，2007 年 11 月 29 日~30 日），頁 15～19。

第三節　事件後對於專賣的改革意見

　　台灣成為日本之殖民地，達五十年之久，依日本對台的統治方針及策略之異同，以及日本對華侵略的擴大，日本對台灣的治理方式漸有不同。尤其自九一八事變後，日本既侵略中國之東北，又在華北樹立特殊勢力，台灣遂成為日本進取南洋之基地，日本對台轉採同化政策，大談「內地延長主義」，其後更進一步推行「皇民化運動」，「一方面提倡尊重教育、文治政治、民族的融合，同時在經濟方面，則由島內產業的開發，進而特別強調台灣與日本的聯結及向華南南洋發展。」〔註109〕在政治上，為了獲取台人進一步的支持，台灣人領導階層之政治地位逐步的提高。〔註110〕

　　日本宣佈投降後，自8月15日起至9月中旬接收人員到達前，台灣在政治方面，是一種真空狀態。但台人自己組織起來，成立三民主義青年團，維持治安；台灣人自動自發的學習中國語文，人人期望能將台灣建設得比日治時期更美好，〔註111〕以建設「三民主義模範省」為努力目標。然而，自國府接管，陳儀主台以來，在政治體系上，是一個特殊化的行政長官制，政府的上層機關部份，與日本時代無異，只不過由外省人取代了原來之日本人；戰後台灣既歸於中國統治，這種偏頗的用人情況，較之日治時期，令人相對的可憎。此外，不少台人認為外省人比日本人更官僚，又自以為比台灣人優越；〔註112〕行政效率低落，貪污儼然成為一種習慣。〔註113〕經濟上則實施全面性

〔註109〕矢內原忠雄著，周憲文譯，《日本帝國主義下之台灣》，頁173。

〔註110〕蕭聖鐵，〈台灣二二八事件的經濟與文化背景──社會期望理論之運用〉，《二二八學術研討會論文集》（台北市：二二八民間研究小組，1992年），頁83～87。

〔註111〕吳濁流著，鍾肇政譯，《台灣連翹》（台北市：台灣藝文出版社，1987年），頁169。

〔註112〕吳濁流著，鍾肇政譯，《台灣連翹》，頁174～175；另有媒體報導指出，「陳儀把有警政職務的日本人改隸中國籍留下來重用，這些人包括警察特務和各級行政人員。日警和特務照舊可以打人抓人，和日本投降前沒有兩樣，各級機關中，地位最優的是『內地人』，其次是日本人，最後才是台胞。即使同樣職務的，台胞的待遇也較日人為劣。」《華商報》，1947年3月5日，第1版。

〔註113〕雖然，陳儀長官始終抱著「我為官清正，有何對不起本地人的地方？」的態度，但正如監察委員何漢文指出的，確有部份無恥的接收官員，貪污在日本人治理台灣時期曾所未有，且日人在台之從政人員多為選拔的優良份子，二者相較，對中國政府乃生厭惡。中國的貪官到台灣來，台灣人民謔稱：「美國人對日本太好了，僅投了兩顆原子彈，但台灣人的遭遇太壞了，中國貪官投到台灣來。」貪污情形之嚴重可見。《華商報》，1947年8月1日，第1版。

的經濟統制，通貨日日膨脹，物價飛騰，糧食問題也益發嚴重，台灣人對祖國由希望轉為失望，並有將此情況比喻為「狗去豬來」者。〔註114〕當時，很多人甚至開始懷念起日治時期。〔註115〕外國報紙則報導說：「假如來一次民選，台灣人第一是選美國，第二是選日本。」〔註116〕

台灣的接收，雖然事前政府已作了準備，但台灣一直是個「特殊化」的省份。當時中國各省中不仰求中央補助的省份，只有台灣一省，然台灣卻還要供給米、糖、煤、樟腦等物資給中央，甚至還包括「人力」。〔註117〕戰後台灣政治、經濟、社會等各方面的景象，與中國政府接收台灣之前，台灣人所期待的，有極大的出入。二次大戰結束不久，中國隨即陷入內戰之中，台灣雖然沒有直接參加內戰，但輸出米、糖、煤等各項資源至中國大陸，卻無法避免。同時，中國國內金融之波動，物價之上漲與通貨膨脹等不利因素，台灣既歸中國，雖然陳儀想要隔斷大陸通貨膨脹的影響，但往來於大陸與台灣者眾，除了台灣內部經濟的弊因外，中國大陸通貨膨脹的情形，對台灣亦造成極大之傷害。

基本上，一般人在戰時的心理，對於經濟上之種種困難，都能自我節制，忍受一切，以待戰爭的結束。原以為戰事結束後，一切便可恢復原狀。然而，戰爭對於經濟之影響，甚至包括戰爭結束以後，經濟之復原需要相當之時間。人們期望戰後復原的心理愈甚，其感覺現時之困苦似乎也愈深，此種心理，亦為促使經濟情形困難的重要原因。

二二八事件的爆發，震驚了國民政府當局，事件後無論是基於其在台灣的統治行政，或是對台灣人民的宣慰撫卹，都必須對台灣省的施政加以檢討。二二八事件，不能視作一件孤立的取締私菸攤販事件。觀乎台灣人士所提出的改革方案，可以發現：在政治上，台人對於類似日本統治時期台灣總督府之台灣行政長官公署，極為不滿；而長官公署的行政效能與政治作風，也與台人的預期心理，頗有距離。在經濟上，工廠不能及時復工，失業問題未能妥善解決，日產與私產未能合理變更等；加上專賣與貿易兩局的弊害叢生，

〔註114〕陳嘉庚，「半斤八兩」，見《華商報》，1947年3月24日，第1版。

〔註115〕"Conditions in Formasa",Sir Ralph Skrine Stevenson（Naking）to Mr. Bevin.（England），March 24, 1947, F4030/2443/10。

〔註116〕楊肇嘉，《楊肇嘉回憶錄》（台北市：三民書局，1978年），頁353。

〔註117〕1946年9月3日，中央開始在台灣實施徵兵制度。見《台灣新生報》，1946年5月4日，第5版。

更令台人無法諒解。

　　二二八事件發生後，《台灣新生報》，有幾點的評論。第一，關於查緝私菸，專賣局的查緝未從根本著手。專賣局未在各港口嚴厲查緝收買，嚴格杜絕香菸的進口；亦未針對大規模批售私菸的商人進行查緝。「專賣局對於大規模的新菸走私與批售，無力查緝，獨獨對於取締街頭攤販，沒收他們的香菸，雷厲風行，不稍寬假，以致發生這次不幸事件，不能不說是捨本逐末」。第二，台灣的環境，是和平的環境。戰後專賣局的查緝人員在查緝工作時，不但隨便帶槍，而且隨便開槍。第三，專賣警察兩機關的主管當局對於部下管制無方，放任部下帶槍外出，以致傷害人命，應附連帶的責任。〔註118〕這則評論堪稱中肯，可惜當時並沒有受到重視。對於專賣局的諸多批評中，關於港口的查緝、查緝的對象、警察與查緝員帶槍的問題，分散在不同的資料中，或多已談到。但是一直以來，對於專賣局的主事者，甚少提及，忽略了其所應負的行政責任。

　　二二八事件中，台北市議會為「團結全省人民，改革政治處理二二八事」，邀集省內之省、市及縣級參議員與人民團體代表等組成「緝菸血案調查委員會」，會中決議派台灣省參議會議長黃朝琴、台北市參議會議長周延壽、台灣省參議員王添灯、國民參參政員林忠等為代表，晉見陳儀長官，提出解除戒嚴令、釋放被捕市民、軍警不許開槍、官民共組委員會等數項要求。「緝菸血案調查委員會」亦在此時更名為「二二八事件處理委員會」（處委會）。3月6日，處委會向台灣省行政長官公署提出之32條要求，〔註119〕有7點是針對當時事件之處理，另外 25 點則歸納為「根本處理」。其中一條，便是「撤銷專賣局，生活必需品實施配給制度。」〔註120〕台灣民主聯盟之〈二二八事件告台胞書〉亦提出「取消專賣公營制度」之訴求。〔註121〕

〔註118〕〈延平路事件感言〉，《台灣新生報》，1947 年 3 月 1 日，第 2 版。

〔註119〕處委會之 32 條要求，在 3 月 7 日之開全體大會後，又增列 10 條，成為四十二條要求。同日傍晚，處委會赴公署向陳儀正式提出四十二條要求，被陳儀所拒絕。

〔註120〕〈二二八事件處理委員會組織大綱（草案）〉、〈二二八事件處理委員會向台灣省行政長官公署提出之卅二項條件〉，收入陳興唐編，《台灣二‧二八事件檔案史料》，頁 187～188；190～193。

〔註121〕同前註，頁 229～230；台灣民主聯盟要求處理二二八事件方式的宣告中，主要的訴求有 5 點，即：1、開放糧倉；2、處罰失職官吏；3、廢除行政長官制度，實施憲法，設置自治政府；4、廢除專賣制度；5、改善司法體系。George

　　事件平息之後，陳儀3月13日呈給蔣中正的文中，一則檢討事件發生原因，一則擬具善後辦法，在經濟方面，他提到：「財政經濟仍須維持原有政策，不能改取放任態度。但方法可以改善，人事可以調整。本年收支預算，已經省議會通過，財政經濟方針，即寓於預算之中，可見合法的民意機關，並未反對公署的財政經濟政策，對於專賣，貿易兩局多數明白事理之本省人，亦無主張廢止者，彼等只要求多參加本省人而已。」〔註122〕3月25日，陳儀在呈蔣中正〈陳明台省本年度預算及施政重點〉的簽呈中再次強調必須維持專賣事業。他指出：「台省施政，外間每多不明瞭，以為深背民意。實則施政方針均表現於預算之中，……本省歲入以營業盈餘及事業收入暨專賣收入為主要來源，以後趨勢，似仍宜維持，以免稅捐負擔之增重，藉以團結民心。」〔註123〕從陳儀所陳的建議，可以發現陳儀對於專賣仍然採取堅定的態度。在甫經戰亂和社會抗爭事件後的台灣，收拾民心是台灣行政當局的當務之急。然而，穩固財政亦不能偏廢，在沒有新的財源之下，加重人民的賦稅也不適當的情形下，實施專賣制度仍然是維持台灣財政的不二辦法。

　　除了陳儀的建議外，本文分從台灣省內民意代表所陳述的意見與代表監察院的楊亮功、何漢文及白崇禧的建議探討二二八事件後專賣政策變革的過程。在台灣省內方面，台灣省參議會、國民參政員及國大代表等17人於1947年3月17日舉行聯席會議，會後台灣省參議員黃朝琴等參議員、國民參政員林獻堂等及國民大會代表黃國書、連震東等致電抵台處理二二八事件之國防部長白崇禧與陳儀長官，表達關於未來省政改革的建議。在專賣制度部份，與會之代表認為專賣制度，係台灣省經費收入之重要財源，在未有新財源以前，仍應暫時維持。但人事及經營方法，應作適當的調整及改善。〔註124〕

H. Kerr，"Incident, March 6 editorial Min Pao Taiwan Democratic League Mainfesto" 台北市二二八紀念館館藏，國家文化資料庫系統識別碼005641534。

〔註122〕台灣省文獻委員會編，《台灣二二八事件文獻續錄》，頁78～79。

〔註123〕1947年台灣省預算營業盈餘及事業收入占42.7%，課稅收入占27.0%，專賣收入占24.3%，其他收入則占6.0%。可見，陳儀對於專賣事業的堅持，並未受到二二八事件的影響。〈陳明台省本年度預算及施政重點〉，1947年3月25日，檔案管理局檔案，檔號：0036/2020.40/4450.01/038～2/017。

〔註124〕〈台灣省參議員、參政員、國大代表黃朝琴等致白崇禧，陳儀電〉，收入陳興唐編，《台灣二二八事件檔案史料》，頁198。

　　台灣省內建議中，另一則較具代表性者為 1947 年 4 月台灣省行政長官公署函請國大代表、參政員及參議員列舉改善專賣貿易制度作為改進參考的辦法。該辦法中，諸位民意代表的建議包括兩部份，本文僅就專賣制度作分析。關於專賣，建議將專賣收入改為課稅收入，以便與國內相統一，達成穩定財政收入的目標。此外，並提出了幾項具體的辦法，關於菸酒，應依照中國國內現行政策，將菸酒開放民營，賦課百分百稅率；並將現有設備二菸廠十一酒廠，附加條件租與民間經營；由政府派員於菸酒工廠駐守，辦理課稅事務。關於樟腦、火柴則應廢止專賣，開放民營製造。至於度量衡器應許可民營，政府嚴行查驗，合格之品始許販賣。

　　這份建議很明顯的是要將現行專賣制度廢止，各項專賣品中樟腦、火柴、度量衡完全廢止，開放民間經營；僅保留菸、酒兩項交予民營，採用課稅的方式，由政府徵收稅款。在這份建議中還條陳了改善作法後可得的利益。以菸酒為例，課稅收入將可比專賣收入的財源增多。其次，專賣局組織龐大，部份廢止、部份改採民營，可以減少政府經費的支出，且民營企業較具競爭性，菸酒品質必然因此提升，可收減少菸酒進口之效。一方面民營的結果，可以提高經濟效能，減少成本的支出，成本降低的結果，菸酒價格降低，可以輕減消費者之負擔。另一方面民營企業可免受公營法規的束縛，企業經營較為靈活，可以增進經營的成效。更重要的，台灣菸酒的制度將與國內各省制度相同，可免因專賣制度而招受台灣特殊化的批評。〔註 125〕

　　在來台的國民政府官員中，白崇禧的主張顯然有著較顯著的影響。1947年 3 月 28 日白崇禧對台灣省參議員的訓詞中對此後治理台灣措施，揭櫫了幾個原則。在關於貿易局、專賣局存廢問題方面，白崇禧指出：「台灣省行政經費預算總數為四十億，專賣及貿易局收入約占二分之一。如廢除此兩項制度後，勢必因須增稅。當廣泛徵集台胞意見，顧及台胞利益及事實原則下，審慎決定辦理」。〔註 126〕

　　同一個時間，監察院閩台監察使楊亮功、監察委員何漢文關於台灣二二八事件調查報告及善後辦法建議案送呈監察院。楊亮功、何漢文兩人的報告對事件原因的探討和陳儀對於事件原因的分析最大的差別，在於報告中將政

〔註 125〕全宗名「台灣省參議會」，典藏號 0012220036001，時間：1947 年 4 月 2 日～
　　　　　1947 年 5 月 1 日。
〔註 126〕陳興唐編，《台灣二二八事件檔案史料》，頁 687～688。

府統治政策之失當列為事件原因之一。報告中指出：「台灣自接收以來，以情形特殊，故於省級行政設行政長官公署，台人對長官公署呼之為新台灣總督府。與國內各省不同，……且經濟上之種種措施，以工商企業之統制，使台灣擁有巨資之工業企業家不能獲取發展餘地，……因專賣局之統制，使一般小商人無法生存。而中央方面對此新收復之國土，不惟不能多予以資本與原料之補給，……乃以種種徵取造成其經濟之貧血與產業之凋敝。」〔註127〕

報告的結論部份提到，台灣省行政長官公署之經濟措施有數項宜予改進，第一項便是專賣政策。該報告對從幾個角度批判專賣政策，就制度而言，專賣政策與中央統稅政策有不合之處。就人事方面而言，專賣局在人事配置不健全，發生種種使人民不能滿意之現象。在緝私方面，查緝的工作未能從大處著眼，而與小販為難，以致私貨依然橫流，小民怨恨。就專賣局的生產而言，專賣局生產的貨物品質既劣，價格奇昂，又不能充分出品以應市場所需，種種的缺點，監察院閩台監察使楊亮功、監察委員何漢文建議應將專賣制度廢止。〔註128〕隨後在〈台灣善後辦法建議案〉有關經濟方面，他們建議撤銷專賣局，改為菸酒公賣局。〔註129〕

4月14日，白崇禧向蔣中正呈報台政的改革意見。其建議如下：行政上，台灣省行政長官公署可即改組為省政府，並增加省委名額；經濟上，「中央似應扶助台灣，而不取給台灣。俾得日就繁榮，臻於富庶，方可收攬人心。」至於專賣制度，主張應該做適當的調整。「專賣制度過去經理欠善，可改為菸酒公賣局」，樟腦過去每年出產五十萬噸，產量占世界第一位，可另組公司經營，直隸省府或建設廳作為省營事業。至於火柴產量甚少，且缺原料，收入不多，可以廢除專賣，以收平息民怨之效。〔註130〕

緝私的問題，引發民眾的不滿；人事的問題同樣令台灣人民無法接受。言語、文字、風俗、習慣以至於歷史文化，是族羣認同的紐帶。然而，比較日本統治與長官公署統治的兩個時期，對於台灣人而言，是台灣人與國內各

〔註127〕〈楊亮功、何漢文關于台灣二二八事件調查報告〉，收入陳興唐編《台灣二二八事件檔案史料》，頁277。
〔註128〕陳興唐編，《台灣二二八事件檔案史料》，頁286～287。
〔註129〕〈台灣善後辦法建議案〉，收入陳興唐編，《台灣二二八事件檔案史料》，頁292。
〔註130〕〈白崇禧呈蔣主席籤〉，收入台灣省文獻委員會編，《台灣二二八事件文獻續錄》，頁96。

地人的機會是否均等？日人雖然施行所謂「一視同仁」的政策，結果卻不然。林茂生是台灣接受新式教育後取得哲學博士的第一人，但是在日人統治的差別待遇下，他的境遇令人為其叫屈。葉榮鐘曾說：

> 筆者嘗親耳聽到故林茂生生前的慨嘆：我每次拿到月給袋時，便會痛感自己被歧視而憤恨不平。日本人有六成加俸，又有家族津貼，兩項合計和薪俸相擷，所以總額日人約倍於省人。茂生先生是東京帝國大學畢業的文學士。論學養、論資歷，假使他是日本人，早已擠上校長的寶座了。但他祇是府立台南工專的教授，十年如一日只教英文，既不升官，也不調職。……東京帝大素有官僚製造所之稱，據統計日本大臣級的人物，東大出身者占總數的六成以上，……茂生先生因為他是台灣人，所以雖有優越的背景，也不能發生作用。
> 〔註131〕

又如吳濁流也在《台灣連翹》中提及，1930 年左右，六家報社合併而為《台灣新報》，該報社除社長、副社長外，另有幾個部長，部長除文化部為台灣人外，清一色皆由日人擔任。文化部中僅有二人，即部長林雲龍和記者吳濁流。而即使台灣人當上部長，薪水仍遠比日人的普通社員少。〔註132〕日人對台人的差別待遇可見。戰後，前來接收的台灣省行政長官公署，完全未顧及台灣人的感受，未能真正起用本地的台灣人。與日本時代一樣，政府機關的上層部份，由外省人取代了日本人，而台灣人依然是龍套角色。就專賣局而言，總局局長是外省籍，11 個局局長清一色是外省人，製菸、製酒的工廠廠長、副廠長也全是外省籍。專賣具有獨占的性質，實施的目的以鞏固台灣財政為主，從人事的任用情形來說，當時的主管均以外省人士為主，縱使一般職員隨著國內各地來台外省人士的增加，台籍人士的任用有下降的趨勢。台灣專賣政策的施行，有別於國內各省，具有特殊化的色彩。加上負責推動專賣政策的專賣局又多由外省人士所壟斷，嫻熟專賣的台籍人士並未受到重視，專賣政策的獨占性與統制性似乎益顯得鮮明。

二二八事件對台灣的影響及其深遠，無論在台灣的過去與現在均具有獨特的象徵意義。二二八事件中，台北市「二二八事件處理委員會」在 1947 年

〔註131〕葉榮鐘，〈台灣省光復前後的回憶〉《小屋大車集》（台灣省台中市：中央書局，1977 年 12 月），頁 213～214。

〔註132〕吳濁流，《台灣連翹》，頁 139。

3月5日，通過政治改革草案，要求「長官公署秘書長及民政、財政、農林、教育、警察等處處長及法制委員會過半數之委員，應以本省人充任。公營事業歸本省人負責經營，立刻實行縣、市長民選，撤銷專賣局。」〔註133〕

　　回應「二二八事件處理委員會」之要求，陳儀於3月6日晚上，向全台人民廣播，「已考慮將行政長官公署改爲省政府，向中央請示，一俟中央核准，即可實行改組。改組時，省政府委員各廳長或各處長要儘量任用本省人士。希望參議會及其它可以代表民意的合法團體，推舉人品高尚，思想正確，能力卓越的本省適當人選，以便向中央推薦」。同時應允同年7月1日實施縣、市長民選。〔註134〕國防部白崇禧部長更於3月21日致南京國民政府蔣主席之電文中，詳細轉呈陳儀草擬之改革方案，根據當時所擬之草案，台灣省政府將設省政府委員十五人，除主席外，本省籍、外省籍各半，所設民政、財政、教育、農林、工礦、交通六廳及秘書、警務、會計三處中，民政廳長及警務處長用本省人，農林廳長如有本省人才，亦將起用本省人。此外，在各廳處增設副職，選用本省人事，培養其行政能力。〔註135〕

　　爲平息台人對政府的不滿，蔣中正依據白崇禧、陳儀之報告，採取一些因應措施，並採納白崇禧、陳儀之建議，在其向台灣民眾廣播，揭示其希望在「確保國家立場及採納台胞眞正民意原則下」妥善處理台省事件。蔣聲稱將恢復地方常態，將原設立之台灣省行政長官公署改爲台灣省政府，並將視實際需要增設廳、處或局，而改制後之台灣省府委員及廳、處、局長人選將儘量容納地方人士，同時應允台灣省各縣、市長提早民選，在縣、市長未舉行民選前，由省政府委員依法任用，並儘量登用本省人士。〔註136〕關於現行的政治制度，蔣中正向台灣民眾的廣播提到：「台灣省行政長官公署現行之政治經濟制度及政策，其有與國民政府頒行之法令相牴觸者，應予分別修正或廢止，一向由行政院查案審議，同時採納地方意見，俾作修正或或廢止之乔放。」〔註137〕其後，國防部於3月中旬在〈國防部佈告〉中宣示，省政府委

〔註133〕中央研究院近代史研究所編，《二二八事件資料選輯（二）》（台北市：中央研究院近代史研究所，1993），頁16～17。

〔註134〕《台灣新生報》，1947年3月7日，號外。

〔註135〕〈白崇禧呈蔣主席三月馬電〉，1947年3月21日，電編號2605。

〔註136〕〈蔣主席對台灣民眾廣播詞〉，收入中央研究院近代史研究所編，《二二八事件資料選輯（二）》，頁183～184。

〔註137〕〈蔣主席對台灣民眾廣播詞〉，收入中央研究院近代史研究所編，《二二八事件資料選輯（二）》，頁184。

員及各廳、處、局長,以儘先選用本省人士為原則。在經濟政策方面,應允縮小公營事業之範圍;台灣行政長官公署現行之經濟制度及一般政策,其與國民政府頒行之法令相牴觸者,應予分別修正或廢止。〔註138〕

為表示對事件發生負責,陳儀行政長官於 1947 年 3 月 17 日,電呈國民政府蔣主席,以「衰老不堪再膺繁劇」,請辭台灣行政長官兼警備總司令本兼各職。〔註139〕4 月 23 日,行政院會議決議撤銷台灣省行政長官公署制度,成立省政府,並正式通過台灣省政府及各委員,各廳、處長之任命案,在此次改制後之任命案中,任命不少台省人士,省政府委員十五人中,有七人為本省籍,其中並有二人兼任廳長。〔註140〕在行政長官公署時期,八位廳、處長中雖有閩人二位,但並無台灣人,新成立之省政府在其成員組成中,似已對台人之政治要求,做了不少讓步,然若由魏道明擔任省主席之時期,全台之縣、市長之任命看,台灣同胞擔任公職的情形,並未如「二二八事件」處理委員會所提出之要求,亦未如國防部佈告中所宣告之應許,因為在行政長官公署時期,全省有四位台籍人士擔任縣市長之職,而魏道明主台時期,縣市長中卻只有三位台籍人士,而各縣、市的主任秘書則清一色的來自中國大陸。〔註141〕據林衡道回憶魏道明主持台灣省政的情形時,作了以下描述:「雖然長官公署改為省政府,但在某些地方,政治的修明似乎還不如陳儀長官時代。」〔註142〕而縣、市長民選的實施,更拖延至 1950 年 7 月,台灣全省實施地方自治時,始正式實踐。

一起緝私取締香菸的意外,引發二二八事件,造成社會的動亂。台灣省行政長官公署因此而於 1947 年 5 月 16 改為台灣省政府。二二八事件之後,各界對於專賣事業有頗多的責難,對於專賣政策也有不少的討論。考量台灣財政的 5 月 23 日在台灣省政府委員會第 2 次會議中,專案討論台灣省專賣實施範圍以及專賣機關組織問題,通過省主席魏道明提案,原台灣省行政長官公署專賣局改組為台灣省菸酒公賣局,直屬於台灣省政府。專賣局改制為菸酒公賣局後,原屬樟腦公司改隸台灣省建設廳,1948 年 3 月改制為樟腦局,

〔註138〕〈國防部佈告〉,收入中央研究院近代史研究所編,《二二八事件資料選輯（二）》,頁 185～189。
〔註139〕中央研究院近代史研究所編,《二二八事件資料選輯（二）》,頁 193。
〔註140〕中央研究院近代史研究所編,《二二八事件資料選輯（二）》,頁 183～184。
〔註141〕台灣省政府人事室編,《台灣各機關職員名錄》,頁 14。
〔註142〕訪問:卓遵宏、林秋敏,紀錄整理:林秋敏,《林衡道先生訪談錄》,頁 89。

仍隸屬於建設廳，1952 年 12 月裁撤樟腦局，樟腦業務歸併到菸酒公賣局。火柴公司因規模太小，開放民營。專賣項目僅留菸與酒兩項，原菸草、酒業公司裁撤，其所屬製造菸、酒工廠直接由公賣局管轄，菸葉公司則由菸葉管理委員會接收。

　　「公賣」二字，源自國民政府在中國大陸所曾實施過的菸酒專賣政策。菸酒專賣政策的決定，1948 年《台灣省菸酒事業概況》歸納原因時指出專賣事業為公營事業之一環，為實現民生主義之適當手段。由於本省菸酒生產，向以低級消費群眾為對象，品質較低，此在產銷全面管制，無外貨競爭之情形下，固可維持，戰後政治及經濟條件之變動，外貨侵銷猛烈，非加以扶持保護，即難獨立生存，故在生產事業未臻鞏固時期，專賣制度不失唯一種有效的保護制度。且就財政收入言之，專賣收入之繳庫部份，仍為產業之盈餘，非直接課諸人民，民眾對於公賣衍生的負擔不似一般賦稅那麼明顯。〔註 143〕

　　基於維持台灣財政收入的考量，專賣政策繼續施行，為了減輕社會大眾對專賣的負面印象，更改「專賣」為「公賣」。台灣省菸酒公賣局統籌菸酒等民生消費品，負責台灣菸酒原料的收購，菸酒之生產、製造與銷售；其公賣收益，為政府財政的重要支柱，台灣菸酒公賣局同時肩負了滿足民生需求與穩定財政收入的重要任務。

〔註 143〕菸酒公賣局統計室編，《台灣省菸酒事業概況》（台北市：台灣省菸酒公賣局統計室，1948 年 6 月），頁 7～8。

第六章 從專賣局到公賣局

第一節 台灣省菸酒公賣局的成立

改制後的「台灣省菸酒公賣局」依然採取的完全專賣的形態，由於憲法與財政劃分法中將專賣權歸與中央，公賣局如何取得其法源？再者，新成立的公賣局在組織與運作上與前專賣局有何差異？是本節探討的重點。

一、公賣局之組織與法源

1947 年 5 月台灣省政府成立，原台灣省專賣局改制爲台灣省菸酒公賣局，直屬台灣省政府。按照 5 月 23 日台灣省政府委員會第二次會議的決議，「將原有各種專賣規則改爲公賣規則，盡量減少各種強制規定。原屬專賣局的查緝工作，改由警察機關執行」。省政府希望藉由「專賣」改爲「公賣」等變化，減輕過去社會大眾對專賣之負面印象。〔註1〕

台灣省政府發布蔡玄甫爲改制後之公賣局首任局長，蔡局長於 1947 年 5 月 26 日接事，公賣局即以此日爲局慶日。台灣省菸酒公賣局主管菸酒之生產、製造、運輸、銷售、研究發展等作業；各工廠則從事捲菸製造、酒類釀造、菸葉複薰、菸葉生產、包裝材料製造等，分局則經營菸酒成品行銷，試驗所經管改良品質、新產品開發，總局負有全盤營運之責。從公賣局的組織與功能言之，公賣局暨所屬各機構爲一生產及推銷菸酒之事業機構，兼具有菸酒

〔註 1〕 台灣省菸酒公賣局編，《台灣省菸酒公賣局局志》，頁 16～17。「專賣」何以改爲「公賣」，楊家俊有四點的說明，即：1. 避免使用日本的用詞。2. 專賣有政府壟斷的意義不符合時代潮流。3. 公賣品的實施範圍，屬局部管制性質，並非產製運銷完全專賣的形式，故不以「專賣」名之。4.「公賣」與「官賣」辭意相通，指定由政府官營已具有專賣的意涵。楊家俊，《台灣省菸酒公賣事業》（台北市：商業周報社，1956 年），頁 2。

公賣的行政權與產銷經營權。

　　1951年6月公賣局奉台灣省政府四十、六、十六肆拾己銑府丙字第26421號令修正規織規程，將公賣局改隸屬台灣省政府財政廳。從此時開始，到公賣局民營化前，公賣局在台灣一直是省屬三級機構，沒有變動。改隸後公賣局組織系統如圖6-1。

圖6-1　台灣省公賣局組織系統圖（1948～53）

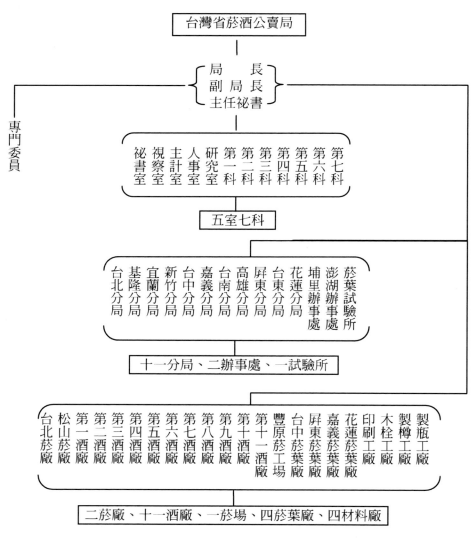

資料來源：台灣省菸酒公賣局統計室編，《台灣省菸酒事業統計年報（民國42年）》，頁3。

　　戰後台灣專賣事業雖在接收前已決定繼續辦理，不過相關法令仍均暫時沿用日治時期的〈台灣專賣規則〉，至 1946 年 7 月後才依據前總督府專賣局的法令修正後陸續公佈。公賣局改組後，省政府公佈前長官公署時期所頒之「酒類」、「菸類」專賣規則及其施行細則繼續有效，惟此等法規均爲台灣省之單行法規且未經立法的程序，對查獲私製、私販菸酒案件之處分，法院無法強制執行，對違反專賣行爲者之約束力有限。〔註2〕1951 年公賣局、省政府及中央各單位共同修訂〈台灣省內菸酒專賣暫行條例〉；〔註3〕1953 年 6 月 23 日經立法院三讀通過，同年 7 月 7 日總統明令公佈實施。10 月 3 日行政院財政部繼續公佈該條例的施行細則，專賣法令完成立法程序。

二、菸酒的生產與配銷

（一）原料的生產

　　台灣菸葉的生產，1945 年因軍糧發生問題，原先種植菸葉的耕地改植穀類，菸葉的種植面積陸續減少，產量相對降低。戰後菸葉種植在公賣局一方面採取延聘專門人材，指導耕作，並選定優良品種，培育健全種子，抉擇適宜土壤，規定肥料質量，應用農具機械，防治蟲害的措施；另一方面，分配肥料、藥劑、烤房用具等，供應菸農使用，遇有重大災害，並予以經濟上之救濟的策略下，菸植面積及菸葉收穫量，逐年遞增。〔註4〕1946 年時菸葉的種植面積爲 1047.47 甲，收購量僅有 350,835 公斤，至 1953 年植菸面積與菸葉收購量，恢復日治時期 1942 年高峰時期的水準，分別爲 5,646 甲及 987,126 公斤。

　　本時期管理菸葉的機構計有台中、嘉義、屏東、花蓮四個菸葉工廠，宜蘭地區由宜蘭分局兼辦，各廠、局按其種植面積及其集散情形，分別設立 44

〔註2〕台灣省菸酒公賣局編，《台灣省菸酒公賣局局志》，頁 17。台灣省菸酒公賣局統計室編，《台灣省菸酒事業統計年報（民國 42 年）》，頁 2。

〔註3〕台灣省政府依中央政府財政部決議請台灣省公賣局擬定〈台灣省內菸酒專賣暫行條例〉草案後，將草案送台灣省參議會共同審查修訂。1952 年 9 月，台灣省臨時省議會將訂妥之〈台灣省內菸酒專賣暫行條例〉送交立法院，請立法院能儘速審查通過。省台灣省諮議會檔案，全宗名「台灣省參議會」，典藏號 0022220040002，時間：1951 年 12 月 14 日。

〔註4〕黃潘萬，〈光復後之台灣初期菸業概況〉，《台灣文獻》，17：1（1966 年 3 月），頁 181～182。

個輔導區，辦理菸葉種植許可、輔導、收穫、複薰等工作。〔註 5〕戰後台灣菸葉之種植有黃色種與本國種之別。菸葉栽植的情形大致如下：每年種植之初，由公賣局菸葉管理委員會依以往之實際產量及該年之需要，擬定全省栽植面積及產量，由各地區有意種植之農民，分向各所屬辦事處登記，菸管會審核後，發給許可證。菸農的種植過程中，有專業人員負責輔導，並由公賣局單外供應肥料、藥劑、烤房用具等。此外，由全省菸農聯合組成菸葉耕種事業改進社，管理菸葉耕作之管理。〔註 6〕菸葉收穫，經種戶調製完畢後，由菸管會全數收購。價格由菸管會按照各地種戶成本、一般物價，與菸葉品質高下，劃分等級分別訂定之。「務求高低適宜，既予種戶以相當優厚之利潤，亦不影響本局捲菸之製造成本。」〔註 7〕

　　酒類的製造方面，葡萄、高粱、小麥等各類的釀酒原料，尚未採取契作的方式。造酒主要是以蓬萊糙米、在來糙米、陳糙米及屑米等原料米作為原料。原料米的收購，在長官公署時期 1947 年 1 月便有「『台灣省專賣局』需要用米應由台灣省糧食局代為購辦，無論多寡均不得自行收購」的規定。〔註 8〕1946 年專賣局的業務報告中這樣載：「自糧食統制以後，由糧食局分給，可謂全無障礙」，糧食統制廢除以後，米糧的嚴重匱乏使得專賣局釀酒不得不採取替代方案。〔註 9〕長官公署的這項規定，雖然限制了原料米的採購，卻也保障了原料米的取得。1947 年 1 月的這項規定在米糧嚴重匱乏的時期，保障了專賣局酒類的生產，有助於酒類生產量的維持。由於這項規定，自這個時候開始，專賣局所需之釀造原料米，均由糧食局供應，改制為公賣局後亦然。

　　菸酒的生產機構主要有松山、台北二菸廠，豐原菸草工場，及菸葉場附近之三個捲菸部從事菸類產製，分設於全省各縣市之十一個酒廠，及新竹、台東兩分局，澎湖辦事處所設之製酒股從事酒類產製。十一個菸酒廠名稱及生產詳如表 6-1。

〔註 5〕台灣省菸酒公賣局統計室編，《台灣省菸酒事業統計年報（民國 42 年）》，頁 196～197。

〔註 6〕菸酒公賣局統計室編，《台灣省菸酒事業概況》，頁 9～12。

〔註 7〕菸酒公賣局統計室編，《台灣省菸酒事業概況》，頁 15。

〔註 8〕台灣省專賣局時期，行政長官公署 1947 年 1 月 2 日召字第一號通知。台灣省菸酒公賣局編，《台灣省菸酒公賣局局志》，頁 85。

〔註 9〕國史館台灣文獻館館藏，《台灣總督府檔案——專賣局公文類纂》，〈民國三十五年台灣省專賣局業務會議報告書〉，影像號碼 0012256。

表6-1　公賣局附屬組織及主辦業務（1953年）

單位名稱	地　址	內部組織	主辦業務
總局	台北市南昌路1段4號	秘書、主計、人事、視察、研究等五室、第一、二、三、四、五、六、七等7科	綜理菸酒產製、運銷、並管理菸葉耕作、收購、複薰等事宜
台北分局	台北市重慶南路1段25號	總務、主計、業務等3課及人事管理員	配銷公賣局
基隆分局	基隆市港西街海港大樓	總務、主計、業務等3課及人事管理員	配銷公賣局
宜蘭分局	宜蘭市舊城西路1號	總務、主計、業務耕作等4課及人事管理員	配銷公賣局及指導菸葉耕作與收購
新竹分局	新竹市東門街59號	總務、主計、業務等3課及人事管理員	配銷公賣局及指導太白酒
台中分局	台中市民意街1號	總務、主計、業務等3課及人事管理員	配銷公賣局
嘉義分局	嘉義市信義路47號	總務、主計、業務等3課及人事管理員	配銷公賣局
台南分局	台南市北門路8號	總務、主計、業務等3課及人事管理員	配銷公賣局
高雄分局	高雄市七賢三路47號	總務、主計、業務等3課及人事管理員	配銷公賣局
屏東分局	屏東市仁愛路	總務、主計、業務等3課及人事管理員	配銷公賣局
台東分局	台東大同路1號	總務、主計、業務等3課及人事管理員	配銷公賣局及製造太白酒
花蓮分局	花蓮市中華路134號	總務、主計、業務等3課及人事管理員	配銷公賣局
埔里辦事處	南投縣埔里鎮中山路74號	總務、主計、業務等3課及人事管理員	配銷公賣局
澎湖辦事處	澎湖縣馬公鎮光復里	總務、主計、業務等3課及人事管理員	配銷公賣局及製造太白酒、米酒
台北菸廠	台北市華陰街34號	總務、主計、人事、試驗等4室、工程、倉儲、理葉、切葉、包裝、捲菸、菸絲、雪茄等8部	專製捲菸、菸絲、雪茄

松山菸廠	台北市光復路 133 號	總務、主計、人事、試驗等 4 室、理葉、切葉、包裝、製盒、倉儲、工程、捲菸等 7 部	專製捲菸
豐原菸工場	台中縣豐原鎮東北街 1 號	總務、工務等 2 股及主計員、人事管理員	專製捲菸
第一酒廠	台北市中正路 1571 號	總務、主計、製造等 3 課及人事管理員	製造太白、米酒、威士忌、葡萄酒、橘酒、五加皮、烏梅、琴酒朗姆、當歸浸製太白酒等酒類及檢定酒精
第二酒廠	台北市中正路 1407 號	總務、主計、製造等 3 課及人事管理員	專製啤酒、香滴酒
第三酒廠	台北縣板橋鎮新埔 14 號	總務、主計、製造等 3 課及化驗室、人事管理員	製造特級清酒、福壽、桂元、燒酒等酒類
第四酒廠	台北縣樹林鎮鎮前街 159 號	總務、主計、製造等 3 課及人事管理員	專製紅露酒
第五酒廠	台中市復興路合作街	總務、主計、製造等 3 課及人事管理員	製造特級清酒、福壽、太白、米酒等酒類
第六酒廠	嘉義市信義路 72 號	總務、主計、製造等 3 課及人事管理員	製造糯米、五加皮、太白、高梁、酒精等酒類
第七酒廠	屏東市民生路 261 號	總務、主計、製造等 3 課及人事管理員	製造糯米、太白、米酒等酒類
第八酒廠	花蓮市中華路 134 號	總務、主計、製造等 3 課及人事管理員	製造福壽、紅露、太白、米酒、五加皮等酒類
第九酒廠	宜蘭市舊城西路 3 號	總務、主計、製造等 3 課及人事管理員	製造紅露、太白、當歸浸製太白等酒類
第十酒廠	台南市逢甲路新昌里 25 號	總務、主計、製造等 3 課及人事管理員	製造太白、米酒、高梁等酒類
第十一酒廠	南投縣埔里鎮大城中山路 552 號	總務、主計、製造等 3 課及人事管理員	製造糯米、太白、米酒、紹興酒等酒類
木栓工廠	台北縣南港鎮東新里 148 號	總務、主計、製造等 3 課及人事管理員	製造炭化板、瓶蓋、木栓等

製樽工廠	台北縣板橋鎮深丘里西安 29 號	總務、主計、工務等 3 課及附屬嘉義分場、人事管理員	製造修理各種酒樽、菸箱
印刷工廠	台北市中山北路五常街 21 號	總務、主計、製造等 3 課及人事管理員	專印本局各種商標紙、包裝紙等
製瓶工廠	台北縣景美鎮景仁里 46 號	總務、主計、工務等 3 課及製模工場、人事管理員	專製酒瓶
台中菸葉廠	台中縣大里鄉內新村中山路 70 號	總務、工務、主計、業務等 4 課及捲菸部、人事管理員	輔導菸葉耕作、收購、複薰及製造捲菸等
嘉義菸葉廠	嘉義北興街 234 號	總務、工務、主計、業務等 4 課及捲菸部、人事管理員	輔導菸葉耕作、收購、複薰及製造捲菸等
屏東菸葉廠	屏東縣瑞光里歸仁路 105 號	總務、工務、主計、業務等 4 課及捲菸部、人事管理員	輔導菸葉耕作、收購、複薰及製造捲菸等
花蓮菸葉廠	花蓮吉安鄉大華街 51 號	總務、工務、主計、業務等 4 課及捲菸部、人事管理員	輔導菸葉耕作、收購、複薰及製造捲菸等
菸葉試驗所	台中縣大里鄉東湖村 24 號	總務、耕育、病蟲、化製、主計等 5 組及人事管理員	菸葉之試驗研究
樟腦煉製廠	台北市南昌路 1 段 1 號	秘書、人事管理員及工務、業務、主計、總務等 4 課	管理樟腦之產製運銷等事宜

資料來源：台灣省菸酒公賣局統計室編，《台灣省菸酒事業統計年報（民國 42 年）》，頁 8～11。

　　公賣局自 1947 年後陸續推出多項菸酒產品，各項產品如下：捲菸部份有寶島菸、雙喜菸、新樂園菸、樂園菸、香蕉菸、嘉禾菸、檳榔菸七種；另代製軍菸十六種，共計二十三種。菸類尚有芙蓉菸絲及仙女、秀蘭、新台、大樂四種雪茄。酒類部份有高粱酒、燒酒、紹興酒、特級清酒、紅露酒、萬壽酒、糯米酒、桂圓酒、福壽酒、五加皮酒、米酒、太白酒，以及西式的琴酒、桔酒、啤酒、烏梅酒、威士忌酒、鳳果酒等十八種。〔註10〕菸酒產品中，過

〔註10〕台灣省菸酒公賣局統計室編，《台灣省菸酒事業統計年報（民國 41 年）》，頁 102。

去一向最受歡迎的香蕉菸產量自 1950 年起逐漸有被樂園及新樂園菸取代的趨勢，尤其是新樂園菸，〔註11〕在 1951 年後取代香蕉菸成爲暢銷品。新樂園菸暢銷的程度，1961 年產量達到 64.04 萬箱，占公賣局捲菸產量的 52.67%。〔註12〕至於酒類，則以太白酒的生產居第一位。〔註13〕從菸酒的生產趨勢觀察，1953 年以後隨著社會經濟生活的改善，高級菸酒的產製緩慢增加，像寶島菸、特級清酒、高粱酒產製的比例均逐漸提高。〔註14〕

（二）菸酒配銷

戰後，專賣局將日治時期之制度撤銷，參酌各地方之環境、交通與菸酒消費情形，以及有關菸酒配銷條件，將專賣局各分局處轄下之配銷範圍，重新劃定爲若干「配銷區」；每「配銷區」設「配銷會」一所，爲專賣局爲分局處與零售商之中間機構，負責對專賣局分局處承購專賣品，以分配該轄區內之全體零售商。

戰後，「配銷會」之配銷品同時包括了菸酒，與日治時期分爲「菸草賣捌所」及「酒類賣捌所」二種不同。各區配銷會之間，得組織配銷會聯合會；各分局、處配銷會聯合會之上，又有全省配銷會聯合會之組織。該聯合會由各分局、處聯合理事長出任理監事，並互推理事長一人主持會務。此等各階層之組織，均係商業團體，受公賣局處之指揮與監督，爲公賣局分局、處之輔助機構。

〔註11〕 當時的《徵信新聞》有篇名爲〈「樂園」和「新樂園」的製造者──公賣局松山菸廠訪問記〉便特別介紹了這項成果。文中敘述新樂園香菸的暢銷情形，亦敘述了當時製造的情形。1950 年 12 月 5 日到 6 日第 1 版。
〔註12〕 台灣省菸酒公賣局編，《台灣省菸酒公賣局局志》，頁 110～111。
〔註13〕 當下的家庭必備的紅標米酒，在當時並不用來烹煮料理，而是直接拿來喝的。太白酒比米酒便宜，當時特級清酒是以精細的白米釀造，米酒以糙米釀造，而太白酒則大約加了近七成的酒精，使得太白酒成爲貧窮年代人人都買的起的酒。台中酒製造課長林梅岩的訪問（退休），收入〈酒類的田野調查〉，《台中酒廠專輯》，頁 84。
〔註14〕 寶島菸、特級清酒、高粱酒因價格較高，消費需求遠比一般樂園、紅露酒的數量少，以寶島菸爲例，1952 年開始生產，主要以供應外賓與大使館爲主，產量雖然逐年增加，但增加比較明顯則是在 1960 年代早期。台灣省菸酒公賣局統計室編，《台灣省菸酒事業統計年報（民國 44 年）》，頁 115～117；台灣省菸酒公賣局編，《台灣省菸酒公賣局局志》，頁 110。

1、配銷所（會）〔註15〕

配銷會負承銷公賣菸酒及轉配之責，其本身不與消費者發生直接買賣行為。轉配之菸酒，必須送至各零售商之營業所。如零售商自願領運，配銷會得補貼其運費。配銷會辦理業務所需之運輸損耗、員工薪津及稅捐、辦公用具等一切費用，均由公賣局所付給之補助費內。

屬配銷層級的在 1949 年初應各地合作社及農會的要求，設置了配銷處（代銷處）。配銷會是由全省菸酒零售商組成，而配銷處則是由全省合作社與農會合併組成聯合組織菸酒配銷機構。配銷處轄區與配銷會相類似，惟配銷處配售對象原定僅限於社員，嗣因辦理困難廢除限制。但配銷處的經營遠不如配銷會，關於此，台灣省菸酒配銷會聯誼會曾向台灣省參議會陳請，基於農會推銷公賣品成績不善的緣故，請准將全部公賣品之配銷統由配銷會承辦以維持公賣業務。〔註16〕配銷處的配銷的額度因績效不佳，由原來產量的百分之五十向下修訂為百分之二十五，配銷處雖然沒有廢止，但各地配銷處的數量則大幅減少。1953 年以後，配銷會改稱配銷所，公賣局直接控制配銷，取消了理監事制度，由公賣局直接統轄「配銷所」，配銷所的名稱一直沿用到改制為菸酒公司。

2、零售商

菸酒零售商係因襲日治時期之「小賣人」制度而來，並由公賣局指定者。依照台灣菸草及酒類專賣規則之規定，非指定之零售商不得販賣菸酒，否則便予取締。零售商的指定標準，是以具有零售菸酒設備及適合經營該項業務之商店為限。所謂「適合」與否之範圍，根據公賣局規定，有下列情事之一者，不得為零售商：（甲）菸草耕作人，酒精、白麴、紅麴、酒母或醪之製造

〔註15〕配銷會係由配銷區之全體菸酒零售商組織而成，由零售商推選理事五人，以得票最多之一人為常務理事；監事三人，亦以得票最多之一人為常務監事。常務理事為配銷業務主持人，受公賣局分局處之指揮監督，對分局處配發之公賣品，負承領及轉配零售商之責。理監事任期均二年，任期屆滿時，由公賣局主管分局處召集配銷區內之全體零售商大會，予以改選，連選得連任。台灣省菸酒公賣局統計室編，《台灣省菸酒事業統計年報（民國 41 年）》，頁32：1953 年，因配銷會的業務在實際上均由常務理事負責，其餘監事形同虛設，故訂定「菸酒配銷機構改進方案」，各地配銷會全部改選，改稱為「台灣省某地菸酒配銷區某某配銷所」，配銷所的名稱一直沿用到改制為菸酒公司之際。台灣省菸酒公賣局統計室編，《台灣省菸酒事業統計年報（民國 42年）》，頁 32。

〔註16〕台灣省諮議會檔案，全宗名「台灣省參議會」，典藏號 0012220039004，時間：1949 年 6 月 13 日。

者，及其代理人；（乙）違反菸酒專賣規則，經受處分未滿二年者；（丙）被撤銷零售商之指定未滿二年者；（丁）受破產宣告尚無復權者；（戊）受稅捐滯納處分後未滿一年者；（己）被處刑事執行期滿後未滿兩年，或受緩刑宣告尚未期滿者；（庚）其他管理認為不當者。〔註17〕

零售商販賣公賣局菸酒應絕對遵守公定價格，且禁止越區販賣。所有公賣品由總局撥交分局，轉配配銷會，分發零售商依規定價格銷售。〔註18〕至於所分配菸酒數量的多寡，公賣局依據各分局處所轄人口多寡，參照過去的銷售成績，分別釐定配銷數量，交由省營通運公司運往各分局處，各分局處再按各配銷會區域人口多寡，及銷售實績，將貨品分配於配銷會。配銷會與零售商經營菸酒，係由公賣局給予佣金利益，零售商佣金一律為百分之十，配銷會則按地區遠近而有差異。〔註19〕

3、菸攤販

菸攤販係台灣公賣局所設之銷售機構以外新興的零售形態；蓋台灣自日治時期以來，零售菸酒處所依規定須為具有店舖與一定設備之商店，經專賣機關指定者方可販售菸酒。戰後因戰爭初息，社會經濟仍未復甦，小本經營的攤販因應而生。部份攤販經過登記，部份則否，且兼有經售私菸者。公賣局當對此項菸攤販之存在，很難不予承認。且以禁止私菸產銷之利害觀點言之，公賣局對於菸攤販亦不能不設法管理。1950年公賣局依照台灣省政府決策，從管理攤販入手，訂定了「台灣省管理香菸攤販辦法」，提經省政府委員會第149次會議通過後，於1950年5月15日公佈施行。公賣局承認攤販的作法，不但可以消滅私貨，也兼具了推銷公賣局產製菸酒的效益。此外，根據調查，戰後初期以販賣專賣品營生者非常多；香菸攤販合法化，可以解決當時失業問題，安定社會民生。

香菸攤販辦法的公佈實施後，公賣局隨即進行香菸攤販的調查與登記。本項辦法由省政府發文請警務處轉飭各縣市警察局協助調查各地攤販情形；

〔註17〕台灣省菸酒公賣局統計室編，《台灣省菸酒事業概況》，頁38～39。

〔註18〕台灣省菸酒公賣局，〈台灣省政府成立以來之菸酒公賣概況〉，《台灣銀行季刊》，2：2，頁139。

〔註19〕1946年，零售商的佣金因受到黑市的影響，許多零售商往往怠於配銷，台灣省專賣局為了改善黑市，將佣金提高至15%。1950年，公賣局才將佣金調降為10%。菸酒公賣局統計室編，《台灣省菸酒事業概況》，頁40。國史館台灣文獻館館藏，《台灣總督府檔案──專賣局公文類纂》，〈民國三十五年台灣省專賣局業務會議報告書〉，影像號碼0012256。

調查完成後，各地香菸攤販必須在規定時間內（1950 年 5 月 22 日至 5 月 27 日）向各地公賣局或辦事處辦理登記，公賣局受理登記後核發香菸攤販執照。〔註 20〕香菸攤販正式的成為推銷公賣菸類之一環。戰後配銷會（所）及零售商攤販增減的情形如表 6-2 所示。

表6-2 歷年配銷會（所）及零售商攤販數

年度	配銷會（所）		零售商		香菸攤販
	菸 類	酒 類	菸 類	酒 類	
1922	121	124	8,415	10,731	—
1923	122	124	8,628	9,731	—
1924	122	124	8,628	9,379	—
1925	73	111	9,186	8,186	—
1926	73	111	8,677	8,084	—
1927	73	111	8,987	7,865	—
1928	70	89	8,984	7,039	—
1929	70	89	7,210	6,993	—
1930	70	89	7,446	7,140	—
1931	70	89	7,419	7,118	—
1932	70	89	7,446	7,071	—
1933	70	89	7,506	8,583	—
1934	75	89	7,575	8,056	—
1935	75	89	7,773	8,018	—
1936	75	89	7,873	8,062	—
1937	79	93	7,851	7,227	—
1938	79	93	8,000	7,188	—
1939	79	93	8,136	7,240	—
1940	82	94	8,110	6,825	—
1941	82	94	7,986	6,945	—
1942	82	94	7,940	6,925	—

〔註 20〕台灣省諮議會檔案，全宗名「台灣省參議會」，「辦理香菸攤販調查登記發照及配貨須知（1950 年 5 月 15 日）」。台灣省菸酒公賣局統計室編，《台灣省菸酒事業統計年報（民國 41 年）》，頁 34。

1943	...	...	...	...	―
1944	...	...	...	...	―
1945	...	...	...	...	―
1946	...	...	...	...	―
1947	93	...	7,036	...	―
1948	...	...	...	...	―
1949	95	...	7,994	...	―
1950	...	...	...	...	―
1951	90（40）*		10,277		7,341
1952	92（42）*		10,740		5,613
1953	95（29）*		11,574		4,997
	配銷所	合作社、農會代銷部	配銷處	零售商	香菸攤販
1954	91	25	18	12,044	5,083
1955	90	25	18	14,056	5,483

說明：「…」表資料不詳；「―」1950 年以前未有香菸攤販的登記；「*」係配銷處數量。
資料來源：台灣省菸酒公賣局主計室編，《台灣省菸酒事業統計年報（民國 44 年度）》，
1955 年 7 月出版，頁 5～7。

第二節　菸酒公賣事業的發展與問題

　　菸酒有害健康的觀念自上個世紀，便爲世人廣泛接受。有鑑於此，許多國家皆興起「反菸」、「禁酒」的風潮，促使政府對吸菸喝酒採取干預的措施。政府利用課稅的方式，提高菸酒的價格，以抑制菸酒的消費。此外，人們常會說：「拒絕二手菸」，吸菸的行爲不僅對吸菸者本身的健康有害，亦會危害他人的健康。因此，吸菸行爲將會產生「外部成本」，菸酒稅的徵收也附帶著「寓禁於徵」的意義。在這樣的認知下，菸酒屬於消費品，又具有高度的沉溺性，以菸酒爲課稅的目標遭遇的阻力相對的降低；因此，各國政府基於稅收的考量，透過菸酒消費稅的徵收，增加政府財政收入，各國普遍對菸酒課稅，或實施菸酒專賣。二二八事件後，由於台灣省政府改善財政歲入的課題仍然存在，鑒於 1905 年以來，專賣收益中最大來源便屬菸和酒，二者爲日治後期專賣的兩大支柱。戰後台灣省專賣局時，在生

產量降低、外來私貨競爭下，專賣收入仍是台灣財政的主要來源。1947 年台灣省預算編列中，專賣收入占了該年歲入的 24.3%。〔註 21〕對於這樣的預算編列，陳儀強調：「財政經濟，仍須維持原有政策，但方法可以改善，人事可以調整。本年收支預算，已經省議會通過，財政方針即寓於預算之中（收入上列專賣貿易收入）……財政經濟為施政的命脈，亦不能放鬆。」〔註 22〕陳儀對於專賣收入的重視，顯然說服了蔣中正和其他相關的人，台灣省專賣局改制之後，專賣並未廢止，保留菸酒繼續公賣的立意便在財政收入的考量。

一、菸酒的生產

　　戰後台灣菸酒的專賣，是集產、製、運、銷於一身的完全專賣。在甫經戰爭破壞，二二八事件與中國國內動盪不安等因素交互作用的衝擊下，菸酒專賣事業為達成其公賣的目標，有一番的改革。改組為菸酒公賣局後，雖然在專賣品的種類上減去火柴、樟腦，但由於生產的恢復，專賣收入漸漸恢復。惟因當時菸酒的產量不敷省內消費，且品質欠佳，私酒、私菸充斥市面。關於此，《台灣省菸酒事業概況》曾謂：「本省菸酒生產，向以低級消費群眾為對象，品質較低，此在產銷全面管制，無外貨競爭之情形下，固可維持，但自光復以後，由於政治及經濟條件之變動，外貨傾銷猛烈，非加以扶持保護，即難獨立生存，故在生產事業未臻鞏固時期，專賣制度不失為一種有效的保護制度。」〔註 23〕但是「菸酒是嗜好品，其消費量是依照社會經濟枯榮，一般購買力高低為轉移的。」〔註 24〕在菸酒的生產逐漸恢復平穩後，菸酒的品質自然成為關切的焦點。

　　公賣局的業務有其特殊性，一方面必須達成財政目的，另一方面必須依照公營事業一般原則從事生產再生產，在雙重任務的壓力下，如何達成銷售收入逐年增加，使得解繳省庫數字可以逐年的激增，而屬支出部份的業務費用、管理費用、其它費用能夠逐年調降，以發揮最高的效能呢？從專賣局轉

〔註 21〕〈陳明台省本年度預算及施政重點〉，1947 年 3 月 17 日，檔案管理局檔案，檔號：0036/2020.40/445.01/038～2/017。
〔註 22〕〈陳儀呈蔣主席三月十三日呈〉，收入《二二八文件續錄》，頁 78～79。
〔註 23〕台灣省菸酒公賣局統計室編，《台灣省菸酒事業概況》，頁 7。
〔註 24〕黃通、張宗漢、李昌槿合編，《日據時代台灣之財政》，頁 38。黃瑞祺，〈台灣菸酒消費之研究〉，《台灣銀行季刊》，33：4（1982 年 12 月），148～189。

為公賣局後，專賣品主要是以菸酒為主。菸酒被許多的醫學報告指出與心肺疾病有關，部分民眾對於菸酒存有負面的既定印象。而菸酒的品質，自然是民眾所關心的。公賣局營運過程中，如何達到最高的邊際效益，公賣局是否會用劣質原料來釀酒，不少民眾有這樣的疑慮，作為民意代表的議員亦然。台灣省參議會的議員便認為專賣局的菸酒品質不佳，是否因為「近年來公賣局繳庫之數目過鉅，致使公賣局不得不降低買收原料而提高製品價格，以資繳庫，因此酒類之品質日趨低劣。」〔註25〕

過量的菸酒有礙人體健康，加上當時劣菸、假酒致人於病的新聞時有所聞，民意機關對於公賣局菸酒的查緝，非常重視。因為公賣局查緝菸酒的目的，非但因為私菸私酒妨礙公賣收益，也因為其有礙國民健康。對於公賣局的菸酒品質，民意代表希望公賣局也應該加強檢查。因此有省議員提案，請政府對加強抽驗公賣局釀製的各種酒類，以免影響國民健康。台灣省政府函覆表示，本案經飭菸酒公賣局，公賣局表示該局製造的酒類在出廠前均經嚴格檢驗，非品質良好，不予發交配銷，以避免影響國民健康。全部檢驗程序，係依據〈台灣省內菸酒專賣暫行條例〉第26條之規定「菸酒成品由專賣機關負責檢驗，並由主管上級機關切實監督」，似無須由衛生處檢驗之必要。〔註26〕菸酒在一般人日常生活中，屬於消費品，菸酒品質的好壞關係人民身體健康至為重大。為防止杜絕不良商品販售於市，避免私酒或假酒危害人民健康，以及影響政府財政收入，參議會議員提案請省政府必須嚴格飭令台灣省菸酒公賣局，草擬具體辦法嚴格管制酒精，防止不肖商人私釀。〔註27〕

戰後初期台灣工商業落後，而外國因設備技術優越，所以菸酒的品質較佳且成本低廉，往往想在台灣傾銷其廉價的產品。專賣制度保護下，政府借著法令的規範，阻止外貨的傾銷。1948年，政府將洋菸、洋酒納入管理範圍，規定外國菸酒僅能由公賣局專賣輸入，只有台北、高雄兩地供應外僑直接請購和各機關團體招待外賓之用。〔註28〕至於由中國國內運至的菸酒，台灣省

〔註25〕 台灣省諮議會檔案，全宗名「台灣省臨時省議會」，典藏號0026130342004，時間1953年7月24日。

〔註26〕 台灣省諮議會檔案，全宗名「台灣省臨時省議會」，典藏號0026130342004。

〔註27〕 台灣省諮議會檔案，全宗名「台灣省參議會」，典藏號0012220239004，時間：1950年10月14日～1951年2月2日。

〔註28〕 台灣省菸酒公賣局統計室編，《台灣省菸酒事業統計年報（民國44年）》，頁40。

管制國內菸酒移運入口管制審議委員會自 1949 年 6 月起召開多次會議，與會
單位包括有警務處、財政廳、基隆和高雄港務局、參議會、物資調節委員會
及公賣局等，會中規定進口之私貨必須在公告兩個月內賣完，入口憑證由公
賣局製發，定名為「台灣省許可入口菸酒運銷憑證」。入口菸酒必須徵收教育
建設稅捐，該項稅捐比例為百分之六十，由港務局代徵。按照台灣省管制國
內菸酒移運入口辦法，菸酒入口需添貼運銷憑證；凡未貼有運銷憑證者，屬
於非法進口走私則與予取締。對於酒類運銷公會、捲菸運銷公會未經核准即
予進口之菸酒，則課以百分之百的教育建設捐，各地香菸攤販持有未稅香菸
未能在期限內賣完者，則必須送交各地公賣局免費加貼緝私品配銷證。

　　在專賣品由政府壟斷公賣之後，菸、酒的品質不一定真的改善了，價錢
亦不一定低廉，縱使有英、美等外菸的競爭，在政府政策的保護之下，公賣
收入仍然能夠蒸蒸日上。但是若除去保護的法令政策，菸酒公賣品實必須改
善品質，求精之後，再求大量生產。

　　改組後的公賣局，菸酒的生產表現出來的特點有：（一）菸酒產量增加，
高級菸酒漸漸受到消費者青睞。（二）消費者與民意機關重視菸酒公賣局菸酒
的品質，不斷透過議會問政的方式，監督公賣局產品的生產。（三）公賣局將
外來菸酒的輸入制度化，將洋菸與洋酒納入管理範圍，藉以達到減少私菸、
私酒及增加公賣收入。

二、菸酒的配銷

　　菸酒之販售，由零售商負責。凡欲充任零售商者，應先填具申請書，經
當地分局或零售商許可，核發許可證，規定其銷售區域，始准營業。由於這
項規定並沒有具體落實，加上公賣局菸酒配銷價格，視距離和交通狀況決定，
各區域並不相同，不同地區間有價格差異的存在。這個情形下，便有些弊端
衍生。例如，出現菸的出售價格低於公賣局配銷價格的現象。以當時配銷最
為大宗的「新樂園」、「樂園」和「香蕉」等三種菸來說，每條「新樂園」局
定的配銷價為 42 元，在台北後車站，竟可以 41 元買入，41.8 元賣出；「樂園」
每條局定配價 29.75 元，可以 29 元入，29.8 元出；「香蕉」局定配價 17 元，
以 16 元入，16.5 元出。因此，零售的價格也就相對的低於公賣局所訂定的價
格。之所以產生低價的現象，是因為各地配銷價格不同，南部菸酒配銷價格
低於北部的價格，因為並無不得越區販賣的限制，若干投機商販，在南部領

得菸酒後，私自運至北部批售。〔註29〕結果不但間接的影響北部菸酒的配銷，也影響了公賣局的專賣收入。此外，由於菸酒的數量不夠充裕，部份酒家、食堂往往將菸酒全數收購，菸酒購買變的相當不易。部份不法香菸攤且乘機取巧，故意將香菸藏起來，如欲購一包香菸，必須連同火柴購買，否則便拒售香菸，謊稱「無貨」。〔註30〕

有鑑於此，省議會張李德和議員要求公賣局改善配銷的辦法。由於各地人民因文化及生活職業程度不同，對菸酒消費自有不同。他認為現行菸酒配銷辦法不符實際，公賣品的配銷未調查地方適銷品類及數量如何，依照硬性規定配銷，致使品類及數量不合該地方銷售，造成在原價以下削價販售的情事，影響公賣品的聲價及銷路，應予檢討改善。〔註31〕省議會通過這個提案，建議公賣局採納辦理。公賣局覆函表示該局為求達成財政預算，配銷方面雖然不盡理想，但一直朝配合產銷調節供需努力。公賣局配貨，係依各配銷機構，調查各零售商販所需貨品，以為核配標準，尚無硬性撥配情事。

實際的情況如何，顯然消費者、民意代表與公賣局的看法並不一致。參考公賣局配售的辦法，同一分局處所轄配銷會相互間應配公賣品之比例，係由主管局處根據過去配銷實績、人口比例、消費能力召集各配銷會之常務理事共同決定，該項決定經六個月後依實際情形，重新核定配貨比例。這樣的配銷方式，是否能配合民眾菸酒消費的趨勢，本階段菸酒消費如前所述，有逐漸由低級品轉向較好的菸酒的趨勢，從本階段菸酒配售業務的問題來看，菸酒配售應更具彈性以因應現實所需。

除了在菸酒配銷的品項與數量仍需調整外，配銷的機關在 1948 年到 1952 年間也不斷的在作調整。1952 年公賣局的配銷機關有三，即：配銷會、配銷處（合作社或農會代銷處）與公賣局自設的配銷處。合作社配銷處的增加或與配銷會制度不佳，流弊叢生有關，或與參議會建議將公賣品由各地合作社、農會代銷，以擴大公賣事業有關。〔註32〕然而從各地合作社配銷處請求代為配銷大部份的公賣品，而配銷會又批評合作社配銷處配銷成績不佳的過程來看，合作

〔註29〕《徵信新聞》，1951 年 5 月 11 日，第 1 版。
〔註30〕《經濟時報》1952 年 2 月 14 日，第 3 版。
〔註31〕台灣省諮議會檔案，全宗名「台灣省臨時省議會」，典藏號 0026130341004，時間 1952 年 9 月 11 日。
〔註32〕余玲雅，《戰後台灣省公賣政策形成過程之研究》（台灣省台北縣：高立圖書有限公司，2004 年），頁 135～136。

社配銷處與配銷會間明顯存在著競爭關係。從日治時期經銷商的指定來看，由於菸酒配銷的利潤不低，是一項良好的利源；經銷商的職務是許多人極力要爭取的。各個配銷機關間，所以互相競爭，原因或者根源於此。由於本階段配銷機關的多元化，雖擴大了公賣品的配銷，卻也增加了配銷管理的困難性。

圖 6-2　歷年菸酒銷售量

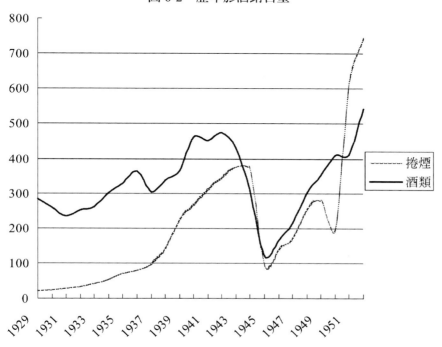

資料來源：台灣省菸酒公賣局，《台灣省菸酒事業統計年報（42 年版）》，頁 60～61。

從圖 6-3 可以發現，菸酒的配銷自 1947 年起均呈穩定成長的曲線；1950 年以後，菸酒的配銷漸漸趨近戰前的最高點。配銷辦理的成效，是公賣事業的關鍵，配銷的失衡是黑市所以孳生的原因。戰後初期政局混亂，因為查緝私菸導致了二二八事件，表面上這是因為緝私而引起的，實際上則導因於台灣省專賣局無力對管理零售商及配銷會進行有效的管理。戰後配銷機構的產生，類於商辦的性質，其人事與組織均未納入專賣機關系統中，公賣局為統一事權，在 1956 年時曾有自辦配銷的實施計畫，但由於各配銷所主任多自戰後起連任，收回自辦遭到巨大的阻力。〔註 33〕

〔註 33〕台灣省菸酒公賣局編，《台灣省菸酒公賣局局志》，頁 201。

三、菸酒的查緝與管理

公賣收益包含消費稅和利潤，私菸私酒的存在，嚴重威脅公賣業務，也影響國家的稅收。日治時期，對於私菸酒的製造與販賣，在管理上授權警務機關執行，在法治上對違反專賣法規者以保安處分，外國菸酒由海關禁止進口，限制極嚴。戰後台灣省行政長官公署初期，因處接收階段，加上戰亂所致之物資短缺與走私氾濫，台灣省專賣局未能及時因應，一度私菸私酒極為猖獗。由專賣局變革為公賣局以後，尤其在 1948 年，受到大陸搶購風潮的影響，物價強烈波動，在台北、台中、基隆、台南、高雄、新竹等地，香菸均有黑市，不肖商販壟斷市場，囤積居奇，導致公賣品價格脫離公定價格，甚至零售價超過公定價百分之四十。據當時調查，私菸猖獗地區最嚴重的地區是台中、豐原一帶；私酒則以屏東、新竹、花蓮、宜蘭為最多。〔註 34〕台中因是菸葉的重要產地，有切菸機、捲菸機的配合，生產並不困難。酒的私釀方面，小規模的私釀普遍存在，大規模的私釀，導因於供需的不平衡，在許多供不應急的城市，獲得存在的空間。在菸酒違章的查緝中，查獲之違禁物，除私菸、私酒外，捲菸機、切菸機、盤紙、製酒原料、冷卻機、押栓機、蒸餾機，皆在其列。這些菸酒違章案件以及違章物之處理，依照行政處分法令作成處分書送達，經訴願答辯後結案，違章物或變價、或收購、或銷毀，因法令繁瑣，違章物種類繁多，在處理上，也就常常積壓許久。〔註 35〕

如表 6-3 所示，違反專賣規則的情事，改組為公賣局後仍十分眾多。半年間，酒類的違章事件計有 303 件，菸類計有 280 件。公賣的議題仍然是社會大眾所注目，為了「徹底消除黑市」，1949 年，台灣省菸酒公賣局台北分局配銷會聯合會邀請零售商在台北市中山堂召開臨時大會。與會者除相關官員外，還有零售商，共計 895 名。會議中配銷會聯合會會長表示，各報屢屢刊登黑市的產生是配銷會及零售商操縱的結果，這樣的報導並不正確，因為自 2 月 1 日到開會的這一天（22 日），公賣局僅配發一次，且數量極少。為消除這樣的罪名，與會之零售商達成以下協議，並將該決議內容呈送省參議會。〔註 36〕決議內容摘要如下：（一）各零售商填具切結狀提交主管當局，以表示以後各零售商遵守公定價格。（二）以台北分局配銷會名稱登報，零

〔註 34〕台灣省菸酒公賣局編，《台灣菸酒事業統計年報（民國 42 年度）》，頁 44。
〔註 35〕台灣省菸酒公賣局編，《台灣菸酒事業統計年報（民國 42 年度）》，頁 47。
〔註 36〕台灣省諮議會檔案，全宗名「台灣省參議會」，典藏號 0012220038002，時間：1949 年 3 月 2 日。

售商皆遵守公定價格，如違反者各界嚴懲。（三）建議採取掛牌方式機動調整。（四）請警察局取締私販公賣品無牌照業者及攤販業者，以消滅黑市。（五）請公賣局大量增產公賣品，以應社會人士之需，以消滅黑市。（六）若將公賣品之配額改為零售商與合作社各半，將影響零售商之生計。

表6-3　菸酒公賣局違章案件處分報告表（1947.5～1947.11）

類　別	酒　類		菸　類			
違章案件	303		280			
已處分案件	283		251			
未處分案件	20		29			
違章品目	酒	空瓶	香菸	菸葉	菸絲	菸紙
緝獲數量	4.522公斤 356.5瓶 157.5桶 30,040瓶	60,694支	40,920包 11,512條 20,100支 146罐	22,579公斤	213公斤	128,757張
變價數量	4.223公斤 351.5瓶 141桶 22,878瓶	40,962支	10,920包 6,860條 2000支 96罐	22,579公斤	108公斤	
變質銷毀數量	299公斤 5瓶 165桶 7164瓶		5,456包 137條 1,650支 50罐		105公斤	4,357張
收購數量		19,732支	24,984包 915罐			
備考	剩餘差額未處理					

資料來源：台灣省諮議會檔案，全宗名「台灣省參議會」，典藏號0017130336001，題名『台灣省參議會第一屆第四次大會鄭品聰參議員詢問關於沒收菸酒數量經台灣省菸酒公賣局開具「本局成立至本年十一月底止違章案件處分報告書」案』，時間：1947年12月20至1948年1月7日。

　　違反專賣規則的問題只是單純私菸、私酒的問題嗎？或者問題的根源是在公賣局菸酒的配銷未能顧及消費者的需求、嗜好，致使部份的菸酒過剩，而部份的牌名之菸酒不足，因購買不易，致使黑市的形成。《經濟時報》有這樣的報導：「據市場人士表示，公賣局此項措施，……欲達到市場以限價交易，殊不容易，……除非是公賣局對於目前的配量，加以調節，配合實際需要，

如減少新樂園配量，增加雙喜配量，因為過去公賣局配售香菸新樂園最多，使市價比配價更低，雙喜卻因配量過少使市價超過配價，這一點是嚴格執行香菸限價時，應該注意的。」〔註37〕

其他，像台北地區之公賣品配銷會聯合訂定零售商公約，即：（一）不販賣私菸酒，及有關違反公賣法規之其他貨品。（二）不抬高或抑低公定價格，買賣黑市菸酒。（三）不囤積居奇，或整批轉售違反零售規則。（四）不越區運銷，販賣菸酒。（五）不接受任何人寄存私菸酒。（六）遵照規定定期領貨交款。（七）所領執照不轉讓別人使用。（八）接受主管分局監督。（九）認真檢舉私菸酒之製售。（十）不違反公賣法令。〔註38〕

《徵信新聞》在其社論〈如何消滅公賣品的黑市〉中，直指配銷方式的不當，是黑市形成的主因。以紅露酒為例，每瓶之定價雖是 6 元，然非至 7、8 元不可能買到。公賣局配銷僅依照各區人口數字分配，忽略了城鄉情況之不同，南部與北部人民愛好的差異，造成供應失調的現象。例如低級紙菸樂園、香蕉等不合市區人民之品味，零售商放棄領貨，或以低價轉售黑市，再尋求換取容易銷售的貨品。不法的商販便利用此一漏洞，向零售攤販收購配銷單，再行設攤販售。〔註39〕針對這個現象，建議改變現行配銷方式，切實調查各地區供求情況。監督配銷機構配銷業務且整理零售商及攤販，核對領貨，對不法或掛名拋售黑市竊利者，應予取締；同時，嚴格限制越區販售，防止公賣品流入黑市。此外，應提高公賣品的產量，改善公賣品的品質，嚴格查緝違法情事。

另有報紙批評，生產者（公賣機構）所獲的利潤，既沒有增加，消費者為了享受與過去同樣的物品，卻得付出高額的代價。造成黑市的操縱者，或將一部份香菸價格過分提高，或將一部份壓抑低過公賣價格，以獲取巨利。究其原因，一則由於公賣機構的配售失當，各種香菸的搭配，未能完全適合市場的需要，予以恰當的供應，導致這個結果。銷路遲滯的香菸配了出來，需要量大的香菸，反而缺貨。另一原因，為公賣機構所發的攤販執照，集中於少數人的手裏。蓋攤販執照係於 1950 年 6 月實行外菸公賣時登記製發的，目的在避免操縱，所有攤販權利均等。一年之後，持有執照者因為香菸請配不便與轉業等原因，攤販的執照輾轉流向少數人手中。這兩個原因，相因相成，黑市愈演愈烈。考量這個情形，公賣局首先調整配銷，改變不合需要的

〔註37〕《經濟時報》，1951 年 10 月 30 日，第 6 版。
〔註38〕《聯合報》，1952 年 4 月 5 日，第 3 版。
〔註39〕《徵信新聞》，1951 年 11 月 21 日，第 1 版。

配搭方式，力求供應的求普遍。第二，**整理攤販的執照**，使手執數張執照的香菸「大賈」瓦解。第三，成立了調查小組，一方面監視著整個香菸市場的需要、動向與發展，一方面向攤販們解釋公賣的意義，並擔任傳達菸販的困難與要求的橋樑。三管齊下，力求香菸黑市的消滅。〔註40〕

　　綜合當時報紙的報導與公賣局的資料，公賣局在解決當時問題分由三各方面進行。首先是加強查緝的工作：由警察局取締未遵守規定者，舉凡任意提高售價或販售非當地公賣局直接配售之香菸者均在其列。以基隆一地為例，凡私菸、軍用香菸或台北流入基隆之香菸均不得販售。換言之，菸酒的零售必須依照公賣局的配銷，不得自由流通、越區販售，違者將祭以吊銷執照的處分。〔註41〕其次，滿足市場需求，以消滅黑市：即充分供應熱門牌名之香菸，並指定零售商，由公賣局無限量供應該類香菸。為防止不肖者囤積取利，規定每一市民僅可購買 2～3 包。第三，**整理攤販**：除勸令香菸攤販按照公定價格出售外，強制解散黑市香菸攤販，加強配銷工作的管理。〔註42〕

　　關於黑市的成因，配銷機關、報紙、民意機關均指陳公賣局配銷不當與攤販管理不良所造成。要徹底的緝私，使私貨禁絕，公賣局應該確實根據各地需要，予以適當的調配。一味的採取強勢作風，進行查緝，並不是最佳的方法。不過，或與因為二二八事件的影響，此階段民眾對於公賣局的批評似乎有減少的趨勢。

〔註40〕　《聯合報》，1951 年 12 月 1 日，第 2 版。

〔註41〕　《聯合報》載：「菸酒公賣局基隆分局為消滅雙喜香菸黑市，曾於昨日召集香菸攤販代表座談會，勸令按照公定價格出售，各攤商當時均表願予遵守，惟據查本日仍有陽奉陰違情事，刻已由市警察局予以密切注意取締，並吊銷違章攤販之執照攤販們如要繼續經營菸業毋因小而失大，致使永無承銷權益，再者各攤販所售香菸應以基隆公賣分局直接配售者為限，其他私菸（包括軍用香菸）以及台北流入本市之菸類等均不得販賣，否則均將以販賣私菸論處，並將吊銷執照。」《聯合報》，1951 年 11 月 23 日，第 6 版。

〔註42〕　《聯合報》載：「菸酒公賣局台北分局為了撤底取締本市黑市香菸之繼續存在，及使市民能到處買到限價香菸起見，頃特決定自今（八）日起，在市內各鬧區指定四十八家零售商，以限價出售雙喜牌香菸（即每包廿支裝售新台幣四元），常日出售，其來源由該分局負責無限制供應；但為略加限制，並防不肖者從中囤積及取利，每一市民將規定最多祇可購買二包或三包。又該分局為充份供應攤販雙喜菸，以積極誘導黑市趨於完全消滅，自今（八）日起，攤販的雙喜菸配量，已決定增加為每次一條（按照規定，攤販每兩天申請一次），與配量最少時候，每次二包相較，見增五倍之鉅。」《聯合報》，1951 年 11 月 8 日，第 6 版。台灣省菸酒公賣局，《台灣菸酒事業統計年報（42 年度）》，頁 44。

第三節　菸酒公賣的檢討

　　戰後初期從專賣局到公賣局的變革中，由於菸酒的專賣收益，自日治時期以來便是各類專賣項目中收益最高的。因此，二二八事件後仍繼續辦理。本節將探討菸酒公賣利益的劃分及其對於台灣省政府財政的貢獻，從公賣「獨占」與「公營」的特質，探討菸酒公賣對於當時台灣社會經濟的影響。

一、財政方面

（一）公賣收益的劃分

　　1946 年國民政府修正〈財政收支系統法〉，該法第 1 章總綱明白說明「中華民國各級政府財政收支之劃分配置調劑及分類，依本法之規定。」〔註 43〕因此，台灣亦受此系統法的規範。關於專賣制度，第 3 章獨占與專賣第 14 條規定「中央政府為增加國庫收入或統制生產消費，得依法律之規定，專賣貨物，並得製造之。前項專賣為中央獨有之權，地方政府不得為之。」〔註 44〕。中央政府播遷來台後，立法院在 1951 年 5 月制定新的〈財政收支劃分法〉，該法第 2 節獨占與專賣收入第 20 條規定：「中央政府為增加國庫收入，或節制生產消費，得依法律之規定，專賣貨物並得製造之。」〔註 45〕因此，從法律的層面來說，在〈財政收支劃分法〉的規範下，專賣事業的經營與製造權均屬於中央政府，本階段台灣省菸酒公賣局仍不具有從事菸酒專賣的權限。及 1953 年，公賣局、省政府，以及中央各單位共同修訂完成「台灣省內菸酒專賣暫行條例」後，台灣辦理專賣始具法源。

　　歷年來專賣的收入十分可觀，如何分配，勢必引發爭論。從省參議會的議政過程中，我們發現公賣收益是各級政府希望能夠分沾的。1948 年嘉義市議會電請台灣省參議會及各縣市議會能夠一致主張將公賣局收益撥若干成為縣市經費。希望部份公賣收益可以歸諸地方，以稅收健全地方的財政，促進地方自治的推行。〔註 46〕對於此一豐厚的收入，1949 年中央政府遷台後，中

〔註 43〕中國第二歷史檔案館編，《中華民國史檔案資料彙編》，頁 93。
〔註 44〕中國第二歷史檔案館編，《中華民國史檔案資料彙編》，頁 95。
〔註 45〕〈財政收支劃分法〉於 1951 年 5 月 29 日制定，同年 6 月 13 日經總統公佈實施。立法院全國法規資料庫
http://lis.ly.gov.tw/lghtml/lawstat/version2/01508/0150840052900.htm
〔註 46〕台灣省諮議會館藏，全宗名「台灣省參議會」，典藏號 0012220037001，1948年 9 月 7 日。

央政府亦有意改變公賣收益的分配方式。1949 年省政府為了支援中央政府政務的支出，曾以「協助款科目」的方式，提撥一部份公賣收益給中央政府。〔註47〕1950 年〈財政收支劃分法〉制定，該項法規立法的意旨原在於規範中央、省與縣之間的財政收入與支出權限。此一法規對於各級政府收入的分配，首先是將各項租稅項目劃分為國稅與地方稅。其次是針對部份國稅或地方稅，規定其稅收某一特定比率必須與他級政府共分。由於該法規將專賣收益歸為中央政府所有，使得公賣收益的劃分變得相當複雜，專賣收益成為中央政府與台灣省政府之間的競爭，是台灣省政府極力保護的財源。

　　為了維護台灣省政府的收入，台灣省參議會第 1 屆第 10 次大會中，全體駐會委員緊急動議，反對立法院通過中央地方〈財政收支劃分法〉第 20 條適用予本省。台灣省參議會以該劃分法對台灣省影響極鉅為由，呈請中央政府仍准台灣省繼續辦理公賣事業並維持特別預算案。參議會將本項提案分別呈送蔣總統、行政院長、立法院長。在台灣省政府代轉行政院之訓令中提到：「查菸酒專賣依據財政收支劃分法第廿條及台灣省內中央及地方各項稅捐統依稽徵條例第三條之規定，本應由中央政府舉辦。惟台省菸酒專賣已有卅多年之歷史，光復以來因台省文物制度均與內地殊異，為平衡收支，迄予維持原狀未加變更，現該省辦理上項專賣頗具成效，占其歲入大宗，為各項經建事業之財源，其資產價值甚巨，均隸省有。一但改由中央自辦，不僅台省財源驟難抵補，即國庫亦乏鉅款可以資應。」〔註48〕為免影響中央與地方財政之平衡，行政院於 1951 年 6 月 13 日第 190 次院會決議「為適應台灣省事實需要，台灣菸酒專賣由中央委託台灣省政府代辦，其收入全部作為中央政府補助該省之款。」〔註49〕這項決議隨後報請總統，奉總統核准後，咨達立法院查照。

〔註47〕台灣省菸酒公賣局，《台灣省菸酒公賣局局志》，頁 18。

〔註48〕台灣省諮議會館藏，「台灣省參議會第一屆第十次大會駐委會第十九次會議全體駐會委員緊急動議為立法院通過中央地方財政收支劃分法第20條適用予本省影響本省前途極鉅，呈請仍准本省繼續辦理公賣事業並維持特別預算案呈請蔣總統、行政院長、立法院長鑒核，並於四十年六月二十日舉行第十一次大會座談會。」，全宗名「台灣省參議會」，典藏號 0012220040001，1951 年 6 月 5 日至 10 月 3 日。

〔註49〕行政院於 1951 年以台 40 財政字第 318 號訓令轉奉總統府秘書長統一字第 952 號代電，以奉總統諭台灣省政府專賣事業，准照行政院院會決議由中央委託台灣省政府代辦。台灣省諮議會館藏，全宗名「台灣省參議會」，典藏號 0012220040001，1951 年 6 月 5 日 10 月 3 日。

　　當時台灣省參議會因恐該項決議會因時、因人而異，便於 1951 年 6 月 20 日舉行第 11 次大會座談會，討論專賣的辦理與專賣收益分配事宜。會中黃朝琴議長就該次會議的意義及目的作報告，報告中指出：「立法院以專賣制度係屬全國性，應歸中央辦理，雖行政院所提之草案有經中央之特准，各省得辦專賣之但書，駐會委員會曾推本人與李副議長及馬參議員有岳向省府及中央陳情，結果由行政院規定專賣暫由本省辦理，收入暫時補助台灣，以維持台省財政。但此非根本辦法，如一旦政院人事異動，此項規定難保不變更，長久之計，似應請立法院修改法案。」最後會議中決議台灣省繼續辦理公賣業務，維持特別預算制度，以及會後由省參議會會同台籍立委建議立法院修改〈中央地方財政劃分法〉。〔註 50〕

　　財政劃分的爭議延續到台灣省臨時省議會時期，在第一屆第二次大會中，省議員提議中央政府准將台灣省菸酒專賣事業歸屬省政府經營，並將該案送請台灣省政府轉呈中央辦理。為表示慎重與廣徵民意，此一提案在提出前台灣省臨時省議會曾邀集全省各縣市議會正、副議長舉行座談，與會成員一致主張公賣事業應仍由省經營，請立法院修改〈財政收支劃分法〉第 20 條，將台灣公賣事業之收入列入台灣省預算以符實際。〔註 51〕

　　分析此一問題爭議的核心主要在於：第一，菸酒公賣利益的收入在省總預算為唯一財源，就 1953 年度而言，占總收入 46.59%，乃統籌支應之財源而不得特定其用途，如改為補助收入，即無法另編動用預算。其次，台灣省公賣之基本財產係屬省府所有，收入又為台省唯一主要之財源，似不能為財政收入劃分法之規定而忽視事實，將台省主要財源劃歸中央。最後，專賣收入歸於台灣省，台灣省財政收支即可平衡，毋須請求中央補助，反之，如將公賣利益收入劃歸中央，台省預算必無法編製。〔註 52〕

　　行政院所擬定的辦法，修正為「省政府經中央特許」亦得舉辦專賣。這項修正較之過去財政收支系統法中「專賣為中央獨有之權，地方政府不得為之」，或當時〈財政收支劃分法〉為迥然不同的修正。為了解解決中央與省政

〔註 50〕 台灣省諮議會館藏，全宗名「台灣省參議會」，典藏號 0012220040001， 1951 年 6 月 5 日至 10 月 3 日。
〔註 51〕 台灣省諮議會館藏，全宗名「台灣省臨時省議會」，典藏號 0026130341001， 1952 年 7 月 15 日～12 月 10 日。
〔註 52〕 台灣省諮議會館藏，全宗名「台灣省臨時省議會」，典藏號 0026130341001， 1952 年 7 月 15 日～12 月 10 日。

府專賣收益如何分配的問題，1952 年 9 月，立法院以菸酒專賣利益應依〈財政收支劃分法〉第 20 條規定爲由，將收入列爲中央政府總預算並依同法第 28 條之規定編列預算，專案送立法院審議。〔註 53〕公賣局事業預算除須遵照既有規定報請省政府核定後轉省議會審議外，自 1954 年起，尚須報請行政院核轉立法院審議，造成史無前例之雙軌審查方式。

　　戰後台灣菸酒公賣事業爲一項國營、行政組織式的獨占事業。菸酒公賣局雖然在名義上只隸屬於台灣省政府財政廳的三級單位，但是因爲其係中央委託省經營，必須接受省及中央政府的行政與立法雙重監督。其上級單位共計有財政廳、台灣省政府、省議會、財政部、行政院及立法院等六個機關，所屬上級單位層層約制下，公賣局是否能靈活的運作呢？在公賣局轉型民營化的過程中，不少的研究便指出了這個缺點，制度上的束縛是造成公賣局經營績效無法完全發揮的原因。〔註 54〕多重扞格的情況下，公賣局的營運與一般企業體不同，一般企業以降低生產成本、提供高品質的產品與服務爲目標，公賣局由於屬於行政組織，達成上級機關的要求與上級機關保持良好的關係反而更爲重要。〔註 55〕

（二）公賣收益對台灣省政府財政的貢獻

　　專賣局改組爲菸酒公賣局之後，菸酒業務日有進展，公賣的收入大幅提昇。《徵信新聞》（中國時報）有一個「市場人語」的專欄，經常針對當時社會狀況，批判時弊與道出特殊的現象。「推銷台糖，跑斷腿，菸酒公賣穩如山」，〔註 56〕該則新聞突顯了糖和菸酒這兩項產業，在 1950 年代台灣際遇的迥然不同。糖業，自台灣這塊土地和國際接觸以來，長期在輸出品中居於要位，在日治之時，

〔註 53〕 有關專賣利益的分配，《台灣省菸酒公賣局局志》所依據的〈財政收支劃分法〉爲後期修正版本，本文採用 1951 年制訂的版本，在法規的次序上因此有些差異。台灣省菸酒公賣局，《台灣省菸酒公賣局局志》，頁 18。

〔註 54〕 陳佳文，〈我國菸酒專賣政策及專賣制度之研究〉，國立政治大學財政研究所碩士論文，1986 年 6 月，頁 85～86。劉代洋，〈從社會、經濟、財政層面探討菸酒公賣事業開放民營之利弊得失〉，「菸酒公賣制度因應未來發展之研究」，台灣省政府研究發展考核委員會，1990 年 11 月，頁 2。又如《台灣省菸酒公賣局局志》的記載，因爲「省府與中央之預算編列方式略異，預算書須備二套，二級議會審查意見結果不一致時，公賣局必須『收入從高，支出從低』，運作極端困難。」台灣省菸酒公賣局，《台灣省菸酒公賣局局志》，頁 18。

〔註 55〕 王克陸，〈台灣省專賣組織制度之研究〉，國立政治大學企管研究所碩士論文，1980 年 6 月，頁 73～74。

〔註 56〕 《徵信新聞》，1952 年 12 月 26 日，第 2 版。

尤其如此。「台灣的輸出，全靠台糖一張王牌」，但外銷完全取決於國際市場，糖、樟腦皆然。菸、酒，雖不是民生必需品，卻是不可或缺的消耗品，有它固定的需求量，文中感嘆的說：「最近國際糖市場，已今非昔比，毋怪楊總經理（楊）要東奔西跑，親自兜生意了。台灣內銷以菸酒第一，范局長（范澤山）可以坐著賺錢『篤定泰山』，比楊總經理跑斷腿，其苦樂大不相同呢。」〔註57〕

戰後初期，台灣經濟面臨嚴重的危機，惡性的通貨膨脹，對台灣社會政治造成深刻的影響，進而引發了二二八事。關於戰後初期台灣的通貨膨脹，潘志奇有深刻的分析。潘認為台灣戰後的通貨膨脹，可分為外在與內在的原因。就外在而言，中國自抗戰以來，政治、軍事局勢動盪，政府財政惡化波及台灣。就內在的原因而言，台灣在戰爭期間，因為生產設備各項設施遭受嚴重損害，生產陷於停頓。戰後，台灣經濟的復原緩慢，農業生產減少，工業也未見恢復，物資供應短缺。繼又面臨大陸撤守，軍政機關播遷來台，人口的激增，加重了物資供應的負擔，助長了通貨膨脹的蔓延。〔註58〕

這段時期通貨膨脹的時間，大致自1945年至1952年止。一般遏制通貨膨脹的方法，大致有二類。其一，利用經濟社會本身的內在降低通貨膨脹的因素，如限制貨幣數量、所得重新分配之效果、租稅效果等，借著社會消費支出的減少，達到抑止通貨膨脹的目的。其二，政府採取貨幣政策、財政政策，以及幣制改革等抑遏通貨膨脹。戰後初期政府維持政府財政收支的平衡，也是循著這兩個方面著手。政府施政強調開源節流二者並重。在財源的開闢上採取籌募公債、徵收防衛捐、增加公賣收入、發售愛國獎券，以及處理公產公物和中央在台物資等措施，充裕政府的財政。〔註59〕

負責公賣局產品配銷任務者為公賣局設於各地之11分局與2辦事處，此外尚有承銷公賣局產品由零售商組成的配銷會。前文曾言，公賣局業務的發展不同於一般企業之處在於其所肩負的任務，一方面必須達成豐盈政府財政的目的，另一方面則須依照公營事業一般原則從事生產再生產。就財政目標的達成而言，公賣局繳庫數占全省歲入百分比由1947年的16.86%至1952年增加到40.43%，增長的程度顯而易見（參見表6-4）。從公賣局的生產營業成績來說，公賣局的銷售逐年提升，公賣收益逐年的增加，解繳省庫的比例數

〔註57〕《徵信新聞》，1952年12月26日，第2版。
〔註58〕潘志奇，《光復初期台灣通貨膨脹的分析》（台北市：聯經出版公司，1980年），頁43～78。
〔註59〕潘志奇，《光復初期台灣通貨膨脹的分析》，頁113～117。

字亦年年激增。但是，公賣局的業務費用、管理費用及其他費用則呈緊縮的現象。顯然，1947 年到 1953 年這段期間，滿足政府財政的需求乃是公賣局最首要的任務。特別是自 1949 年以後，公賣局的銷售收入解繳省庫的比率均在 50%以上。而從公賣收益在台灣省歲入總金額所占的比例來看，自 1950 年開始，平均皆在 40%以上。在戰後台灣經濟展的過程中，政府以專賣制度來替代菸酒稅的課徵，菸酒公賣利益對台灣省政府財政的收入具有顯著的貢獻。

　　戰後初期專賣制度除以企業獨占利潤的方式徵收專賣利益外，尚背負了公營事業的價格政策及其他任務，以專賣方式取代各稅之課徵，例如關稅、貨物稅、菸酒稅、營業稅，以及營利事業所得稅等，這些租稅的課徵，各有其課稅的特殊意義，彼此的功能各不相同。專賣的方式雖然有簡化之便，但由於將租稅政策之目的與企業個體經營之目標相混，模糊了專賣制度之目的。不過，因為按照〈財政收支劃分法〉第 6 條與第 8 條之規定，關稅、貨物稅籍所得稅皆為國稅，因此菸酒改行課稅，除了菸酒專賣意圖以強制利潤的獲取達到抑制消費的效果將會失去外，對台灣省政府來說，省政府的收入必定減少，對於省政府的影響過鉅。

圖 6-3　公賣局營業成績圖（1947～1952）

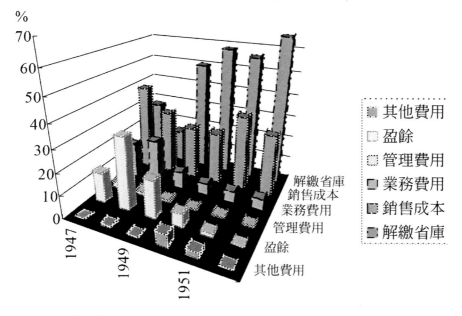

資料來源：根據台灣省菸酒公賣局編，《台灣菸酒事業統計年報（民國 41 年）》，頁 8 製圖。

表 6-4　台灣省總歲入暨公賣局銷售收入與公賣局繳庫數比較

單位：元

	全省總歲入金額（A）	公賣局銷售收入（B）	公賣局繳庫數（C）	C/A	C/B
1946	2,808,344,416	320,315,503		11.45	
1947	8,289,632,171	1,150,000,000	1,397,317,224	13.87	27.62
1948	62,980,320,364	43,021,807,009	6,650,000,000	10.56	15.45
1949	105,713,876	46,859,939	23,434,332	22.17	50.00
1950	386,775,124	270,494,041	157,747,021	40.71	58.32
1951	663,799,593	566,851,074	273,000,000	41.12	48.16
1952	1,041,528,983	833,256,173	421,100,000	40.43	50.54
1953	1,272,609,143	1,054,800,087	589,500,000	46.32	55.89
1954	1,531,294,744	1,279,845,662	716,073,356	46.76	55.95
1955	1,977,006,242	1,516,661,601	979,631,285	49.55	64.59

說明：
（1）「C/A」表公賣局繳庫數占全省總歲入百分比。
（2）「C/B」表公賣局繳庫數占本局銷售收入百分比。
（3）單位：1949 年前爲台幣，以後爲新台幣元。
資料來源：《台灣菸酒事業統計年報（民國 41 年度）》，頁 6。《台灣菸酒事業統計年報（民國 44 年度）》，頁 9。

二、菸酒公賣的影響

（一）公賣價格與物價

公賣品價格的調整，刺激民生物價的起伏，動輒觀瞻，包括媒體輿論、民意機構均認爲公賣品不應該動輒以反映成本提高售價。地方議會中如屏東市參議會決議「公賣品及公營事業物價提高，雖爲平衡物價刺激物資，影響社會經濟，擬請政府暫勿提高以安民心」，會後屏東市參議會將決議函送台灣省參議會，請台灣省議會共同響應建議制止公賣品提高價格，以穩定市場的決議。〔註 60〕在省參議會，參議員李友三、李萬居、劉闊才等在大會中以臨時動議的方式，提出「請公賣局切勿擅自抬高菸酒價格案」。此項提案理由有三：第一，自幣制改革以來，菸酒價格提高數次，可謂不合理。第二，每逢

────────────

〔註 60〕 台灣省諮議會檔案，全宗名「台灣省參議會」，典藏號 0012220038004，時間：1949 年 9 月 20 日。

提高價格時，任意遞減出品，造成黑市，如斯常套手段，不但不合理且刺激物價高漲。第三，十一月以來「樂園」皆無出品，無論都市僻地無處不見樂園香菸，可謂奇觀。〔註61〕

　　台灣省參議會將本案送台灣省政府，台灣省政府的答覆表示：公賣局菸酒漲價是基於反映成本與維持公賣利益。菸酒售價在上半年菸酒改革之前遠較一般物價指數爲低，而製造菸酒之材料則與一般物價同樣上漲，公賣局爲依照台灣省生產事業管理委員會保持百分五十公賣利益之決議，自應予以調整。反之，倘市價已高而公價仍不變動，不但影響省庫收入且與一般物價失其平衡，圖增商人過分得利之機會，對於消費者並無實益。另一方面，公賣局駁斥參議員對於公賣局產品配銷不足的指控。公賣局表示該局產品按月份經營配銷，從無間斷。關於產銷數字均有帳冊可供稽查，原動議所謂遞減出品，造成黑市及 1949 年 11 月以來樂園菸均無出品，而都市僻地無處不見樂園菸等，是省參議員未查明眞相。另關於樂園香菸漲價的情形，所謂 1949 年 6 月 15 日樂園菸爲每小包 5500 元，1949 年 11 月下旬，每小包爲新台幣 5 角（折合舊台幣爲 2 萬元），該動議所列漲至 556.38%亦非事實。

　　除了民意機關不認同公賣局隨物價上升即反映成本調高菸酒售價的作法外，其他諸如報紙評論也強調：「政府經營的事業機構，在春節前後的一段時期中，切不可自亂步驟，貽民間以『領導漲價』的口實。例如最近菸酒公賣局的調整菸價，……，在時機上說，都是忽視春節對物價關係，殊屬不智。」〔註62〕關於專賣品的價格，二二八事件前《民報》亦曾有過批評和建議。顯然，一般人均認爲專賣價格，有助長物價波動的作用，專賣價格的決定應該要力求公允，專賣價格的調漲更應衡量其對社會經濟將會造成的衝擊。

　　市場經濟中，獨占價格的決定，往往以最高利潤爲依歸，或可薄利多銷，或可厚利少賣。但專賣並不相同，專賣價格的決定應該要考量它的專賣目的，是公益專賣？抑或財政專賣？就台灣菸酒專賣的目的觀察，顯然以財政專賣的性質居多。菸酒專賣之目的若屬「寓禁於徵」、「寓徵於價」，似應採用厚利少賣的型態。但台灣菸酒專賣實際情況卻不是如此，台灣菸酒事業，政府採取的態度與一般民營企業僅有些許差別，政府雖期望台灣菸酒公賣局的營運

〔註61〕　台灣省諮議會檔案，全宗名「台灣省參議會」，典藏號 0012220038005，時間：1949 年 12 月 3 日～1950 年 4 月 19 日。
〔註62〕　《聯合報》，1952 年 1 月 17 日，第 1 版。

獲利可不斷提高，至少必須達到預期成效；但是公賣局卻不能明目張膽的希望人人皆吸菸，人人皆喝酒。就如同省財政廳長徐柏園在省議會中所說：「政府決不增加菸酒公賣價格作為調整文武職公務員待遇的財源，因為靠公賣收益來改善待遇，並不妥善。其理由是：政府固無法禁止人民吸菸喝酒，但亦不能獎勵人民吸菸喝酒。」〔註63〕顯然，本省現階段菸酒公賣的目的絕非「寓禁於徵」。若真要「寓禁於徵」，依照各種菸酒所含的尼古丁、酒精含量的高低來課徵相對比例的消費稅，所達成抑制菸酒消費的效果，將比採行專賣更佳。況且公賣收益居於台灣省財政歲入之首，果真「寓禁於徵」，必將造成政府財政赤字，而公賣局不斷擴大生產，政府握有如此龐大的菸酒生產機構，根本談不上是「寓禁於徵」。專賣局是台灣省政府財政困難、銀根緊縮之時，增加政府收入、支持政府解決財政困難的首要方法，故即使在遭逢二二八事件如此大的社會抗爭，民間廢止聲浪不斷，專賣制度沒有全部廢止，全面開放民營採取課稅的方式，僅僅作了專賣項目的縮減，仍行菸酒公賣，以專賣獨占的方式由政府統籌經營。

綜觀各國菸酒稅制，無不以「國民健康」及「財政目的」為主要考量。菸酒有礙身體健康，甚至加重社會成本的負擔，部份國家雖未採取專賣的方式，也多對菸酒產品課徵特種銷售稅。為達「寓禁於徵」的目的，通常菸品稅賦隨該菸品之價格增加，採取高稅額政策，而酒品則依照酒精濃度的高低來定。台灣省菸酒公賣局兼具行政管理機關及公賣事業之雙重角色，公賣品的價格過去均隨通貨膨脹調整而增加。台灣菸酒專賣，在公賣利益方面，除屬公營事業公賣局繳庫之盈餘外，實際上還包括免徵之貨物稅、營業稅、營利事業所得稅等。以專賣的方式取代各種稅的徵收，雖然簡便，但由於將租稅政策的目的與企業個體經營目標相混，雖然使得菸酒公賣局的利潤獲得獨占的保障，但也造成專賣目的之矛盾與衝突，作法值得商確。

（二）菸葉的種植

依據「台灣省內菸酒專賣暫行條例」第 7 條之規定，台灣地區菸草之種植應受專賣機關管制，非經專賣機關之許可並獲發許可證，不得種植。每年至收穫期，均有收購價格的歧異或菸草等級的區分的，菸農與菸酒公賣局發

〔註63〕《聯合報》，1953 年 12 月 18 日，第 3 版。

生糾紛。〔註 64〕公賣局與菸農因爲菸葉的收購問題，處於拉鋸的狀態。對公賣局而言，菸草收購價格不如菸農預期時，菸農吝於將菸葉售出，影響公賣局香菸的生產；反之，若提高菸葉收購價格，必減少公賣收益，增加政府財政負擔。以 1951 年爲例，公賣局擬定的收購價格平均爲每公斤 6.84 元，菸農預期的平均價格爲 10.8 元，差距之大明顯可見。公賣局除派出各局職員勸催之外，別無他法。在菸農方面，因公賣局該年度上等菸草之價格每公斤僅有 16 元，菸農認爲收購價格過低。爲了改善售價，菸農則向省參議會駐會委員陳情，省參議員透過議會的諮詢，借著拜會主管當局省財政廳長，轉達菸農提高菸草收購價格的意見。〔註 65〕此外，菸農與民意代表認爲，公賣局所採取生產成本調查均未符合實際，偏於理論。自戰後接收以來，每年均發生糾紛，應加以改善。其次，菸葉之耕種係專賣制度之委託經營，政府對菸農之收購價格係屬賠償性質，因此菸農主張以公平合理之原則決定生產，乃理所當然之要求。〔註 66〕台灣省參議員請政府令飭公賣局應切實調查菸葉生產成本，用公平合理的價格收購菸草，以免每年發生糾紛。

究竟公賣局的價格合不合理呢？1951 年公賣局在台中、嘉義及屏東按價分等收購的過程並不順利。惟公賣局表示，該年度菸葉的收購價格遠高於國際市場的菸葉價格，比起日治時期，一包捲菸折合兩斗米的市價計算，本年收購價格也超過了日治時期。那麼，菸農提高菸葉收購價格的原因何在？其因在於趨利的心態與公賣局管制不當。各地區菸農因前一年度種植菸草的獲利豐厚，紛紛自行增加耕種面積。以台中來說，公賣局核定的耕種面積爲 2,700 甲，農民實際的種植面積是 4,200 甲。其它，嘉義和屏東超耕的面積同樣遠遠超過公賣局所核定的面積。〔註 67〕種植的面積增加了，公賣局配發的肥料並未相對增加，單位面積所施之肥料量大幅降低，致使收成的菸葉等級降低。

〔註 64〕 例如，1952 年中部菸農認爲公賣局收購價格過低，檢驗菸葉等級過嚴，發生磨擦。導致霧峰、內新、太平、軍功等地菸農，抵抗拒繳菸葉，並具陳情書要求公賣局提高收購價格及放寬檢收等級後才肯繳納。《聯合報》，1952 年 4 月 27 日，第 6 版。

〔註 65〕 《徵信新聞》，1951 年 4 月 3 日，第 1 版。

〔註 66〕 台灣省諮議會館藏檔案，全宗名「台灣省臨時省議會」，典藏號 0026130343006，時間：1954 年 8 月 26 日。台灣省臨時省議會第二屆第一次大會議員劉金約、李卿雲提案建議政府令飭公賣局應切實調查菸葉生產成本並以公平合理之價格收購以免每年發生糾紛案。

〔註 67〕 《徵信新聞》，1951 年 3 月 29 日，第 1 版。

低等菸葉所得的收益未能如預期一般，農民自然會覺得收購的價格過低。對公賣局而言，大批的低等菸葉，不但無助於公賣事業品質的提升，除了必須支付超額款項，同時影響了香菸的生產品質。

公賣局長徐澤山便說：「菸葉管理歷年來認爲最難解決的是收購價格和禁止私耕的問題」，〔註68〕由於公賣局對於菸葉的生產成本，沒有詳細的調查，菸葉價格逐年上升，菸價逐年提高，1949 年 1 公斤的菸價約折合蓬萊米 3.05 公斤，1950 年是 6.20 公斤，1951 年爲 8.69 公斤，除造成政府財政的虧損外，似也過分獎勵菸葉的生產。至於私耕菸葉，按照專賣法令本應要剷除沒收，但是「歷年以來，因爲政府沒有認眞執行，對於菸農也沒有盡到宣導和告誡的責任，爲了遷就既成事實，只好減價收購」，「可是公賣局，許可菸草種植是按照製造捲菸的需要而定的，超過需要的部份，除了積壓資金和存滿倉庫以外，並沒有用處」，「因爲私耕菸葉的收購價比許可菸葉爲低，菸農在繳售許可菸葉時，早已把高等級的私菸混到裡面，剩下來的全是低等菸葉」，故徐局長認爲，任由這樣的現象再延續下去，私耕的問題便可把公賣局拖垮。〔註69〕菸草的種植及管理實在是維繫菸業發展不可忽略的問題。

在菸酒公賣局轉型民營化後，菸農的保障收購在 2007 年即將畫下句點，檢討專賣制度下菸草的種植的政策，菸農在公賣局的約束下不可以改變種子及生產方式，台灣菸農在保障收購的情況下如同「公務員」般照著時節耕種菸葉，和其他農業比起來，菸農是「受保護的既得利益階級，這一方面卻也形成了同業農民中相對的不公平現象。畢竟過高的價格收買無異是一種變相的補貼，也可能造成資源的配置不當。」〔註70〕然而，「菸草作爲國家財源之一的專賣品，從生產、加工，到製成成品，無一不在國家的控制下進行。」〔註71〕專賣下菸草的栽種關係中，菸農與公賣局的地位

〔註68〕 〈台灣菸酒公賣現況〉，徐澤山講於省黨部，《徵信新聞》，1953 年 3 月 11 日，第 2 版。

〔註69〕 〈台灣菸酒公賣現況〉，徐澤山講於省黨部，《徵信新聞》，1953 年 3 月 11 日，第 2 版。

〔註70〕 劉代洋，〈從社會、經濟、財政層面探討菸酒公賣事業開放民營之利弊得失〉，《菸酒公賣制度因應未來發展之研究》，台灣省政府研究發展考核委員會，1990 年 11 月，頁 3～4。

〔註71〕 洪馨蘭，《菸草美濃——美濃地區客家文化與菸作經濟》（台北市：唐山出版社，1999 年），頁 83。

是否對等？這是一個複雜的課題，本文無意進一步延伸。這幾年來，諸多關於「末代菸農」的報導，引發個人這樣的感觸，進一步的發覺，在專賣制度的相關研究中，多半著重於菸酒公賣的收益、菸酒的課稅理論、菸酒與消費的關係、公賣局的經營成效等，鮮少觸及專賣制度對於台灣農村生態與農業發展的影響。從台灣歷史發展的過程中來說，專賣制度衝擊的並不僅限於菸酒消費的過程，在其菸酒原料的生產過程中，對台灣農村與農業具有深刻的形塑作用。

（三）社會公平的問題

公賣局兼具菸酒行政管理機關與公賣事業雙重的角色，有政府政策與法令保護其產品之製造與銷售。影響所及，不僅止於菸酒，甚至沒有關聯的食品業也受到波及。由於醬油必需用酒瓶容器盛裝，以免變質，醬油業者有收存瓶子的必要。然而，在專賣局「為供應酒類容器，維持專賣業務」、「為防止冒用本局（專賣局）名儀，製造私酒」，存有印製「台灣省專賣局」、「台灣專賣局」字樣之空瓶者，無論多寡均應申請收購情形下，無形中牴觸了專賣的法規。例如台南市醬油業者基於營業的需求，囤積空酒瓶，為台南市警察局第四科查封。台灣省警務處行文醬油業者「查製造醬油業者所用之貯藏醬油之醬油瓶，儘可購用其他酒瓶，如發現有『台專』、『專賣局』等字樣之酒瓶，仍在管制之列」。〔註72〕又如神農製藥工廠的依法申請製造出品之神農人參滋強液，因菸酒公賣局認為該項產品為私製酒類，將之查緝沒收。該工廠負責人因此向台灣省臨時省議會陳情，懇請公賣局屏東分局能夠迅速予以發還，避免無端遭受損失。〔註73〕藥酒是不是酒呢？公賣局認為藥酒，是「冒充藥品，公然向衛生當局登記發售」的假酒。〔註74〕專賣制度在法令的保護下，它的獨占性由此可知。

台灣因氣候炎熱，啤酒在夏天是十分暢銷的酒類，在戰後初期，啤酒逐漸流行。然因工業技術與原料的限制，耐高壓玻璃的生產不易，酒瓶數量的不足，影響了啤酒的產量。啤酒暢銷，公賣局產量難以配合的報導，在夏日時有所見。因為啤酒購得不易，有報紙諷刺的稱：「市面上的啤酒，忽然絕跡，

〔註72〕 台灣省諮議會檔案，全宗名「台灣省參議會」，典藏號0022220242001，時間：1953年4月2日～1953年6月18日。
〔註73〕 台灣省諮議會檔案，全宗名「台灣省臨時省議會」，典藏號0022220242001，時間：1953年4月2日～1953年6月18日。
〔註74〕 台灣省菸酒公賣局編，《台灣省菸酒事業統計年報（民國42年）》，頁44。

是否學會了隱身法。」〔註75〕由於啤酒的盛行，一種名為「非啤酒」的飲料，在當時台灣社會引起不少波瀾。「非啤酒」，在1951年的台灣曾經流行，它是什麼？是種具有啤酒味道的發泡汽水，戰前台灣已經有製造，日文稱作「ノビール」，英文為「No Beer」，戰後才有「非啤酒」這個中文名稱。為免去雷同的困擾，菸酒公賣局向台灣省政府建議，取締「非啤酒」這種飲料。因為「非啤酒」的商業圖案與該局生產啤酒所用之圖案相似，在「非啤酒」的商標上還冠有啤酒字樣，甚至需要用到公賣局啤酒的酒瓶，意圖影射的企圖明顯。非啤酒影響公賣產品的銷售，公賣局盼能停止其製造，如再製造則應變更名稱，並不得再使用啤酒瓶。〔註76〕於是，台灣省政府通令全省汽水製造業者，必須遵守以下規範：第一，自1953年3月1日起，各汽水廠不得再作非啤酒廣告。第二，1953年6月底後各成品銷售仍未完了，呈請展期以兩個月為限。第三，使用啤酒瓶應暫時依1952年度實際情形，以使用不合格之啤酒瓶為原則。第四，新商標不得再影射啤酒標貼。〔註77〕

「非啤酒」飲料本身並不違法，其所以被禁止，在於名稱上有個「酒」字，何以受歡迎？引述當時的看法，其因在於該飲料本身其實是汽水，有啤酒味道的汽水，喜歡喝汽水的人會選用，不喝酒的人也可以「非啤酒」代酒，加上「非啤酒」每瓶只要3元，而啤酒每瓶單價在10元以上，不僅售價比較高，而且不一定買得到。〔註78〕曾經有老闆擬定以每人一瓶啤酒犒賞員工，花了許久的時間，市面上根本買不到，只好以「克難啤酒」替代。〔註79〕所謂「克難啤酒」，便是以少許紅露酒、白露酒或高梁酒摻入非啤酒中，味道據

〔註75〕《徵信新聞》，1952年6月17日，第2版。

〔註76〕當時，台灣各地生產非啤酒的工廠有十幾家，為商討對策，省商聯會汽水小組召開委員會討論省政府明令禁用非啤酒名稱一案，會中決議，將非啤酒產品改名為「鮮泡汽水」。此外，會中還決定：（1）因台灣無製造高壓瓶之設備，故決定向當局陳情，准予繼續使用啤酒瓶。（2）推派代表，向省臨時議會及財政廳，公賣局陳情，要求放寬原有產品售完限期。之後，省商聯會汽水小組鑑於應改用之新商標圖案設計及印刷尚需時日，而現有剩餘非啤酒商標為數甚多，為免將有用之物資廢棄不用，特呈請省府體卹商艱，暫准以舊標紙蓋以鮮泡汽水代用。《聯合報》，1952年10月12日，第5版；1952年11月30日，第5版；1953年3月17日，第5版。《徵信新聞》，1952年11月23日，第1版；1952年11月26日，第4版；1952年11月29日，第4版。

〔註77〕《聯合報》，1953年3月26日，第5版。

〔註78〕《徵信新聞》，1952年11月23日，第2版。

〔註79〕《徵信新聞》，1952年6月17日，第2版。

說與真啤酒極爲相似。此外，有不肖人士，以非啤酒混入真啤酒中，牟取利潤，不但影響公賣局啤酒的銷路，更破壞公賣局的商譽。公賣局急欲消除「非啤酒」的原因不難理解。

酒瓶問題是公賣局酒類生產能否正常的關鍵。在許多 50 歲以上的人記憶中，可能曾有過在宴會場合中，碰一聲，整瓶酒或汽水爆破的印象，其因是當時的玻璃製造不像現在，抗壓耐熱的承受度均不足。50 年代初期台灣玻璃瓶廠仍是以碎玻璃爲原料，所製成的瓶子呈綠色，僅可用來裝醬油和汽水。至於裝啤酒和「非啤酒」的瓶子，因啤酒和「非啤酒」中含有許多的氣體，均需使用以硅砂和化學原料高壓製作而成的瓶子。戰後，公賣局酒瓶工廠的生產的是以碎玻璃做原料的酒瓶，自戰後接收以來，啤酒瓶子愈用愈少，嚴重影響啤酒的增產計畫。公賣局在 1950 年，冒著進口奢侈品的罪名，自日本購入啤酒，它的用意與取得啤酒瓶有密切的關係。爲增加啤酒產量，因應市場需求，公賣局也曾以菸絲與琉球交易，換取啤酒瓶。〔註 80〕公賣局不許「非啤酒」使用「酒」字，因爲酒屬於公賣品；不許「非啤酒」使用公賣局酒瓶，因爲這對公賣局啤酒生產的影響極大，況且，酒的容器禁止民間使用，早經明令禁止。

台灣菸酒的公賣在「台灣省內菸酒專賣暫行條例」的保護下，兼有行政管理權與產銷經營權的台灣省菸酒公賣局，與民營業者形成不公平的市場競爭；對消費者而言，其選擇權並未受到重視，菸酒價格、種類、品質受限，消費者選擇少。在營運績效上，成效不佳。1985 年起，隨著行政院經濟革新委員會的成立，陸續有開放民營的聲音，政府有意將公賣制度廢止。1990 年起，我國爲重返國際社會，積極申請加入「關稅暨貿易總協定」（General Agreement on Tariffs and Trade，簡稱 GATT）。鑒於 GATT 的宗旨在於消除各國間之貿易障礙，實現世界貿易之自由化，爲免入會談判失敗，加深了菸酒制度變革的迫切性。1999 年立法院三讀通過「菸酒管理法」，「暫行」了半個世紀的「台灣省內菸酒專賣暫行條例」宣告終止。2002 年元旦台灣進入世界貿易組織（WTO）正式生效，爲達成加入 WTO 的承諾，台灣百年歷史的專賣制度同時也廢止了。台灣菸酒改行稅制；「台灣省菸酒公賣局」在同年 7 月 1 日正式改制爲「台灣菸酒股份有限公司」。

〔註 80〕除此外，爲了取得酒瓶，台灣還曾以兩萬簍香蕉輸日，換了 360 萬個啤酒瓶。《徵信新聞》，1952 年 11 月 23 日，第 2 版。1953 年 3 月 26 日，第 2 版。

第七章　結　論

　　第二次世界大戰後，世界上近百個殖民地獲得獨立，其追求民族解放的
過程相當艱辛。當然，也有不少的國家在政治體制上獨立了，在社會、經濟
乃至於文化思想卻依然深具殖民主義的色彩。戰後的台灣雖然解除了日本的
殖民統治，但是不同於許多的殖民地國家，台灣的問題更爲複雜。因爲台灣
自日本殖民解脫後，重新回歸「祖國」，成爲中華民國的一個省份，在睽違了
五十年後，台灣島民帶著狂歡與期待的心情，迎接「祖國」的到來；祖國則
帶著「古色蒼茫的台灣觀」開始接收的工作。〔註1〕在兩不相識的情形下，台
灣「光復」僅僅一年四個月之後，即發生二二八事件。1945 年到 1947 年這段
消除「日本化」轉爲「中國化」的過程中，在政治、經濟、社會與文化各方
面，有著怎樣的發展，令人好奇。

　　戰後初期經濟政策與措施的失敗，被認爲是二二八事件的重要原因。戰
後的普遍性的經濟問題，台灣自無法倖免，物價的上漲直接衝擊民眾的　生
計，台灣省行政長官公署卻無法控制。故有人嘆道：「台灣與祖國隔絕半個世
紀，頭一次發生聯繫，竟是由物價騰漲開始。」〔註2〕

　　關於專賣局的部份，本研究由日治時期專賣事業在台灣實施的歷史背景
出發，透過戰前專賣事業的施行實況與制度運作的過程，剖析 1945 年到 1947
年這個關鍵年代中，台灣政治經濟轉型成敗的關鍵。從戰前台灣的專賣，我
們可以看見清代台灣在清廷與西方互動的過程中，受到西方勢力與文明的影

〔註 1〕林衡道，〈二二八事件前後的回憶〉，《口述歷史 2》（台北市：中央研究院近代
　　　　史研究所，1991 年），頁 207～236。
〔註 2〕葉榮鐘，《小屋大車集》（台灣省台中市：中央書局，1977 年），頁 207。

響，陸續的以官辦的方式，開發台灣的資源。然受到人事變遷與外在勢力的影響，清代的專賣，除了鹽以外，談不上有什麼具體的成果。日人治台以後，雖然對於台灣各種產業與慣習均作了詳實的調查，但是在專賣部份，似乎是抱著保留的態度，並未一開始即採行。從 1899 年專賣局所管理的鴉片、樟腦與鹽的專賣目的分析，三者專賣的目的均不一，縱使鴉片、樟腦的專賣收益可觀，並不適合單以其在財政歲入的業績，認為專賣局的設立是在滿足其財政預算的需求。但自 1905 年的菸，1922 年的酒專賣施行以後，以菸酒專賣收入在歷年台灣總督府財政歲入中所居比例之高，所謂「政府企業收入最重要部份為菸、酒、鹽等專賣。日本殖民地當局通過政府企業直接榨取台灣人民」的說法可以理解。〔註 3〕1943 年以後，菸酒專賣的收入並未因戰時產量的減少而遞減，仍然呈上升的走勢，原因或可歸諸於日人的統治力量。由於警力的配合，日人對民間各種物品的管制及產量的徵收與分配，相當有效，且由於處在戰爭狀況，台灣並未出現全島性的不滿活動。

「光復」曾給台灣人民帶來希望，然而從特殊化的行政體系到特殊化的專賣政策，卻讓台灣人感到失望。專賣政策在接收前，便有爭議存在，除了「菸、酒、林、礦、樟腦，俱屬日政府專營，而各地批發又專歸日商，且橫徵暴歛，無孔不入」的原因外，〔註 4〕從戰後初期專賣制度的決策過程來看，過程中缺乏了對台灣民意的尊重。專賣事業的辦理是根據陳儀被任命為台灣省行政長官後，蔣中正「匆匆批示」的〈台灣接管計畫綱要〉與徵收國稅「暫行」辦法。從整個專賣政策的延續與實施過程觀察，雖然陳儀所領導的台灣省行政長官公署，在接收台灣之前，對台灣的各種情形也作過研究，但戰後台灣專賣的辦理，似乎只著眼於專賣政策的成效，對於專賣事業的實際運作，並無完整的認知與計畫。雖然有專賣局，但無力執行專賣品產、製、運、銷的業務。這一點由攤販的產生與私貨的充斥可以證明。

關於二二八事件的發生，現有的研究成果有極為詳盡的探討。但本研究所關懷的焦點不在此，本研究感興趣的問題在於一個既有制度的延續，何以招致如此大的反彈？並成為二二八事件的引爆點。以下分別就專賣制度的決策面與運作過程中相關的問題作一歸納分析。

就政策的決策而言，專賣事業的辦理，總督府之專賣規則多半經過日本

〔註 3〕段承璞，《戰後台灣經濟》，頁 107。
〔註 4〕廖文奎，〈台灣光復同志宣言〉，《台灣月刊》（創刊號），1945 年，頁 1～2。

國會的同意，受到其國家資本主義的保護，得到日本政府的支持。反觀台灣省行政長官公署時期，非但初期專賣的辦理沒有法源，在 1946 年所公佈的各項專賣規則，也均屬於台灣省內的單行法，對廣大的中國，不具規範的作用。再者，日人治台，各項專賣事業的推動均配合著其在台灣的統治而進行。在推動的過程中，雖不免有雜音，但因為他的統治基礎穩固，且在推動各項專賣品的專賣前，已經過調查研究，故可將障礙次第的排除。最後，從專賣收益的角度來看，日治時期之專賣收益非常龐大，除了在戰爭時期挪作軍費的比例較大外，不少的專賣收入被用在台灣本地的建設，有著具體的成效。

專賣制度是一種時代的產物，加上專賣制度本身具有統制經濟與日本殖民經濟的特質，繼續辦理，並不符合台灣人民對「台灣光復」的期待。雖然中國國內在二次大戰期間也實施專賣制度，將火柴、菸類、食糖及鹽等列入專賣，但在戰爭結束時，各項專賣陸續廢止。單獨台灣一省實施專賣制度，不論從台灣過去的歷史經驗或者是由台灣回歸中國統治的角度著眼，給予台灣人的印象並不好。台灣專賣局與台灣省行政長官公署的體制一樣，均與國內各地的制度不同，具有特殊化的色彩。

就專賣政策的運作而言，戰後的專賣制度明顯缺乏計畫性。各項專賣項目雖以無專賣必要而廢止，但是像鹽、石油的廢止過程中，均有中央經濟部、財政部乃至資源委員會介入競爭的情形，中央部、會的干涉影響了台灣專賣事業的辦理。在中央與地方權力的角力下，專賣品的辦理專賣與否，非但沒有規劃可言，且具有妥協的色彩。人事是維持制度運作的關鍵，從人事方面，戰後各個行政機關中，啟用台人的情形並不普遍，專賣局亦然。專賣局在接收之初，是以留用日人管理專賣事業，在日人離台後，專賣局由總局到各個工廠，重要的職務均招募內地人擔任，台灣籍人士並未受到重視，十幾個分局與工廠，局長、副局長等職缺多數由外省籍擔任。此外，外省籍人士的待遇有多重的加給，本省籍人士則無，同工而不同酬，在台人眼中，心中自然不能平衡，雖未引發像二二八事件這樣大規模的抗爭事件，但零星的抗爭，像罷工抗議的事件則不能免除。

查緝工作對於專賣事業的維繫有重要的功效。戰爭後期由於軍糧的缺乏，部份種植菸草的耕地改植穀物，加上人力的徵調與戰爭空襲的破壞，對於菸、酒、火柴的生產影響不小。戰後菸、酒、火柴的產量在 1945 年、1946年降到最低點。雖然菸酒的消費會隨經濟枯榮與專賣品價格的高低影響而起

伏。但菸酒為嗜好品，在質與量方面，仍有其一定的需求量。由於中央與地方法制的差異，台灣省外的香菸、酒類不斷流入，是專賣局始料未及的。在缺乏防範的情況下，黑市日益坐大，管制不易，是戰後台灣專賣事業管理上的一大問題。相對的，台灣農家過去在日治時期於農作收成時，偶有私釀自用的情形，日人雖會查緝，但也偶爾採取睜一隻眼閉一隻眼的態度，戰後專賣局對於私釀則採取嚴格查緝的作法。因此民眾對戰後專賣局諸如此類的查緝，觀感並不好。香菸也是一樣，雖然攤販於法不合，戰後經濟蕭條與失業問題嚴重，不少人以此營生。查緝員無力查緝私菸、私酒的輸入者，對於這些小生意人卻百般刁難，並且帶槍查緝，動槍傷人。和日治時期日人以警力維持專賣查緝的方式比較起來，民怨的累積可以想像。

專賣局無力執行專賣政策，提供充足的專賣品，也無法將專賣品以公定價格出售，遑論杜絕黑市。民眾、媒體其實早有不少的批評與不滿。專賣局用人不當，層出不窮的貪污弊案，不斷的被報導出來，不僅是對長官公署的公權力的傷害，也使得民眾不滿的情緒逐漸高漲。二二八事件時，專賣局所以成為眾矢之的，原因便在此。

二二八事件對於當時與今日影響大且深遠。長官公署在事件後改組為省政府，專賣局也改組為菸酒公賣局。從事件後台灣省菸酒公賣局的改組情形來看，其組織與制度的變動與前專賣局相較，除了在專賣品項目中縮減了樟腦與火柴兩項外，遭受批評最多的菸、酒部份，並未有明顯的變化。戰後專賣制度辦理的背景因素很複雜，其因素包括了沿用日人舊制、統制經濟思潮的影響，以及陳儀個人社會主義思想的影響。值得注意的是，在二二八事件後，陳儀不再主持台政，中央政府表示會改革經濟措施的情形下，專賣制度依舊維持僅作項目的調整，菸酒專賣的辦理相對於樟腦、火柴的廢止專賣，突顯了戰後專賣事業辦理的原因，戰後專賣事業的辦理，目的主要在於穩固政府的財政收入。由於人工樟腦的大量製造與其他替代品的陸續開發，樟腦市場漸趨沒落，市場價格日亦下滑；至於火柴，其所以專賣的立意與鹽的專賣相去不遠，二者同屬於民生的用品，專賣收益自然不比鹽多。現實主義下財政收入的考量才是菸酒公賣的主要原因，所謂專賣局的改組，實質的改變並不大，只是開放了火柴、樟腦兩個已不符合當時社會經濟，不具公賣效益的項目，菸酒專賣仍肩負有台灣財政歲入的重任。

綜合以上的論述，戰前台灣與日本結為一個經濟體系，戰後台灣頓與日

本切斷聯繫，需與當時國內構成一個體系；而戰後初期的中國，因軍事支出龐大，通貨膨脹極為嚴重，不但無利於戰後台灣的復原，反而影響台灣經濟的穩定，助長台灣的通貨膨脹。陳儀治台期間，著眼於專賣收入的財政效益，繼續維持專賣制度的實行，然由於缺乏詳細的規劃與調查，無力維持專賣品的供需平衡，也無力遏止非法專賣品的輸入台灣，在專賣政策推行的過程中又缺乏政府中央各相關部會的配合，加上專賣制度實施過程中由於人謀不臧所衍生的總總流弊，反對專賣事業的聲浪因而不斷升高。由於二二八事件後，台灣社會經濟較之於接收時，並沒有明顯的改善，如何在缺乏長期經濟計畫仍然處於戰後重建階段的台灣，恢復社會、經濟的秩序，在沒有其他經費援助的情形下，改良專賣政策是非常務實的策略。菸酒專賣可以維持台灣的財政，縮編火柴、樟腦的專賣，將司責的機關，由專賣局改為公賣局，藉由局部的改革達到平息民怨的效果，是戰後專賣政策變革的主要原因。

附　　錄

附錄 1　「台灣專賣制度の特色」

　　專賣制度本來の目的は、間接稅徵收方法の變形として、概ね政府の收入の增加を圖るを以て主眼とするが、台灣總督府專賣の出立は、之と其の趣を異にするものがあつて、或ものは島民の衛生保健を本旨とし、又或ものは產業の振興と島民富力の增進と目的として居る。

　　即ち阿片の專賣は、一般島民の吸食を嚴禁し、習癖既に痼疾となり、其の使用を廢止する時は餘生を完うし得ない癮者に限つて之を許可し、以て遠からず、其の吸食を根絕せんとするの目的を以て始められたものである、而して之に依つて生ずる收入は悉く上水、下水、市區改正、防疫費、病院等の衛生施設に支出する、食鹽に於ては、荒廢したる鹽田を復興し、更に之を擴張し、進んで製鹽品質を改良して、島內外に於ける需給の圓滿と價格の低廉とを圖り、樟腦に於ては、樟樹の濫伐を防止し之が採取方法を最も經濟的にすると共に、其の造林を計畫して、永久に世界市場の需要に應ずると同時に、其の品質を改良して本島の一大特產たる聲價を確保し遺算なからしめ。

　　又煙草は從來支那に仰ぎ居に原料を自產自給の域に到達せしめ、製造菸草の品質向上を圖つて、島民の保健に資し其の嗜好を滿足せしむると共に、又總督財源の一たらしめんとすることを期するのである。

　　以上各種の專賣事業共、開始以來何れも豫期の實績を揚げ其收入も亦年と共に增加した。總督府特別會計は明治四十二年度迄、台灣の收入の不

足分は之を一般會計から補足して維持經營せらるべき筈であつたが、其期に先だつこと四年即ち三十八年度を以て、全く獨立し得るに至つた。之れ主として專賣制度實施に負ふ所大なるものがある。

　　酒類專賣の主目的は酒稅に代り新財源たらしめんとすることは勿論であるが之を政府の管理に移すことに依つて品質の統一を計り良質のものを供給して島民の保健衛生に資せよふとする目的を併有して居るので、阿片と同じく一舉兩得の方法と言はれて居る。

　　元來酒類の專賣は世界に於ても其の例甚だ稀であり殊に我が國に於ても之が嚆矢であるから、世界に範を示すに足る好成績を舉げよふと一段努力して居る次第である。以下各種專賣品に就き細說するに當り、各種專賣事業の收入を累年的に表示しよふ。

資料來源：台灣總督府專賣局，《台灣總督府專賣事業（大正 15 年）》，頁 4～6。

附錄 2　日治時期台灣菸類與外菸銷售價值之比較

單位：元

年　度	台灣菸		日本菸		外國菸	
	銷售價值	比　例	銷售價值	比　例	銷售價值	比　例
1905	610,147	40.9	875,294	58.7	6,497	0.4
1906	2,008,794	65.9	1,030,848	33.8	9,332	0.3
1907	2,378,252	68.0	1,102,759	31.5	17,938	0.5
1908	2,186,351	64.6	1,169,804	34.6	26,125	0.8
1909	2,253,632	60.7	1,426,867	38.4	32,205	0.9
1910	2,478,834	61.8	1,498,117	37.4	32,395	0.8
1911	2,552,042	57.8	1,820,308	41.2	44,497	1.0
1912	2,498,784	55.2	1,952,625	43.2	72,425	1.6
1913	2,509,967	53.2	2,131,550	45.2	77,592	1.6
1914	2,436,099	53.5	2,012,424	44.2	100,909	2.2
1915	2,535,179	54.3	2,080,752	44.6	52,338	1.1
1916	2,940,703	55.3	2,300,927	43.3	74,619	1.4
1917	3,217,242	55.4	2,482,950	42.7	111,151	1.9
1918	3,992,999	57.2	2,768,549	39.7	214,350	3.1
1919	5,865,508	60.4	3,520,866	36.3	323,180	3.3
1920	7,037,288	56.6	5,135,608	41.3	254,636	2.0
1921	5,761,129	49.4	5,771,571	49.5	126,,299	1.1
1922	5,548,371	51.6	5,108,057	47.5	89,861	0.8
1923	5,558,273	51.7	5,110,231	47.5	86,,640	0.8
1924	5,106,074	46.3	5,810,403	52.7	115,093	1.0
1925	6,136,348	49.3	6,223,579	50.0	96,,227	0.8
1926	6,929,238	49.5	7,001,696	50.0	73,601	0.5
1927	7,005,007	46.7	7,908,132	52.7	82,486	0.6
1928	7,114,818	44.8	8,677,792	54.7	79,749	0.5
1929	7,189,617	44.2	8,996,239	55.3	90,060	0.6
1930	7,187,704	45.7	8,408,569	53.5	115,037	0.7

1931	7,079,805	49.0	7,335,168	50.7	50,990	0.4
1932	7,453,149	50.4	7,226,313	48.9	109,296	0.7
1933	8,116,125	53.3	7,069,765	46.4	61,409	0.4
1934	9,095,710	55.0	7,410,153	44.8	46,207	0.3
1935	10,634,789	57.7	7,579,882	41.1	213,424	1.2
1936	12,092,701	59.4	8,120,221	39.9	162,136	0.8
1937	14,682,609	62.9	8,559,927	36.7	109,191	0.5
1938	18,017,467	67.6	7,897,432	29.6	727,321	2.7
1939	23,351,822	74.3	7,284,546	23.2	795,944	2.5
1940	28,515,094	79.3	7,457,614	20.7	21	0
1941	36,691,864	87.5	5,225,931	12.5	--	--
1942	44,533,155	90.9	4,484,571	9.1	--	--
1943	60,680,627	91.9	5,318,068	8.1	--	--
1944	76,225,163	96.1	3,055,242	3.9	--	--
1945	35,126,026	100.0	328	0	--	--

附註：

（1）因小數進位關係，總數與細數尾數或有不符，未做修改。

（2）1945 年度數字係截至 10 月底止。

（3）1941～1943 資料不詳，推估其數量不大，故未列入計算。

資料來源：台灣省行政長官公署統計室編，《台灣五十一年來統計提要》，1946 年。

附錄 3　日治時期台灣酒類與外酒銷售價值與數量之比較

台灣酒類與外酒銷售價值之比較

單位：元

年　度	台灣製酒		日本製酒		外國製酒	
	銷售價值	比　例	銷售價值	比　例	銷售價值	比　例
1922	3,424,463	58.2	2,440,988	41.5	22,941	0.4
1923	6,926,668	84.5	1,223,326	14.9	51,397	0.6
1924	9,121,531	74.8	2,754,244	22.6	325,997	2.7
1925	11,542,022	79.3	2,581,755	17.7	437,045	3.0
1926	11,490,842	80.4	2,311,455	16.2	492,882	3.4
1927	11,807,035	79.1	2,704,000	18.1	420,501	2.8
1928	12,344,016	78.0	2,967,756	18.7	517,673	3.3
1929	11,847,601	77.0	3,043,330	19.8	492,541	3.2
1930	10,593,817	76.3	2,895,033	20.8	400,953	2.9
1931	9,383,703	74.4	2,862,373	22.7	373,546	3.0
1932	10,054,089	73.0	3,256,529	23.6	460,217	3.3
1933	10,585,534	70.1	4,068,155	26.9	443,076	2.9
1934	12,254,353	65.7	6,077,122	32.6	307,218	1.6
1935	13,753,616	65.5	6,903,641	32.9	328,779	1.6
1936	15,869,964	64.4	8,411,835	34.1	371,916	1.5
1937	16,821,406	64.6	9,049,217	34.8	155,880	0.6
1938	19,753,974	62.6	11,737,111	37.2	77,981	0.2
1939	22,901,396	61.1	14,557,080	38.8	47,743	0.1
1940	28,588,386	75.3	9,228,866	24.3	166,148	0.4
1941	32,126,139	85.9	5,296,068	14.1	--	--
1942	40,128,660	88.0	5,498,222	12.0	--	--
1943	68,730,461	92.5	5,600,323	7.5	--	--
1944	84,344,722	96.4	3,169,235	3.6	3,054	0
1945	54,821,352	98.7	722,978	1.3	5,350	0

説明：
（1）因小數進位關係，總數與細數尾數或有不符，未做修改。
（2）1945 年度數字係截至 10 月底止。
（3）1941～1943 資料不詳，推估其數量不大，故未列入計算。

資料來源：台灣省行政長官公署統計室編，《台灣五十一年來統計提要》，1946 年。

日治時期台灣酒類與外酒銷售數量之比較

單位：公石

年　度	台灣製酒		日本製酒		外國製酒	
	銷售數量	比　例	銷售數量	比　例	銷售數量	比　例
1922	124,763	86.5	19,540	13.5	--	--
1923	197,976	90.6	20,399	9.3	85	0
1924	231,912	90.8	21,873	8.6	1,641	0.6
1925	314,397	93.3	20,450	6.1	2,293	0.7
1926	274,870	92.9	18,564	6.3	2,527	0.9
1927	282,445	92.5	20,831	6.8	2,168	0.7
1928	289,104	92.1	22,409	7.1	2,430	0.8
1929	284,186	91.9	22,827	7.4	2,321	0.8
1930	259,926	91.7	21,718	7.7	1,718	0.6
1931	235,973	91.1	21,637	8.4	1,455	0.6
1932	252,810	90.6	24,217	8.7	2,043	0.7
1933	262,276	87.3	35,753	11.9	2,417	0.8
1934	301,137	82.1	63,750	17.4	1,778	0.5
1935	329,050	81.9	71,220	17.7	1,281	0.3
1936	364,333	80.3	88,226	19.4	1,053	0.2
1937	303,769	78.2	84,610	21.8	159	0
1938	336,832	75.5	108,890	24.4	155	0
1939	365,157	72.5	138,032	27.4	137	0
1940	459,524	85.4	782,87	14.6	177	0
1941	452,776	95.4	218,37	4.6	--	--
1942	474,376	94.9	255,80	5.1	--	--
1943	430,251	96.7	146,84	3.3	--	--
1944	311,456	98.4	504,8	1.6	3	0
1945	121,123	99.3	790	0.6	5	0

說明：

（1）因小數進位關係，總數與細數尾數或有不符，未做修改。

（2）1945 年度數字係截至 10 月底止。

資料來源：台灣省行政長官公署統計室編，《台灣五十一年來統計提要》，1946 年。

附錄 4　日治時期各項專賣物品之銷售價值

單位：元

年　度	鴉　片	食　鹽	樟　腦	菸	酒	度量衡
1899	4,249,578	270,828	917,877	—	—	—
1900	4,234,980	358,333	3,752,268	—	—	—
1901	2,804,894	510,203	3,253,392	—	—	—
1902	3,008,400	672,816	2,528,803	—	—	—
1903	3,620,336	472,852	2,258,218	—	—	—
1904	3,714,013	557,876	3,605,885	—	—	—
1905	4,205,830	667,370	4,235,861	1,496,023	—	—
1906	4,433,863	711,488	4,865,227	3,044,593	—	—
1907	4,468,515	754,414	7,221,853	3,500,853	—	—
1908	4,611,914	692,625	2,400,012	3,380,270	—	—
1909	4,667,399	824,695	4,427,822	3,712,703	—	—
1910	4,674,343	821,209	5,529,558	4,009,346	—	—
1911	5,501,549	884,499	4,853,351	4,416,827	—	—
1912	5,262,686	759,483	5,814,689	4,523,832	—	—
1913	5,289,595	800,994	5,093,491	4,719,109	—	—
1914	5,226,496	892,495	5,243,178	4,549,432	—	—
1915	5,870,408	873,292	5,176,329	4,668,301	—	—
1916	7,132,521	957,440	6,740,761	5,312,235	—	—
1917	7,790,107	1,198,525	7,135,668	5,834,547	—	—
1918	8,105,278	1,077,093	7,041,243	7,031,462	—	—
1919	7,641,654	984,832	9,117,465	9,664,261	—	—
1920	6,719,958	1,000,288	11,859,611	12,561,421	—	—
1921	7,533,625	1,392,737	3,613,084	10,000,231	—	—
1922	6,440,441	2,272,182	10,845,487	11,137,948	6,482,123	—
1923	5,873,518	2,395,277	13,317,777	11,588,448	8,789,813	—

1924	5,575,021	2,487,240	10,060,817	10,683,563	10,900,277	—
1925	4,120,954	2,412,607	12,016,856	11,515,231	12,301,976	—
1926	4,252,699	2,295,187	8,222,547	13,908,657	14,009,,269	—
1927	4,330,198	2,215,947	6,527,118	14,995,625	14,931,536	—
1928	4,411,567	1,977,937	9,817,003	15,759,458	15,289,393	—
1929	4,027,936	2,344,893	10,678,395	16,225,111	15,186,700	—
1930	4,349,818	2,205,103	6,197,173	16,241,626	14,379,584	—
1931	3,686,544	2,483,007	6,091,824	14,560,632	12,646,961	—
1932	3,460,008	2,425,368	6,666,256	14,562,029	13,534,795	—
1933	2,895,264	2,732,917	5,707,762	15,212,326	14,497,265	—
1934	2,558,371	2,703,970	8,601,275	15,240,152	17,198,401	—
1935	2,567,588	3,076,615	7,680,630	17,846,468	19,833,556	—
1936	2,161,203	3,141,086	8,819,657	19,817,147	23,030,388	—
1937	2,752,389	3,196,263	8,388,416	22,332,312	24,734,717	—
1938	2,613,053	4,012,859	9,422,488	24,516,306	27,623,924	—
1939	2,878,636	3,154,653	10,400,035	29,956,442	36,893,762	—
1940	2,278,542	3,190,608	10,480,313	35,530,719	38,814,115	—
1941	1,841,522	3,901,039	8,747,995	41,716,437	43,836,775	—
1942	1,493,335	4,084,564	2,999,886	51,001,588	54,754,586	1,099,176
1943	1,108,450	6,003,533	1,874,644	62,635,470	79,926,452	1,068,768
1944	1,218,248	7,357,173	2,612,302	86,977,327	102,716,197	548,464
1945	*	*	*	35,126,354	54,599,680	154,760

資料來源：台灣省行政長官公署統計室編，《台灣五十一年來統計提要》，1946 年。

附錄 5　台灣省專賣品販賣辦法

中華民國 35 年 1 月 9 日核准

一、台灣省專賣局（以下簡稱本局）為改善販賣專賣物品事務起見，特訂定本辦法。

二、本省原有各專賣品承銷區域（即賣捌區域）除現有各專賣品承銷商，（即賣捌人）自民國三十五年一月一日起，應予撤銷外；其現有之各專賣出售商（即小賣人）應合併組織聯合配銷會，定名為某地第幾專賣品出售商聯合配銷會（例如台北第一專賣品出售商聯合配銷會），經辦各該區域之配銷事務，前項出售商如因故不能營業，或自願停業者，應將營業執照繳銷。

三、聯合配銷會設理事五人，組織理事會，辦理配銷事務，設監事三人，組織監事會，監察會務；所有理監事，均由該會全體會員（即該區域各專賣品全體出售商）以限制連記名雙記式投票法選舉之；（例如理事五人，選舉人只能於選舉票上寫三人，監事三人，選舉人只能於選舉票上選二人，並應於票上署名），任期均為一年，連選得連任之。

四、理事會應由理事互推一人為常務理事，監事會由監事互推一人為常務監事，負責主持會務，但對外代表聯合配銷會，概常由務理事負責。

五、聯合配銷會選舉理監事，應呈請各該主管局處遴員監選指導，並應於事後造具理監事名冊三分，（分載姓名職務，年齡，籍貫，出身，住所，營業執照號數等項）以一份存查，二份呈送各主管局處，一份存該局處，一份轉送本局備案。

六、聯合配銷會各會員販賣專賣物品，其數量應由聯合配銷會決定，向各主管局處申請派貨，經各局處核准後，統交配銷會承購支配，所需貨款概以現金交易。

七、貨物由各局處運至配銷會或倉庫之運費，由本局負擔，由配銷會或倉庫運至各會員處之運費，由各會員負擔。

八、配銷會得用辦事人員，其所需經費，由全體會員勻攤，但不得超出配銷會所需用正當支出之外，所有經費收支概算，均須提經理監事會通過，並呈報各主管局處備案。

九、配銷會各業會員販賣備金，視地區遠近，分為七級如左：

	第一級	第二級	第三級	第四級	第五級	第六級	第七級
菸酒	6%	6.3%	6.6%	7%	7.5%	8%	8.5%
火柴	8.5%	9.5%	10.5%	11.5%	12.5%	13.5%	14.5%
食鹽	10.5%	11.5%	12.5%	1.3.50%	14.5%	15.5%	16.5%

十、配銷會理監事有不盡職，或違反專賣法令情事，各該主管局處得隨時吊
　　銷營業執照，取銷其會員資格，並令該會另行改選。

十一、配銷會會員，應相互監督，並實行連保，以杜弊端。

十二、現有各承銷，如貨款手續有未了情事，該管分局處應依法追繳現金。

十三、本辦法自呈奉行政長官公署核准後施行。

附錄 6　台灣省專賣局查緝違反專賣法令物品辦法

中華民國 35 年 1 月 9 日公布

一、台灣省專賣局（以下簡稱本局）爲查緝違反專賣法令專賣物品起見特訂
　　定本辦法。

二、本局所屬個分局及辦事處（以下簡稱各局處）辦理查緝事務，應組織查
　　緝隊，每隊設隊長一人，隊員若干人，均就各該局處原有人員調充之。

三、查緝人員執行職務，應隨身攜帶查緝證，查緝違法物品時，須先出示查
　　緝證，必要時並得請當地軍警憲關卡協助辦理。

　　前項查緝證，由本局印發各局處應用，各處應將使用人姓名，職別，使
　　用期限，及查緝證號數，列冊呈報本局備查。

四、查緝人員查獲違法物品，除掣收據交給貨主外，並應將查獲物品，名稱，
　　品質，數量，違法情形及查獲經過，立即報告各該主管局處，各局處接
　　到報告後，應於三月內填具查獲違法物品報告表一份，呈報本局。

　　前項收據及報告表，由本局印發應用。

五、查獲違法物品，應由查緝人員監同運至各局處指定地點封存，如不搬運
　　時，得委託當地政府，或其他適當之人代爲保管，取具保管收據爲憑，
　　如在短期內有變質霉壞之虞者，應迅呈本局處置。

　　前項保管收據，應將物品名稱，品質，數量，及其他應記載事項，分別
　　註明。

六、各局處處理違法案件，應由各該局處各課長及主辦查緝人員組織違法案
　　件審理委員會，（以下簡稱審委會）負責審理本案，查獲人並得列席。

　　前項審委會開會時，以局處長爲主席，以出席人過半數之同意爲決議。

七、各局處於審委會決議後五日內，應即製就處分書一式三份，以正本送達
　　被處分人，副本二份，以一份存查，一份呈送本局察核。

八、各局處送達處分書正本時，應備送達證，經收件人簽章後，附卷存查。

九、被處分人如不服各局處之處分時，應於接到處分書之次日起，三十日內，
　　向本局依法提起訴願，並繕具訴願書副本，同時分呈原處分局處。

十、已決定沒收之物品，經變價後，其價款除去運雜各費外，併同罰款由本
　　局統籌給獎，其獎金分配成數另定之。

十一、本辦法自呈奉行政長官公署核准後施行。

附錄 7　台灣省酒類專賣規則

中華民國 35 年 7 月 16 日公佈

第一條　本省酒類專賣事業，由本省專賣局（以下簡稱專賣局）依本規則之規定辦理之。

第二條　本規則所稱酒類，指酒類（已變性之燃料酒精除外），或含有酒精成分未滿九十度之飲料而言。

前項所稱酒精成分，係指攝氏檢溫器十五度時，原容量百分中含○‧七九四七比重酒精之謂。

第三條　酒類非經專賣局許可，不得輸出，輸入，移入，或製造。

前項輸出，輸入，移入，或製造之許可，由專賣局規定，報請本省行政長官公署核定之。

第四條　酒類非經專賣局所指定之酒類零售商，不得販賣。

前項酒類之販賣及零售，由專賣局規定，報請行政長官公署核定之。

第五條　酒類零售商不得將專賣局加封之酒類容器，變更開折，並不將粘貼於容器上之憑證或他種證紙，擅自毀損或變更，但經專賣局指定為零售之酒類，不在此限。

第六條　凡欲製造白麴，紅麴，酒母或醪者，須呈經專賣局許可。

前項製造之許可，由專賣局規定，報請行政長官公署核定之。

第七條　凡未貼有專賣憑證之酒類，及製造白麴，紅麴，酒母或醪，除本規則或根據本規則所發之命令認可者外，不得持有讓與或授受。

第八條　專賣局得隨時派員稽查酒類及含有酒精飲料，暨白麴，紅麴，酒母或醪之店舖藏置場所，製造場所及其他有關場所，必要時得檢查製品原料，材料，器具，機械，帳簿書類及其他有關物件，並得為管理上之處分。專賣局所派人員，得檢查運輸中之酒精（含有酒精之飲料白麴，紅麴，酒母或醪）如查有違反本規則之規定者並得令其停止搬運或封存其裝貨船車。

專賣局所派人員執行前兩項職務時，得邀關係人及警察或里鄰長蒞場參加。

第九條　凡製造白麴，紅麴，酒母或醪者，如違反本規則，或根據本規則所發之命令時，專賣局得取銷其製造權。

第十條　有下列各款情事之一者，除沒收其違章物外，並處以違章物（製造器具機械除外）現値三倍以下之罰鍰：

　　　一、私行製造酒類，或爲製造之準備者；

　　　二、違反本規則第三條規定爲酒類之輸出，輸入，或爲輸出之準備者。

第十一條　有下列各款情事之一者，除沒收其違章物外，並處以違章物（製造器具機械除外）現値三倍以下之罰鍰：

　　　一、非酒類零售商而銷售酒類，或爲銷售準備者；

　　　二、私行製造白麴，紅麴，酒母及醪，或爲製造之準備者；

　　　三、違反本規則第四條，第五條，或第七條之規定者。

第十二條　前兩條所稱違章物，係指違反本規則及依據本規則所發命令之酒類白麴，紅麴，酒母或醪及製造器具機械等物而言，但已售賣或消費，或因其他事由不能沒收時，得追繳其價額。

第十三條　凡妨礙專賣局所派人員執行職務者，處二千元以下之罰金，其觸犯刑事者，並移送司法機關依法懲處。

第十四條　違反本規則或依據本規則所發命令之酒類販賣者，或輸出輸入者，或白麴，紅麴，酒母及醪製造者，如爲未成年人，或禁治產人，得處罰其法定代理人，但未成年人之營業能力與成年人相同時，不在此限。

第十五條　酒類販賣者，或輸出輸入者，或製造白麴，紅麴，酒母及醪者，如其代理人家屬同居僱傭及其他從業者在業務上有違反本規則或根據本規則所發之命令時，不得藉非出自其本人之指使，免除處罰。

第十六條　依本規則應處之罰鍰，由專賣局決定處罰數額後，限期責令受罰人繳納，逾限不繳納者，送請司法機關強制執行之。

第十七條　本規則施行細則另定之。

第十八條　本規則自公佈之日施行。

附錄 8　台灣省菸草專賣規則

中華民國 35 年 8 月 7 日長官公署公報揭載

第一條　本省有關草之種製與專賣事業，由本省專賣局（以下簡稱專賣局）
　　　　依本規則之規定辦理之。

第二條　菸草非經專賣局許可，不得種植，輸出，輸入，或移入。
　　　　前項種植，輸出，輸入，或移入之許可，由專賣局規定，報請本省
　　　　行長官公署核准之。

第三條　凡欲種植菸草者（以下簡稱種戶），應於種植前，填具申請書，載明
　　　　下列各款事項，向專賣局申請登記，其登記事項，有變更時，亦同：
　　　　一、種戶或其代表人姓名住址；
　　　　二、種植地之位置及面積；
　　　　三、菸草種類及株數；
　　　　四、乾燥場及藏置場所。
　　　　前項登記於停止種植時，應申請註銷之。

第四條　種戶所收穫之菸草，應送繳專賣局收購，其繳納期間及地點，由專
　　　　賣局預先公告之。

第五條　專賣局收到前條菸草，應即發給收購價款。
　　　　前項收購價格，由專賣局擬訂，呈請行政長官公署核准，預先公告
　　　　之，變更時亦同。

第六條　收購菸草，其品質標準，由專賣局規定之，種戶所繳菸草，不合規
　　　　定標準者，得令其更為適當處理後收購之。

第七條　菸草之收購及出售，其衡器應依本省度量衡專賣規則之規定。

第八條　本省種植菸草區域，由專賣局視土質氣候及需要情形核定之，其出
　　　　產量較少，品質較低，或零星散漫之產區，專賣局認為不適當時，
　　　　得予以限制。

第九條　專賣局得分區設置菸草試驗所，培育種苗，指導種戶，改良品種，
　　　　及種植技術，防治病蟲害之方法，或予以之必要協助。

第十條　經登記之種戶，得組織菸草耕作改進社，及改進分社，向專賣局請
　　　　求貸與必要之生產貸金，但專賣局得令其為菸草專賣事務執行上必
　　　　要之　設施及協助工作。

前項貸款辦法另訂之。

第十一條　專賣局對於種戶收穫菸草之前，得隨時檢定其收穫量。

第十二條　在施行前條檢定之前，非經專賣局許可，種戶不得有採摘菸葉，或拔除根幹之行爲。

第十三條　種戶於減少種植面積，或停止種植，而無繼承人繼續種植時，專賣局得令其銷毀現存之菸草葉或菸苗。

第十四條　凡欲設置試驗場種菸草者，須經專賣局許可。

前項試種，適用本規則第四條至第七條及第十三條之規定。

第十五條　製成之菸草，非經專賣局許可之零售商，不得販賣。

第十六條　凡販賣菸草者，應遵專賣局公告價格行之，不得變更。

前項價格，由專賣局擬訂，報請行政長官公署核准，變更時亦同。

第十七條　菸草零售商，不得將專賣局加封之菸草包裝拆開或改裝，並不得將已破損之包裝菸草販賣。

第十八條　凡未貼有專賣憑之製成菸草，或製造菸草之器具機械及捲紙等，除本規則許可者外，不得授受。

第十九條　無論何人，不得以營業爲目的，製造或販賣菸草代用品。

第二十條　製造菸草專用之器械與捲紙，非經專賣局許可，不得製造，販賣，及藏置。

第二十一條　種戶試種戶，及製菸器械之製造，販賣，或藏置者，如違反本規則或根據本規則所發命令時，專賣局得吊銷其許可證。

第二十二條　專賣局得檢查菸草苗床種植地，試種地，乾燥場，貯藏場，或製造菸草器具機械與捲紙等物品，並得爲管理上必要之處分。

專賣局所派人員，於執行前項檢查，認爲必要時，得邀關係人及警察或里鄉長蒞場參加。

第二十三條　凡私行製造菸草，或爲製造之準備者，除將所獲菸草製造器具機械及捲紙等沒收外，並處以所獲菸草現值三倍以下之罰鍰。

第二十四條　凡未經專賣局許可，而輸入菸草者，除已完統稅之菸草，其處置辦法另行規定外，未完統稅之菸草，概予沒收，並處以所輸入菸草現值三倍以下之罰鍰。

第二十五條　有下列各款情事之一者，處百元以上五千元以下之罰鍰，其犯案之菸草，或原料製造器具機械捲紙等物沒收之：

　　　　　　　一、違反本規則第二條及第十四條第一項或第二十條之規定者；

　　　　　　　二、零售商違反本規則第十八條之規定者；

　　　　　　　三、將應繳專賣局之菸葉，讓與收受消費藏匿，或交付藏匿場
　　　　　　　　　所者；

　　　　　　　四、非菸草零售商而販賣製之菸草，或為販賣之準備者；

　　　　　　　五、未經專賣局許可種植之菸葉，或非菸草種戶與試種戶所種
　　　　　　　　　之菸苗，或主權不明之菸苗，而持有者。

第二十六條　有下列各款情事之一者，處五十元以上一千元以下之罰緩，其
　　　　　　　犯案之菸草原料製造器具機械捲紙等物沒收之：

　　　　　　　一、在未經許可之地區種植菸草者；

　　　　　　　二、違反專賣局依本規則第十三條所發之命令；

　　　　　　　三、違反本規則第十二條，第十六條，第十七條，第十九條規
　　　　　　　　　定之一者；

　　　　　　　四、種戶對該管專賣機關指定之日期，不將菸葉繳納而無正當
　　　　　　　　　理由者；

　　　　　　　五、對專賣局所派人員查詢作虛偽之答辯，或對其執行職務拒
　　　　　　　　　絕規避致生阻礙者。

　　　　　　　前項第五款如觸犯刑法者，並移送司法機關懲辦。

第二十七條　違反本規則之犯案物件，如已讓與或消費不能沒收時，得追徵
　　　　　　　其價額。

第二十八條　菸草種植者，試種者，菸草零售商，或製造菸草專用之器具機
　　　　　　　械及捲紙者販賣者，藏置者，其代理人家屬，同居僱傭人，以
　　　　　　　及其他從業者，對於業務上有違反本規則，或根據本規則所發
　　　　　　　之命令時，不得藉詞非出自其本人所指使，免除處罰。

第二十九條　依本規則應處之罰緩，由專賣局決定處罰數額後，限期責令受
　　　　　　　罰人繳納，逾期不繳者，送請司法機關強制執行之。

第三十條　　本規則施行細則另定之。

第三十一條　本規則自公佈日施行。

附錄 9　台灣省徵收國稅暫行辦法

中華民國 35 年 5 月 3 日

一、應納所得稅及其他各種直接稅，其財產在台灣省內或其收益在台灣省內發生者，暫由台灣省依其現行法規查徵。

二、凡遺產之在台灣省內暫依其法規辦理。

三、凡在台灣省內發生之各項行為或出具之收據，由台灣省依其法規徵收印花稅，但得由部代印專用印花稅票備用，其印製費用由台灣省部解。

四、台灣省專賣制度，在政府未改辦法以前，暫予維持。

五、凡台灣省施行專賣之貨品由內地移入台灣省時，得由台灣專賣局收買之。

六、凡台灣省製之貨品直接報運內地者，應由內地入口，海關按中央規定代徵統稅，其內地向徵統稅之貨品及菸酒礦產品等移入台灣者，應由台灣省機關驗憑內地地完稅照政放行，不再重徵。

七、台灣省食鹽運入內地時、應照中央稅率補徵鹽稅。

八、台灣省貨物運往國外，及國外貨物運銷台灣，其進出口稅應照中央關稅稅則，由海關徵收。

九、除關，鹽兩機關外，其他在台灣省之稅收及專賣機關暫由財政部委託長官公署監督指揮。

十、其餘台灣稅制除不合理之苛雜先予廢止外，暫准維持原制，將來應斟酌情形依中央稅制逐漸改正。

附錄 10　台灣省內菸酒專賣暫行條例

中華民國 42 年 7 月 7 日總統令公佈施行

第一章　總則

第一條　台灣省內菸酒專賣暫依本條列之規定：

第二條　本條列所稱菸為下列二種：

一、菸草　凡菸棄、菸株、菸苗、種子、菸骨、菸砂均屬之。

二、菸類　凡捲菸、菸絲、雪茄、鼻菸、嚼菸均屬之。

第三條　本條例所稱酒為下列二種：

一、酒精　凡含酒精成分在九十度以上之未變性酒精及飲料均屬之。

二、酒類　凡含酒精成分未滿九十度之未變性酒精及飲料均屬之。

前項第一、二兩款所稱酒精成分係指攝氏檢溫器十五度時原容量百分中含有○.七九四七比重之酒精容量而言。

第四條　依本條例經專賣機關許可從事菸酒專賣事業人受專賣機關之指揮監督。

第五條　菸酒之收購及出售其度量衡器依度量衡法之規定。

第二章　產製

第六條　菸類及酒類之製造非專賣機關不得為之。

第七條　下列各物非經專賣機關之許可不得種植製造或印製：

一、菸草。

二、酒精。

三、製造酒類之白麴、紅麴及酒母。

四、供製造菸酒所用之機械及捲菸紙。

五、菸酒之商標包裝紙其他憑證。

第八條　菸草試驗場菸葉乾燥室及其他專供菸草產製之一切設備非經專賣機關之許可不得設置。

第九條　菸葉乾燥室之建築及設備其標準由專賣機關定之不合規定標準者得令其改進補充或拆除之。

第十條　種植菸草之種類面積及區域由專賣機關視土質氣候及需要情形核定之菸草種植人不得加以變更，但經申請核准減少種植面積者不在此限。

第十一條　專賣機關於菸草種植人收穫菸葉前得檢定其收穫量。

第十二條　菸草種植人於專賣機關為前條檢定前非經專賣機關之許可不得有採摘菸葉或拔除根莖之行為，但因天災或其他不可抗力，必須緊急處理者，應於處理後十日內報告專賣機關。

第十三條　菸草種植人於收穫菸葉後應拔除剩餘根莖並銷燬之。

第十四條　菸草種植人於開始種植後廢種全部或一部份應報經專賣機關查明確實無人繼續種植者將其廢種之菸株菸苗種子銷燬之。

第十五條　菸草種植人收穫之菸草經乾燥後非經專賣機關許可給證不得移運，因天災或其他不可抗力必須移運者，應於移運後五日內報告專賣機關。

第十六條　菸草種植人應將收穫之菸葉全部繳由專賣機關收購之，不得藏匿或轉讓。

前項收購之價格由專賣機關會同有關機關及菸農所推選之代表組織評價委員會按照菸葉之品質標準共同擬定呈由主管上級機關核准施行並於開始收購前十五日內公告之。

第十七條　收購菸葉之期間及地點由專賣機關決定並公告之。

第十八條　收購之菸葉其品質標準由專賣機關定之菸草種植人所繳售之菸售之菸葉不合規定標準者得令其再為適當處理後收購之。

第十九條　菸草種植人遵守專賣法令從事耕種者專賣機關應按下列各項予以保障。

　　一、貸與肥料藥品以及生產器材其代價按成本於次年收購菸葉時扣繳之。

　　二、所有菸田及乾燥室發生災害時發給救濟金。

　　三、保證其有繼續耕種之權。

第二十條　菸草種植人遵守專賣法令並有下列情形之一者專賣機關得予獎勵。

　　一、增加生產量成績優異者。

　　二、減低生產成本或改良品質有成績者。

　　三、對於耕種技術有發明者。

第二十一條　前條之獎勵方式如左：

　　　　一、增加次年度許可種植面積。

二、發給獎金。

三、發給獎狀。

第二十二條　專賣機關得檢定酒精製造人所製酒精之品質及產量。

第二十三條　專賣機關得收購酒精製造人所製酒精其價格由專賣機關會同有
　　　　　　關機關擬定後呈由主管上級機關核准公告之。

第二十四條　酒精製造人對所製酒精加以變性時應申請專賣機關核准。酒精
　　　　　　變性辦法由專賣機關定之。

第二十五條　專賣機關得檢查下列各款之場所及物品。

　　　　　　一、菸草苗床、本圃試驗場、菸葉乾燥室、酒精、白麴、紅麴、
　　　　　　　　酒母之製造場、菸酒販賣場、貯藏場及其他有關場所。

　　　　　　二、製造菸酒之機械及捲菸紙、酒精、白麴、紅麴、酒母。

　　　　　　三、菸酒之商標包裝紙及其他憑證。

　　　　　　四、有關菸酒業務之帳冊簿籍。

第二十六條　菸酒成品由專賣機關負責檢驗，並由主管上級機關切實監督。

第三章　運銷

第二十七條　菸酒之運銷由專賣機關按各地需要情形核定之其出入省境時應
　　　　　　經專賣機關之許可。

第二十八條　菸類及酒類之販賣非經專賣機關或其許可之零售商不得為之。

第二十九條　未貼專賣憑證之菸類及酒類不得販賣持有或轉讓。

第三十條　　本條例第七條所列各物非經專賣機關之許可不得販賣持有或轉讓。

第三十一條　專賣機構專用之一切菸酒憑證使用後不得揭下重用。

第三十二條　菸類酒類之配售價格零售價格均由財政部按照成本及國家專賣
　　　　　　利益為計算標準分別擬定呈由行政院核定公告之，變更時亦
　　　　　　同。專賣機關菸酒零售商應遵照前項公告之價格不得變更。

第三十三條　零售商不得將專賣機關加封之菸類包裝或黏貼於包裝上之憑證
　　　　　　開拆或變更。

第三十四條　零售商不得將專賣機關加封之酒類容器或黏貼於容器上之憑證
　　　　　　開拆或變更但經專賣機關指定為零售之酒類不在此限。

第四章　罰則

第三十五條　有下列各款行為之一者處三年以下有期徒刑拘役或科或併科一
　　　　　　萬五千元以下罰金：

　　　一、違反第六條之規定以動力機械製造菸類或酒類者；

　　　二、違反第七條之規定製造酒精者。

第三十六條　有下列各款行為之一者處一年以下有期徒刑拘役或科或併科五千元以下罰金：

　　　一、違反第六條之規定以手工製造菸類或酒類者；

　　　二、違反第七條之規定種植菸草，製造酒類之白麴、紅麴、酒母或專供製造菸酒所用之機械、捲菸紙、菸酒之商標包裝紙或其他憑證者。

　　　三、違反第八條之規定設置菸草試驗場、菸葉乾燥室或其他專供菸草產製之一切設備者。

　　　四、違反第二十九條之規定販賣或轉讓未貼專賣憑證之菸類或酒類者。

第三十七條　有下列各款行為之一者處二千元以下罰鍰：

　　　一、菸草種植人違反第十條之規定變更種植菸草之種類面積或區域者；

　　　二、菸草種植人違反第十二條之規定採摘菸葉或拔除根莖者。

　　　三、菸草種植人違反第十三條之規定不於菸葉收穫後拔除剩餘根莖或不予銷燬者；

　　　四、菸草種植人違反第十四條之規定不將廢種之菸株菸苗種子銷燬者；

　　　五、違反第三十一條之規定將專賣機關專用之一切菸酒憑證揭下重用者。

　　　六、零售商違反第三十二條之規定變更菸類或酒類零售價格者。

　　　七、零售商違反第三十三條之規定開拆或變更專賣機關加封之菸類包裝或黏貼於包裝上之憑證。

　　　八、零售商違反第三十四條之規定開拆或變更專賣機關加封之酒類容器或黏貼於容器上之憑證者。

　　　九、妨礙規避或拒絕專賣機關依本條所為之檢查者。

第三十八條　有下列各款行為之一者處以查獲物查獲時現值三倍以下罰鍰：

　　　一、違反第十五條之規定移運菸葉者。

　　　二、違反第十六條之規定將應繳由專賣機關收購之菸葉藏匿或

　　　　　轉讓者。

　　　　三、違反第二十七條之規定運銷菸酒出入省境者。

　　　　四、違反第二十八條之規定販賣菸類或酒類者。

　　　　五、違反第三十條之規定販賣持有或轉讓第七條所列各物者。

第三十九條　違反本條例規定經查獲之下列物件沒收或沒入之：

　　　　一、菸酒。

　　　　二、製造酒類之白麴、紅麴及酒母。

　　　　三、供製造菸酒所用之機械或捲菸紙。

　　　　四、菸酒之商標包裝紙及其他憑證。

　　　　五、其他有關菸酒原料或裝置之器物。

第四十條　本條例規定之罰鍰及沒入由專賣機關移送法院裁定並強制執行之。

　　　　專賣機關或受處分人不服前項裁定時得於裁定送達十日內提起抗
　　　　告，但不得再抗告。

第四十一條　本條例規定之罰金罰鍰以新台幣為單位。

第四十二條　許可從事菸酒專賣事業人違反條例之規定或專賣機關命令時得
　　　　撤銷其許可。

第四十三條　專賣機關從業人員有違反本條例之規定者從重處罰。

第五章　附則

第四十四條　本條例施行細則由主管上級機關擬訂報請行政院核定之。

第四十五條　本條例自公布日施行。

附錄 11　中華民國財政收支劃分法

中華民國 40 年 5 月 29 日
中華民國 40 年 6 月 13 日公布

第一章　總綱

第一條　本法依中華民國憲法第十章及第十三章，有關各條之規定制定之。

第二條　中華民國各級政府財政收支之劃分、調劑及分類，依本法之規定。

第三條　全國財政收支系統劃分如左：

一、中央。

二、省及直轄市。

三、縣市及相當於縣市之局。

鄉鎮財政，包括於縣財政內，其收支應分編單位預算，列入縣總預算內，現依法律實施自治後，鄉鎮財政應由縣議會依據有關自治法律規定之。

第四條　各級政府財政收支之分類，依附表一、附表二之所定。

〔附表一：收入分類表〕〔附表二：支出分類表〕

第五條　對於各級政府財政收支之監督依法律之規定。

第二章　收入

第一節　稅課收入

第六條　稅課劃分爲國稅省及直轄市稅縣（市）（局）稅。

第七條　省（直轄市）縣（市）（局）稅課立法以本法有明文規定者爲限並由中央制定各該稅法通則以爲省縣立法之依據。

第八條　左列各稅爲國稅：

一、所得稅：謂對分類所得及綜合所得依法課征之稅。

二、遺產稅：謂對繼承財產及有財產價值之權利依法課征之稅。

三、印花稅：謂商事憑證、產權憑證、人事憑證及許可憑證等證明文件，依法貼用之印花稅。

四、關稅：謂由海陸空進出國境之貨物進口稅、出口稅及海港之船舶噸稅。

五、貨物稅：謂對國內貨物及國外同類進口貨物，依法應征之稅，包括礦產稅。

六、鹽稅：謂對鹽及鹽鹵、鹽礦及其他鹽化合物，依法應征之稅。

七、礦區稅：謂對取得礦區權依法課征之稅。

第九條　所得稅，在省應以其總收入百分之十分給省，百分之十分給縣（市）（局），在直轄市應以其總收入百分之十分給直轄市。

第十條　遺產稅，在省應以其總收入百分之三十分給省，百分之五十分給縣（市）（局），在直轄市應以其總收入百分之三十分給直轄市。

第十一條　印花稅，在省應以其總收入百分之二十分給省，百分之三十分給縣（市）（局），在直轄市應以其總收入百分之二十分給直轄市。

第十二條　左列各稅為省及直轄市稅：

一、土地稅：謂對土地地價及土地增值依法課稅之稅，在未征收地價稅之區域為田賦。

二、營業稅：謂對各種以營利為目的之事業依法課征之稅（特種營業行為稅併入課征）。

三、特產稅：謂對本省內特有之大宗產物依法課征之稅（直轄市不適用之）。

前項特產稅，不得以中央已征貨物稅之產物為課征對象。

第十三條　土地稅，在省應以其總收入百分之七十分給縣（市）（局），其中百分之五十分給所在縣（市）（局），百分之二十由省統籌分配，在直轄市應以其總收入百分之三十分給中央。

第十四條　營業稅，在省應以其總收入百分之五十分給縣（市）（局），其中百分之四十分給所在縣（市）（局），百分之十由省統籌分配，在直轄市應以其總收入百分之三十分給中央。

第十五條　左列各稅為縣（市）（局）稅：

一、土地改良物稅：謂對土地改良物依法課征之稅，在未征收土地改良物稅之區域為房捐。

二、契稅：謂在未征收土地增值稅之區域對不動產移轉依法課征之稅。

三、屠宰稅：謂屠宰牲畜依法課征之稅。

四、使用牌照稅：謂舟車等類牌照依法課征之稅。

五、筵席及娛樂稅：謂對筵席娛樂及其他奢侈性消費行為依法課征之稅。

　　　　　六、其他特別稅課：謂適應地方自治事業之需要經議會立法課征
　　　　　　　之稅但不得以已征貨物稅或特產稅之貨物為課征對象。

第十六條　直轄市稅課除依第十二條規定外，並適用第十五條之規定。

第十七條　各級政府對他級或同級政府之稅課，不得重征，非經中央政府核
　　　　　准，不得以任何名目征收附加捐稅。

　　　　　各級地方政府不得對入境貨物課入境稅或通過稅。

第十八條　各級政府為適應特別需要，得經各級議會之立法，舉辦臨時性質
　　　　　之稅課。

第二節　獨占及專賣收入

第十九條　各級政府經法律許可，得經營獨占公用事業並得依法征收特許費，
　　　　　准許私人經營。

　　　　　地方政府所經營獨占公用事業之供給，以該管區域為限，但經鄰
　　　　　近地方政府之同意，得為擴充其供給區域之約定。

第二十條　中央政府為增加國庫收入，或節制生產消費，得依法律之規定，
　　　　　專賣貨物並得製造之。

第三節　工程受益費收入

第二十一條　各級政府於該管區內對於因道路、隄防、溝渠、碼頭、港口或
　　　　　　其他土地改良之水陸工程而直接享受利益之不動產或受益之船
　　　　　　舶，得征收工程受益費。

　　　　　　前項工程受益費之征收，以各該工程直接與間接實際所費之數
　　　　　　額為限，若其工程之經費出於賒借時，其工程受益費之征收，
　　　　　　以賒借之資金及其利息之償付清楚為限，但該項工程須繼續維
　　　　　　持保養者，得依其需要繼續征收。

　　　　　　工程之舉辦與工程受益費之征收，均應經過預算程序始得為之。

第四節　罰款及賠償收入

第二十二條　法收入之罰金、罰鍰或沒收、沒入之財物及賠償之收入，除法
　　　　　　律另有規定外，應分別歸入各級政府之公庫。

第五節　規費收入

第二十三條　法機關、考試機關及各級政府之行政機關征收規費，應依法律
　　　　　　之所定，未經法律規定者，非分別先經立法機關或民意機關之
　　　　　　決議，不得征收之。

第二十四條　業機構徵收規費，除法律另有規定外，應經該管最高級機關核
　　　　　　定，並應經過預算程序分別歸入各級政府之公庫。

第六節　信託管理收入

第二十五條　級政府及其所屬機關依法為信託管理或受委託代辦時，得收信
　　　　　　託管理費。

第七節　財產收入

第二十六條　各級政府所有財產之孳息，財產之售價及資本之收回，除法律
　　　　　　另有規定外，應分別歸入各級政府之公庫。

第二十七條　級政府出售不動產或重要財產，依法律之規定，公務機關對於
　　　　　　所有財產孳生之物品與其應用物品中之剩餘或廢棄物品，除法
　　　　　　律另有規定外，得呈經上級主管機關核准按時價出售。

第八節　營業盈餘捐獻贈與及其他收入

第二十八條　級政府所有營業之盈餘，所受之捐獻或贈與及其他合法之收
　　　　　　入，除法律另有規定外，應分別歸入各級政府之公庫。

第九節　補助及協助收入

第二十九條　省市執行憲法第一○九條第一項有關各款事務，其經費不足
　　　　　　時，經立法院決議，由國庫補助之。

第三十條　為謀省與省間之經濟平衡發展，應依憲法第一四七條第一項之規
　　　　　　定，對於貧瘠之省酌予補助。

第三十一條　謀縣（市）（局）與縣（市）（局）間之經濟平衡發展，應依憲
　　　　　　法第一四七條第二項之規定，對於貧瘠之縣（市）（局）酌予補
　　　　　　助。

第三十二條　各上級政府為適應特別需要，對財力較優之下級政府得取得協
　　　　　　助金。
　　　　　　前項協助金應列入各該下級政府之預算內。

第十節　賒借收入

第三十三條　各級政府非依法律之規定或議曾之議決，不得發行公債或為一
　　　　　　年以上之國內外賒借。
　　　　　　省市縣政府對於外資之賒借，應先經中央政府之核准。

第三章　支出

第三十四條　各級政府之一切支出非經預算程序不得為之。

第三十五條　各級政府行政區域內人民行使政權之費用由各該級政府負擔之。

第三十六條　各級政府之支出劃分如左：

一、由中央立法並執行者，歸中央。

二、由省（市）立法並執行者，歸省（市）。

三、由縣（市）（局）立法並執行者，歸縣（市）（局）。

四、上級政府立法交由下級政府執行者，其經費之負擔，應於立法時明文規定之。

五、由二省（市）縣（市）（局）以上共同辦理者，歸各該省（市）縣（市）（局）比例分擔。

第三十七條　鄉（鎮）支出，應占縣（局）預算百分之五十至百分之七十。

第三十八條　各級政府事務委託他級或同級政府辦理者，其經費由委託機關負擔。

第四章　附則

第三十九條　本法施行後，財政收支系統法應即廢止。

第四十條　本法自公佈日施行。

附錄 12　民報社論對專賣事業的看法

日　期	版　次	標　題	內　容
1945.11.9	第 1 版	熱言	不該更獎勵新御用，所以專賣品須歸公辦理為妥。
1945.11.12	第 1 版	「專賣事業須繼續大企業應歸國營以期節制資本減少稅捐」	自光復後，有一部抱痴人之夢人士，接踵進行爭權奪利，竟以為可學日人過去方法獨占諸大企業，甚有提倡將日政府時代之專賣事業等，轉移於民人，由人民自由經營，然此實為利己主義徒輩之主張，其遠於三民主義，實有天淵，記者則以為過去之官營事業，必須繼續，且如製糖等大企業，亦須盡歸國營…… 在日人統治之下之台灣，為期補救政府歲入財源起見，酒、香菸、樟腦、鹽（含工業鹽）、鴉片（最近業已結束）度量衡、無水酒精、煤油、火柴等皆歸國營，米穀雖非專賣，然因受政府管理，亦與國營相差不遠，若一時廢止從來之國營辦法，則諸物資價格將見異常高漲，使中產階級以下之民眾，受巨大之生活不安，甚至於治安亦將受其影響。又日人製糖公司之罪惡在此無遑枚舉，其剝削農民，占廣大之土地。與日政府朋比為奸，發揮帝國主義之手段，所有巨額之利益皆由日本資本家獨占故此製糖工廠絕不可歸個人或公司經營，而以國營方為合理，省民須知獨占企業之弊害，在於少數人獨占利益，而國營事業之利益則為全省民眾之共有。第二點則在健實財政，補充政府財源。蓋以國營事業之利益，可輕減一般人民之租稅負擔。
1945.11.21	第 1 版	熱言	專賣事業不日中似乎可以開業，日人所稱的「賣捌人」廢止，歸公辦理，也是好法子，能如此可以斷絕新御用紳士爭奪利權的野心。
1945.12.26	第 1 版	時評：「要嚴正辦理專賣事業」	專賣局發表自明年元旦起，將行撤廢承銷人制度，是尊重公理的辦法，而且能獲得民眾的贊同的，但是此後對於零售人的選法，務必堅持公平，遵照過去及現在情形嚴選，勿使人民對於公營事業失了信仰，這是最要緊的

1946.1.24	第1版	社論：「國營事業的辦法」	國營省營的事業，因為其帶有社會公益的性質，不可專以營利為本，凡在國營省營事業所發售物品的價格，比較民營的要較便宜，是理所當然的……本省專賣局發售的酒、煙草、鹽等品，因近來諸物價昂騰，已實行昇價，而鐵路的火車票聽說自來月起，亦將昇五倍至六倍，有無違背公益性？頗令人費解，無論專賣品、或是火車票，雖些少的昇價，則影響一般民眾的生活，殊屬不少……
1946.2.1	第1版	社論：「檢討省營事業」	台灣光復，初設前進指揮所的當時，就聽見有貿易省營，製糖省營，專賣事業繼續經營等等事情，雖有反對的聲，不過是一部份事業有關係的人們而已。其實大多數人很贊成，以為是很適合民生主義辦法。殊不知後來看它種種的措施，頗給人們懷疑其有無能力可以經營？而且是否為謀全省民的利益？亦難致信倘若藉省營之美名，以肥當事者及少數人的私腹，恐怕全省民是不能緘默無言呀！
1946.3.15	第1版	社論：「專賣事業的進路多難」	自光復以來省當局鑑及斯業的重要性決定繼續專賣品為公營事業，以確立財政的基礎。然在日人統治時代專賣事業的各種設備，受空襲破壞，或因防空而疏散各地，有的工廠停工已久，而對工人的待遇太低，原料來源缺乏，生產能力激減，不能對付省內需要，因此專賣品的售價雖提高兩次比從前較高十倍以上，而且全收入不能達至預料額，若放任現狀，長此以後，本省公財政的前途似要陷入危機……今後專賣事業的恢復，要先做到三件工作：第一工作就是要講究原料的來源，恢復整備工廠……生產能力的增進。第二工作就是要徹底禁止省外流入黑市的香菸與酒類……第三工作就是要專賣事業要維持公益性，因為食鹽與香菸、火柴、酒均是省民的必需品
1946.5.3	第1版	社論：「糖業的國有民營問題」	本省新式製糖業須仍為國家所有，已積極的方針推進期發展，而其經營不可限於國家經營，因製糖事業與專賣事業的經營有重大差距，製糖業要受世界的經濟界支配，各國產糖地有激烈的競爭因此其經營者若無利用民間的力量，節約經費以圖合理的經營，似不能與世界市場爭霸，而且我國對此重大產業的國營，曾無經驗而缺有經營者。

1946.5.30	第 1 版	社論：「國營事業經理人」	在助成新建設的美名之下，所實施的公營事業，於計畫上、運營上，因爲人的要素缺乏公益性，致使國營事業陷於私人圖利的機關沒卻國營的方針……日寇統治時代的官營事業僅限爲專賣、營林、鐵道、郵政而已，其他的事業均歸民營，有新事業雖多受日資本家獨占，但省民尙有自由經營事業的餘地……我們最要擔心的，是負責經營國家事業的當事者的人格與手腕。倘若國營事業是貪官污吏的製造所，我們不能徒陶醉於實名，而一任奸徒以明取暗奪之舞敝。就本省的現狀而言，國營事業還是限定於專賣、鐵道、郵政等，少擴大其範圍，可減少其敝害。
1946.6.20	晨刊第 1 版	社論：「排除中間榨取」	山河還我後，原有統治機構大多繼續存在，雖然有改過招牌，但其暗影不能拂拭，依然模仿著日人的榨取方式來辦理，這實在是很可痛心的一件事 憲法實施以前的今日，往往被一部份的腐敗官僚，藉國家資本之名義，擅行官僚資本之威力，有國家就是官僚的錯誤，若如此，民生問題不能解決，官僚資本之跳梁跋扈的地盤是在國營機關，掛羊頭賣狗肉這句話，可適用於現在此種機關……國家資本被官僚惡用，致使國民抱了猜疑，非生產的國營機關，有時會變成中間榨取機關，只能壟斷不勞利潤而存在而已，要發達國家資本，非肅清貪官污吏不可。同時要進行分配的社會化，及增設充實的合作社而驅除中間榨取的寄生蟲。 本省的貿易公司以改名貿易局，凡國營省營的大公司所生產的商品都要經由貿易局發售，加添紅利配銷於經銷商，那承銷人好像日人時代之專賣局的「賣捌人」一樣。我們相信貿易局不是爲賺錢，爲揩油，爲提高物價而創設的，也不是中間榨取的獨占機關，當然要撤銷爲養活寄生蟲的業務
1946.6.24	晨刊第 1 版	熱言	專賣品的價錢，如菸、酒已經提高到比國內任何地方，要算最貴了。 水道、電燈也要跟著起價火車錢起了又起，最近負責人發表要再起一倍以上。 郵費於不覺察之間，又起了七倍，窮措大非

			打過算盤，也不敢多寄幾封信。 這樣的算法，官營事業的起價，都比民間百般貨價的飛漲，來得更加利害 對此現實，我們不得不懷疑，政府究是為人民謀福利而設，抑或只為公務員的飯碗而存在？我們敢不煩地呼籲：當局要急施低物價政策莫再增薪，莫再提高官業的價錢！
1946.6.27	晨刊 第2版	展望台	賣私煙和省外煙是違法，我們要問當道怎麼不嚴重取締根源？吃虧無辜貧窮人那就太無理……
1946.7.15	晨刊 第2版	社論：「國營事業與監察制度」	本省自光復以來，創設了各種的國營事業，譬如專賣局與貿易局及各種省營公司。就省內經濟機構而觀，實掌握本省經濟力的四分之三以上，故國營事業運營的良否，可左右本省經濟建設的興衰，對國家財政有重大責任。而對全省六百萬省民的民生亦有絕大的利害關係，因此全省民對省內國營事業的運營，悉皆拖著多大的期待和監視。因為過去於日寇統治時代，省民對官僚事業的益處和弊害處均有充分認識，比較他省得民眾，感覺國營事業的運營利弊更見敏銳。 為促進本省國營事業的發達，其運營實情宜要公開給民眾檢討，不可以隱閉內容。若能以光明正大的運營方針，使民眾信賴協力，國營事業必定發達，反之閉戶不開，唯作舞弊殿堂，必受民眾反感，國營終歸之失敗的。
1946.8.4	晨刊 第1版	社論：「民生主義的經濟建設」	節省個人資本，即要發達國家資本，國家資本不是官僚資本，這大家都要明白，可是國家資本往往在運用途中，利益為經辦者所榨取，換句話說，是化公為私，致使要人們誤會國家資本就是官僚資本，簡直說，是官僚的封建政治還沒解消所致的，若真正的民主政治不能實施，國家資本免不了被官僚資本壟斷歸私，增進民生的福利，是說不上了，以養民為目的之專賣局、貿易局、及公營事業各種機構，非果斷的刷新人事，以發揮國家資本的力量，恐怕難洗官僚資本的污名。
1946.8.13	晨刊 第2版	展望台	最近盛傳專賣局將解散，我們相信這是傳說，苟運營有缺點不過是要刷新人事，應該彌補完革新，不可解散歸民營，若真沒有力量去辦理，就沒有話可以說。

1946.9.20	晨刊第1版	社論：「專賣、貿易兩局的存發」	閩台清查團發表本省專賣、貿易兩局貪污舞弊的案情以來，省內輿論對兩局要求撤銷的聲浪很高……可見國營事業的運營，不是這班無恥舞弊之徒所能勝任的，必須登用本省富有經驗的廉潔人士，才能達成目的。我們對兩局公務員的舞弊很感憎惡，然兩局對國家擔當的任務是不可輕視的。對兩局的存廢問題，實有虛心檢討的必要……若能發揮民主作風，公正運營，專賣局可無必要裁撤，實要擴大其機構，以謀公財源的充實。向有貿易局問題，其弊在乎負責人利用公權以圖私利，遂至毛病百出，倘若對該局取消配給及收買特權，只存調查內外市場並介紹銷路的貿易獎勵機關，亦屬有意義存在不必要撤廢。總而言之，專賣、貿易兩局的組織爲新台灣建設上，並非全無價值，負責公務員的貪污行爲若能根絕，更能登用本省民間人參加經營，必須貢獻於本省財政之確立，毫無疑義。
1946.10.17	第1版	社論：「納稅與民主」	省公署三十五年度預算，總歲出計達二十四萬萬餘元，開銷的最大數目，在於公務人員的薪津，用在建設或爲人民造福利的部份不及三分之一。這麼大筆的歲出，用在給公務人員領薪水吃飯，究竟目的是在解決這批人的生活問題？抑或爲人民造福而設官？怪不得人民要懷疑，對納稅遲鈍不前。要應付此歲出的財源，原擬以專賣及各種公營事業的盈餘，補充其大半。然而以上事業，或因舞弊，或因經營不認眞，以致不能如預期收益。甚至有入不敷出，虧空吃本的部份。因此歲入部份，大多屬於不安定。 就中最可確定實徵收的，只在田賦一款……
1946.11.16	第1版	社論：「專賣事業要合理化」	對專賣四特殊公司的創設，台胞們實抱有重大的關心，我們最期待的，就這回改革的機會，確立官營事業的目標，以補強公財源，並須考慮有所貢獻於省民的民生問題。爲達此目的，專賣事業的運營，需要光明正大的態度，使民意機關有參加運營與得自由監察的組織。若仍以官僚習氣，數項不公開，則專賣事業的合理化，或恐屬於百年待河清。

| 1947.2.6 | 第 4 版 | 報導：「鹽業公司為私，徒知提高自己薪資，鹽民生活愈遭困難」 | 鈔票越薄，百物愈漲，貧困的老百姓，謀生無門，實暫見陷人於死地了。如現在鹽業公司，只知職員之薪資，以及津貼種種的提高，對於養飼他們的鹽夫均用殘忍之心對待，實可令人不為之同情 |

附錄 13　大事紀要

日　期	大事紀要
1945 年 11/1	◎接收日治時期專賣局，改組為台灣省專賣局，隸屬台灣省行政長官公署，暫用日治時期專賣法規。 ◎任維鈞為專賣局時期第一任局長。
12/1	◎台灣省行政長官公署公佈廢止〈台灣鴉片令〉，另制定鴉片禁絕辦法，將接收自日人專賣局之鴉片，除部分留作要用外，悉數焚毀。
12/17	◎行政長官陳儀在「紀念週」集會中，辯明專賣制度的繼續和省營貿易的意義。
12/28	◎專賣局公告私貨登記封存辦法及密告獎勵辦法。
1946 年 1/1	◎專賣局廢止推銷制度，改由零售商組聯合配銷會。
1/9	◎台灣省行政長官公署公布「台灣省專賣局查緝違反專賣法令物品辦法」一種，是查緝私菸酒之準據。 ◎專賣局總局成立查緝室，各分局及辦事處組織查緝隊，責由隊員辦理查緝業務。
1/15	◎台灣省行政長官公署命令廢止台灣總督府石油專賣法令。
1/17	◎台灣省行政長官公署公布「台灣省專賣局組織規程」，規定專賣局掌理樟腦、食鹽、菸草、火柴、度量衡之產製、購運、配售服務，隸屬台灣省行政長官公署，行政業務由財政廳負責指揮監督。
1/20	◎專賣局公佈專賣品私製私賣等取締辦法。
1/22	◎專賣局自本日起派員取締專賣品之私貨販賣。
1/28	◎台灣省專賣品販賣辦法及其取締辦法公佈。
3/12	◎新竹專賣分局汪課長在專賣品檢查時，用手槍傷人。
4/3	◎本省鹽務改由財政部台灣鹽務管理局直轄。
4/6	◎專賣局嘉義分局長周必璋因收賄遭收押。
5/29	◎專賣局公佈違反專賣法令輸入物品處理辦法。
9/12	◎專賣、貿易兩局長舞弊案，行政長官公署決移交法院。
9/17	◎專賣局長及貿易局長因貪污以停職處分。
12/11	◎專賣局公佈查緝私種菸葉實施辦法。
1947 年 1/1	◎專賣局改組，局內原設酒、菸草、樟腦、火柴四科取消，改成立酒、菸草、菸葉、樟腦、火柴五專業公司。

1/22	◎陳儀長官聲明設立經濟警察，從事糧食及專賣的取締。
1/24	◎行政長官陳儀聲明設置經濟警察，以從事食糧及專賣的取締。
2/14	◎專賣局公告專賣品類概不加價並公佈價目表。
2/27	◎台北市因查緝私菸，引發二二八事件。
2/28	◎台北市民因不滿查菸緝私案，集結行動，沿途燒毀警察派出所、闖入專賣局。之後，民眾聚集長官公署廣場，當迫近警戒線時，遭機關槍掃射，當場六人死亡，多人受傷。
4/1	◎擬撤銷專賣局，設菸酒公賣局。
4/4	◎總局設業務委員會，掌理改進技術推廣業務及管理所屬工廠，另設秘書、會計、統計三室。 ◎原有附屬工廠除印刷、製樽、木栓三場外，均依性質分別交由相關公司管理，各分局改為營業所。
5/16	◎撤銷台灣省行政長官公署，改設台灣省政府。
5/23	◎台灣省政府委員第二次會議通過「台灣省專賣局」改為「台灣省菸酒公賣局」，對菸葉、菸草、酒類三公司以股東代表資格施行管理；原有各種專賣規則，改訂為公賣規則；原屬專賣局之查緝工作，改由警察機關執行；火柴公司開放民營，樟腦公司暫劃歸建設廳管理。
5/26	◎「台灣省專賣局」改制為「台灣省菸酒公賣局」，台北、基隆、宜蘭、新竹、台中、台南、嘉義、高雄、屏東、台東共十個分局先後配改制。 ◎蔡玄甫於本日接任改制後之台灣省菸酒公賣局首任局長，公賣局即以此日為局慶日。
6/3	◎台灣省菸酒公賣局公告：在各種公賣規則尚未公佈以前，所有台灣省行政長官公署頒布之台灣省「菸草」、「酒類」、「火柴」三種專賣規則及施行細則均應暫行沿用，繼續有效。
8/29	◎總局改組為第一科（菸類產銷）、第二科（酒類產銷）、第三科（儲運及材料廠務）、第四科（工程）、第五科（採購）、第六科（總務）、秘書室、人事室、會計室、視察室及菸業管理委員會共十二部門。所屬機構有台北、基隆、宜蘭、新竹、台中、台南、嘉義、屏東、台東、花蓮港等十分局，埔里、澎湖兩辦事處，台北、松山兩菸廠，第一至第十一酒廠，新竹、台東、番子田酒工場及印刷、木栓、製樽工廠。菸酒配銷業務則以配銷所及配銷聯合會辦理之。 ◎台灣火柴股份有限公司開放民營。
9/24	◎菸酒公賣局營業所改稱為分局，全省有十一分局，二辦事處。
10/13	◎台灣省菸酒公賣局公告：在各種公賣法令尚未公佈以前，仍採用專賣法；對於以在內地完稅進口之菸酒，由公賣局依法收購，不是用原有辦法。

11/24	◎台灣省政府廢止台灣省火柴專賣規則及其施行細則。
1949 年 6/20	◎公賣局調整菸酒價格。
7/28	◎公賣局調整菸酒價格。
8/24	◎省政府決定不廢止公賣制度。
9/20	◎菸酒公賣局轉隸財政廳。
10/1	◎撤銷台灣省菸葉管理委員會台中、嘉義、屏東、花蓮港四個辦事處，改為台灣省菸酒公賣局台中菸葉加工廠、嘉義、菸葉加工廠、屏東菸葉加工廠、花蓮港菸葉加工廠。
1950 年 4/28	◎省政府通過財政廳提案：公賣局兼營外菸外酒進口。
5/22	◎公賣局開始辦理香菸攤販申請登記，無照攤販 6 月將予取締。
12/1	◎菸酒公賣局菸酒賣出價格上升 30～40%。
1951 年 1/1	◎台中、嘉義、屏東、花蓮港菸葉加工廠，改稱為台灣省菸酒公賣局台中、嘉義、屏東、花蓮港菸葉廠。
2/12	◎1950 年公賣局總收入達二億九千餘萬元。
4/24	◎菸酒公賣局轉隸財政廳。
5/14	◎菸酒公賣局停止配售洋菸酒。
5/22	◎公賣局開始辦理香菸攤販申請登記，無照攤販 6 月將予取締。
6/11	◎省參議會第 11 次大會開幕，議長黃朝琴致詞提出公賣局歸屬、農工商救濟及設立省議會三問題。 ◎總統令制定〈財政收支劃分法〉
6/13	◎台灣省菸酒專賣業務經行政院通過由中央委託省府辦理，全部收入作為中央對台省之補助。
6/16	◎專賣總局設 1 至 7 科，秘書、視察、主計、人事 4 室。
8/1	◎范澤山接任局長。
8/31	◎行政院核准配售公賣局剩餘洋菸，以打擊黑市，定 9 月 1 日實施。
1952 年 3/8	◎生產事業管理委員會決定裁撤樟腦局，由公賣局接管經營。
8/15	◎臨時省議會通過「台灣省內菸酒公賣暫行條例」。
9/3	◎行政院決定，士兵及鄉鎮人員待遇自九月份起酌予調整，所需財源以提高公賣售價收入充用。
12/1	◎公賣局接續樟腦局業務，設立樟腦製煉廠。
1953 年 1/2	◎公賣局發表 1952 年度公賣收入 817768.16 元。

7/7	◎總統公佈〈台灣省菸酒暫行條例〉，14 日開始實施。
8 / 27	◎台灣省菸酒公賣局實行酒類新售價。
10/3	◎財政部台財稅（42）發字第 04519 號令公佈〈台灣省菸酒專賣暫行條例施行細則〉。

資料來源：台灣銀行金融研究室編，〈台灣經濟日誌〉，《台灣銀行季刊》，創刊號～7
　　　　　（1），1947 年 6 月～1954 年 12 月；張勝彥編，《台灣全志——大事志》（台
　　　　　灣省南投縣：國史館台灣文獻館，2004 年）；薛化元主編，《台灣歷史年表》
　　　　　（台北市：業強出版社，1998 年）。

網路資料：〈戰後台灣歷史年表〉http://twstudy.iis.sinica.edu.tw/twht/〔2007 年 12 月 1
　　　　　日〕。

參考書目

一、基本史料

王家雲

　1948　《台灣省菸酒事業概況》。台北市：台灣省菸酒公賣局。

中國第二歷史檔案館編

　2000　《中華民國史檔案資料彙編》，第 5 輯第 3 編財政經濟（1）。南京市：
　　　　江蘇古籍出版社。

中國鹽政實錄第六輯編纂委員會編

　1987　《中國鹽政實錄》，第 6 輯。台北市：經濟部。

行政院經濟革新委員會

　1985　《經革會報告書》。台北市：行政院經濟革新委員會。

江慕雲

　1992　《爲台灣説話》。台灣省台北縣：稻鄉出版社。

李純青

　1946　《獻曝》。台北市：台灣新生報社。

李時霖主編

　1927　《台灣考察報告》。中國福建：福建省政府。

李汝和主修

　1970　《台灣省通志‧光復志》。台北市：台灣省文獻委員會。

沈雲龍

　1978　《近代中國史料叢刊續編》：第 51 輯。台北市：文海出版社。

1979　《耘農七十文存》。台北市：汲古書屋。

汪彝定

1991　《走過關鍵年代：汪彝定回憶錄》。台北市：商周文化事業公司。

汪孝龍纂修

1999　《台灣省通志稿·政事志財政篇》。台北市：捷幼出版社。

吳濁流

1995　《亞細亞的孤兒》。台北市：草根出版社。

1988　《台灣連翹——台灣的歷史見證》。台北市：前衛出版社。

1988　《無花果——台灣七十年的回想》。台北市：前衛出版社。

何鳳嬌編

1990　《政府接收台灣史料彙編》。台灣省台北縣：國史館。

卓遵宏、林秋敏訪問

1996　《林衡道先生訪談錄》。台灣省台北縣：國史館。

林忠

1983　《台灣光復前後史料概述》。台北市：皇極出版社。

林良哲編

2001　《台中酒廠專輯》。台灣省台中市：台中市政府。

侯坤宏主編

1997　《國史館藏二二八檔案史料（中）、（下）》。台灣省台北縣：國史館。

侯坤宏、許進發主編

2002　《二二八事件檔案彙編》。台灣省台北縣：國史館。

唐賢龍

1947　《台灣事變內幕記》（又名《台灣事變面面觀》）。南京市：中國新聞
　　　社出版部。

財政部鹽務總局編

1954　《中國鹽政實錄》，第 5 輯。台北市：財政部鹽務總局。

康綠島

1989　《李國鼎口述歷史——話說台灣經驗》。台北市：卓越文化出版。

連橫

1987　《台灣通史》，台灣文獻叢刊第 128 種。台北市：台灣大通書局影印
　　　版。

黃朝琴

　1944　《台灣收回後之設計》。自刊本。

陳興唐編

　1992　《台灣「二・二八」事件檔案史料》上下二卷。台北市：人間出版
　　　　社。

陳鳴鐘、陳興唐編

　1989　《台灣光復和光復後五年省情》上下二卷。南京市：南京出版社。

陳芳明編

　1991　《台灣戰後史資料選──二二八事件專輯》。台北市：二二八和平日
　　　　促進會。

曾汪洋

　1953　〈台灣之鹽〉，《台灣特產叢刊》，第 11 種。台北市：台灣銀行經濟研
　　　　究室。

張瑞成編

　1990　《光復台灣之籌劃與受降接收》。台北市：中國國民黨中央委員會黨
　　　　史委員會。

張煦本

　1982　《記者生涯四十年》。台北市：自立晚報社。

葉榮鐘

　1954　《半路出家集》。台灣省台中市：中央書局。

　1977　《小屋大車集》。台灣省台中市：中央書局。

楊肇嘉

　2004　《楊肇嘉回憶錄》。台北市：三民書局。

經濟部編

　1951　《經濟問題資料彙編》。台北市：經濟部。

台灣省行政長官公署民政處編

　1946　《台灣民政》第 1 輯。台北市：台灣省行政長官公署民政處。

台灣省行政長官公署編

　1946　《台灣省參議會第一屆第二次大會・台灣省行政長官公署施政報
　　　　告》。台北市：台灣省行政長官公署。

台灣省行政長官公署人事室編

1946　《台灣一年來之人事行政》。台北市：台灣省行政長官公署宣傳委員會。

台灣省行政長官公署宣傳委員會編

1946　《台灣概況》。台北市：台灣省行政長官公署宣傳委員會。

台灣省行政長官公署宣傳委員會機要室編

1946　《台灣省行政長官公署三月來之工作概要》。台北市：台灣省行政長官公署宣傳委員會。

台灣省行政長官公署統計室編

1946　《台灣省五十一年統計提要》。台北市：台灣省行政長官公署統計室。

台灣省參議會秘書處編

1946　《台灣省參議會第一屆第二次大會特輯》。台灣省台中縣：台灣省參議會秘書處。

台灣新生報社編

1947　《台灣年鑑》，台北市：台灣新生報社，1947。

台灣省行政長官公署

1945　《台灣省行政長官公署公報》1：1（1945 年 12 月 1 日）。
　　　《台灣省行政長官公署公報》1：2（1945 年 12 月 5 日）。
　　　《台灣省行政長官公署公報》1：3（1945 年 12 月 8 日）。

1946　《台灣省行政長官公署公報》2：2（1946 年 1 月 23 日）。

台灣省財政廳

1948　〈台灣省政府成立以來之財政概況〉，《台灣銀行季刊》2（2）：90～97。

台灣省專賣局

1947　〈台灣光復後之專賣事業〉，《台灣銀行季刊》創刊號：216～225。

台灣省菸酒公賣局編

1952　《菸酒事業統計年報》。台北市：台灣省菸酒公賣局。

1953　《菸酒事業統計年報》。台北市：台灣省菸酒公賣局。

1954　《菸酒事業統計年報》。台北市：台灣省菸酒公賣局。

1955　《菸酒事業統計年報》。台北市：台灣省菸酒公賣局。

1992　《省產菸酒生命歷程分析（續）》。台北市：台灣省菸酒公賣局。

1997　《台灣省菸酒公賣局局志》。台北市：台灣省菸酒公賣局。

薛月順編

　1996　《台灣省政府檔案史料彙編——台灣省行政長官公署時期（一）》，
　　　　台灣省台北縣：國史館。

　1998　《台灣省政府檔案史料彙編——台灣省行政長官公署時期（二）》，
　　　　台灣省台北縣：國史館。

　1999　《台灣省政府檔案史料彙編——台灣省行政長官公署時期（三）》，
　　　　台灣省台北縣：國史館。

　2001　《台灣省貿易局史料彙編》（一～三輯）。台灣省台北縣：國史館。

鄧孔昭編

　1991　《二二八事件資料集》。台北市：稻鄉出版社。

蕭富隆等編

　2005《台灣省行政長官公署職員輯錄（一）》。台灣省南投縣：國史館台灣
　　　　文獻館。

蘇新

　1993　《未歸的台共鬥魂——蘇新自傳與文集》。台北市：時報文化出版社。

蘇瑤崇編

　2004　《最後的台灣總督府：1944～1946 年　終戰資料集》。台灣省台中市：
　　　　晨星出版公司。

中研院近史所檔案館藏

　　　　〈檢舉台灣專賣局長任維鈞等案〉，檔號 228G：1～4。

國史館台灣文獻館館藏

　　　　《台灣總督府檔案——專賣局公文類纂》，影像編號 12250~12272。

　　　　《國史館台灣文獻館日治與光復初期史料檔案——台灣省行政長官
　　　　公署檔案》，典藏號 00303232006194，1946 年 9 月 13 日～1946 年
　　　　9 月 14 日。

台灣省諮議會館藏

　　　　《台灣省參議會檔案》。

　　　　《台灣省臨時省議會檔案》。

檔案管理局

　　　　〈台灣省行政長官公署第 50 次政務會議紀錄〉，1946 年 11 月 15 日，
　　　　檔號：0035/9999/8/1/003。

　　　　〈陳明台省本年度預算及施政重點〉，1947 年 3 月 25 日，檔案管理
　　　　局檔案，檔號：0036/2020.40/4450.01/038～2/017。

George H. Kerr，「二二八事件」，台北市二二八紀念館館藏，國家文化資料庫系統識別碼 005641528。

「黃純青文稿」，國家文化資料庫系統識別碼 005990417、18。

《大公報》，1945 年 9 月 27 日、1947 年 03 月 11 日。

《台灣新生報》，1947 年 3 月。

《台灣日日新報》漢文版，第 2041，1905 年 2 月 23 日。

《民報》，1945 年 10 月 12 日～1947 年 2 月 28 日。

《徵信新聞》，1951 年～1952 年 12 月。

《聯合報》，1951 年～1952 年 12 月。

《政經報》，1946 年。（台北：政經報社，傳文文化覆刻）

二、專書與論文集

丁銀謀、陳錫九

    1958   《台灣菸草之改進》。台北市：榮泰印書館。

井出季和太著、郭輝編譯

    1956   《日據下之台政》全三冊。台北市：台灣省文獻委員會。

史明

    1980   《台灣人四百年史（漢文版）》。美國加州：蓬島文化公司。

矢內原忠雄著、周憲文譯

    1987   《日本帝國主義下之台灣》。台北市：帕米爾書局。

加藤繁

    1991   《中國經濟史考證》。台灣省台北縣：稻鄉出版社。

北山富久二郎著、周憲文譯

    1959   〈日據時代台灣之財政〉，收入台灣銀行經濟研究室編，《台灣經濟史八集》。台北市：台灣銀行。

李登輝

    1989   《台灣農業發展的經濟分析》。台北市：聯經出版公司。

李祥瑞

    1970   《台灣財政之研究：自殖民主義財政到民生主義財政》。台北市：正中書局。

宇賀田爲吉著、葉石濤譯

    1973   《香菸的歷史》，台北：三民書局。

余玲雅

2004 《戰後台灣公賣政策形成過程之研究：以台灣省議會（1946～1951）對公賣制度之議政分析爲例》。台灣省台北縣：高立出版社。

不著撰者

1947 《陳公洽與台灣》。出版地未註明：南瀛出版社。

何思眯

1997 《抗戰時期的專賣事業　（一九四一～一九四五)》。台灣省台北縣：國史館。

吳若予　　　　　．

1992 《戰後台灣公營事業之政經分析》。台北市：業強出版社。

2007 《二二八事件與公營事業》。台北市：檔案管理局。

林滿紅

1997 《茶、糖、樟腦業與台灣之社會經濟變遷（1960～1895)》。台北市：聯經出版公司。

周憲文

1957 《清代台灣經濟史》。台北市：台灣銀行經濟研究室。

1958 《日據時代台灣經濟史》。台北市：台灣銀行經濟研究室。

1980 《台灣經濟史》。台北市：台灣開明書局。

周玉津編著

1981 《財政學的理論與實際》。台北市：大中國圖書公司。

洪馨蘭

1999 《菸草美濃──美濃地區客家文化與菸作經濟》。台北市：唐山出版社。

段承璞編

1994 《台灣戰後經濟》。北京市：中國社會出版社。

涂照彥著、李明峻譯

1993 《日本帝國主義下的台灣》。台北：人間出版社。

財政部賦稅改革委員會編

1989 《菸酒課稅問題之研究》。台北市：財政部賦稅改革委員會。

翁嘉禧

1998 《台灣光復初期的經濟轉型與政策（1945～1947)》。高雄市：高雄復文圖書出版社。

郭婉容

1971 《台灣菸酒加價與公賣利潤》。台北市：財政部稅制委員會編印。

梁國樹主編

　1994　《台灣經濟發展論文集——紀念華嚴教授專集》。台北市：時報文化。

稅所重雄、吳萬煌譯

　1993　《台灣菸草栽培變遷史》。南投：台灣省文獻委員會。

陳玉璽

　1994　《台灣的依附型發展》。台北市：人間出版社。

陳翠蓮

　1995　《派系鬥爭與權謀政治——二二八悲劇的另一面相》。台北市：時報
　　　　文化出版公司。

張漢裕

　1984　《經濟發展與農村經濟》。台北市：張漢裕博士文集出版委員會。

張宗漢

　1970　《光復前台灣之工業化》。台北市：聯經出版社。

張繡文

　1955　《台灣鹽業史》。台北市：台灣銀行。

張炎憲、陳美蓉、楊雅慧編

　1998　《二二八事件研究論文集》。台北市：吳三連台灣史料基金會。

張則堯

　1979　《財政學原理》。台北市：三民書局。

張勝彥編

　2004　《台灣全志——大事志》。台灣省南投縣：國史館台灣文獻館。

黃通、張宗漢、李昌槿合編

　1987　《日據時代台灣之財政》。台北市：聯經出版公司。

黃秀政

　2007　《台灣史志新論》。台北市：五南出版社。

黃昭堂著、黃英哲譯

　1994　《台灣總督府》。台北：前衛出版社。

楊家俊編

　1956　《台灣省菸酒公賣事業》。台北市：商業週報社發行。

楊碧川

　1996　《後藤新平傳──台灣現代化奠基者》。台北市：一橋出版社。

彭懷恩、朱雲漢主編

　1980　《中國現代化的歷程──知識份子與中國現代化》。台北市：時報文化出版公司。

潘志奇

　1980　《光復初期台灣通貨膨脹的分析》。台北市：聯經出版事業公司。

鄭梓

　1994　《戰後台灣行政體系的接收與重建》。台北市：新化圖書有限公司。

戴國輝、葉芸芸

　1992　《愛憎二二八》。台北市：遠流出版社。

鄭友揆等

　1991　《舊中國的資源委員會──史實與評價》。上海市：上海社會科學院出版社。

賴澤涵總主筆

　1994　《「二二八事件」研究報告》。台北市：時報文化出版公司。

賴澤涵、馬若孟（Myers, Ramon H.）、魏萼、羅珞珈譯

　1993　《悲劇性的開端──台灣二二八事變》。台北市：時報文化出版公司。

賴澤涵編

　1993　《台灣光復初期歷史》。台北市：中央研究院中山人文社會科學研究所。

賴澤涵

　1991　〈陳儀與閩、台、浙三省省政（1926～1949）〉，收入《中華民國建國八十年學術討論會論文集》（台北：近代中國出版社，1991年），第四冊，頁232～357。

薛化元主編

　1998　《台灣歷史年表》。台北市：業強出版社。

劉士永

　1996　《光復初期台灣經濟政策的檢討》。台北市：稻鄉出版社。

劉進慶著、王宏仁等譯

　1992　《台灣戰後經濟分析》。台北市：人間出版社。

藍祖堂等

　1991　《菸酒公賣制度因應未來發展之研討會會議實錄》。台北市：台灣省
　　　　政府研考會。

三、期刊（學報）論文

王世慶

　1986　〈日據時期之降筆會與戒煙運動〉，《台灣文獻》37（4）：20～30。

台灣省菸酒公賣局菸葉試驗所

　1967　〈台灣黃色種菸草耕作法〉，《台菸通訊》，5（10）： 5～10。

丘東旭

　1959　〈看菸酒專賣憶菸酒徵稅〉，《菸酒業務通訊》，2（6）：3～6。

朱高影

　1992　〈行政長官公署時期台灣經濟之探討〉，《台灣風物》，42（1）：53～
　　　　85。

江文苑

　1952　〈光復以來台灣的製酒工業（續完）〉，《台灣經濟月刊》，6（3）：24
　　　　～30。
　　　　〈光復以來台灣的製酒工業（續）〉，《台灣經濟月刊》，6（2）：21～25。
　　　　〈光復以來台灣的製酒工業〉，《台灣經濟月刊》，6（1）：30～37。

安衡

　1952　〈台灣的菸業〉，《台灣經濟月刊》，7（1）：28～29。

李舟生

　1993　〈農業政策調整與菸酒事業發展之互動趨勢〉，《台灣經濟研究月
　　　　刊》，16（9）： 38～45。

李筱峰

　1991　〈二二八事件前的文化衝突〉，《思與言》，29（4）：185～215。

　1996　〈從《民報》看戰後初期台灣的政經與社會〉，《台灣史料研究》，8：
　　　　98～122。

李文環

　2006　〈戰後初期（1945～1947）台灣省行政長官公署與駐台海關之間的
　　　　矛盾與衝突〉，《台灣史研究》，13（1）：99～148

何思瞇

  1989 〈日據時期台灣專賣事業初探〉,《中國歷史學會史學集刊》21：297～355。

林呈蓉

  1997 〈日據時期台灣島內移民事業之政策分析〉,《淡江史學》7：164～186。

周憲文

  1957 〈日據時代台灣之專賣事業〉,《台灣銀行季刊》,9（1）：11～32。

周鐵

  1952 〈論專賣歸屬問題〉,《台灣經濟月刊》,6（3）：8～9。

  徐振國

  1990 〈陳儀的困頓和失敗〉,《歷史月刊》,25：44～52。

茅秀生

  1952 〈台灣之造酒工業〉,《台灣銀行季刊》,5（3）：111～159。

唐羽

  1985 〈清光緒間基隆河砂金之發見與金沙局始末〉,《台灣文獻》,36（3/4）：140～141。

黃秀政

  2006 〈論二二八事件的發生及其對台灣的傷害〉,《興大人文學報》,36（下）：493～540。

黃師樵

  1975 〈日據時期毒害台胞的鴉片政策〉,《台灣文獻》,26（2）：10～30。

黃潘萬

  1975 〈公賣制度前之台灣酒類〉,《台灣文獻》,17（1）：41～50。

黃瑞祺

  1980 〈台灣菸酒消費之研究〉,《台灣銀行季刊》,33（4）：148～189。

陳文龍

  1970 〈財政專賣理論探討〉,《鹽務月刊》,9：4～10。

程大學

  1994 〈台灣樟腦政策史之研究〉,《台灣風物》,44（2）：217～248。

張奮前
　　〈台灣專賣事業之演進〉,《台灣文獻》, 17（1）: 19～45。

張漢裕
　1950　〈日據時代台灣經濟之演變〉,《台灣銀行季刊》, 4（4）: 36～90。

張慕漁
　1959　〈菸考〉,《菸酒業務通訊》, 2（3）: 70～71。

楊選堂
　1952　〈台灣的製菸工業〉,《台灣銀行季刊》, 5（3）: 160～186。

楊逸農
　1952　〈台灣之菸葉〉,《台灣銀行季刊》, 5（3）: 188～209。

　1953　〈台灣菸葉之生產及其行政管理〉,《台灣經濟月刊》, 9（1）: 23～25。

　1955　〈台灣菸酒公賣事業面面觀（下）〉,《台灣經濟月刊》 12（3）: 30～33。

　1955　〈台灣菸酒公賣事業面面觀（上）〉,《台灣經濟月刊》 12（2）: 28～31。

楊灝
　1962　〈台灣之公賣收入〉,《台灣銀行季刊》, 13（4）: 151～157。

鄭梓
　1988　〈國民政府對於『收復台灣』之設計——台灣接管計劃之爭議與定案〉,《東海大學歷史學報》, 9: 195～213。

劉廣德
　1952　〈克難增產話松菸〉,《稅務旬刊》, 39: 24～28。

鍾淑敏
　1986　〈日據時期的官營移民——以吉野村爲例〉,《史聯》, 8: 75～85。

　1993　〈明治末期台灣總督府的對岸經營〉,《台灣風物》, 43（3）: 40～50。

薛武忠
　1968　〈我國專賣制度〉,《菸酒事業》, 11（11）: 57～61。

湯熙勇
　1991　〈台灣光復初期的公教人員任用方法：留用台籍、羅致外省籍及徵用日人（1945.10～1947.5）〉,《人文及社會科學集刊》, 4（1）: 391～425。

潘志奇

　1947　〈台灣之社會經濟〉,《台灣銀行季刊》,創刊號:25～54。

盧嘉興

　1956　〈台灣清季鹽制與鹽專賣〉,《台南文化》,5（1）:24～30。

蕭明治、蕭碧珍

　2007　〈二二八事件前後的台灣專賣事業〉,國史館主辦、國家圖書館協辦,
　　　　「戰後檔案與歷史研究學術討論會」（台北市,2007 年 11 月 29 日
　　　　～30 日）

四、學位論文

王克陸

　1980　〈台灣菸酒公賣組織之研究〉,國立政治大學企業管理研究所碩士論
　　　　文。

李秉璋

　1991　〈日治時期台灣總督府的鹽業政策〉,國立政治大學歷史研究所碩士
　　　　論文。

呂錫麟

　1952　〈台灣菸葉生產事業之經濟觀察〉,國立中興大學農經系學士論文。

范雅鈞

　2000　〈日治時期台灣酒專賣事業〉,國立中央大學歷史研究所碩士論文。

城戶康成

　1992　〈日據時期台灣鴉片問題之探討〉,私立東海大學歷史所碩士論文。

張文義

　1987　〈日本殖民體制下的台灣鴉片政策〉,私立中國文化大學日本研究所
　　　　碩士論文。

張麗芬

　1991　〈日本統治下的台灣樟腦業〉,國立成功大學歷史語言研究所碩士論
　　　　文。

游重義

　1997　〈台灣拓殖株式會社之成立及其前期組織研究〉,台北市:國立台灣
　　　　師範大學歷史研究所碩士論文。

陳進盛

　1988　〈日據時期台灣鴉片漸禁政策之研究〉，國立台灣大學政治學研究所
　　　　碩士論文

葉彥邦

　2006　〈終戰初期台灣菸酒專賣事業之研究〉，國立政治大學中山人文社會
　　　　科學研究所博士論文。

鄭慶良

　1999　〈日據時期台灣之菸酒專賣〉，國立台灣師範大學歷史研究所碩士論
　　　　文。

劉自強

　1988　〈日據時代台灣專賣事業之研究〉，私立中國文化大學歷史學研究所
　　　　碩士論文。

顏清梅

　1993　〈台灣光復初期米糧問題之研究（1945~1949）〉，私立東海大學歷史
　　　　學研究所碩士論文。

蕭明治

　2000　〈戰後台灣菸草產業之發展〉，國立中興大學歷史學系碩士論文。

五、報刊文章

〈燐寸商況〉，《台灣日日新報》漢文版，第 2041，1905 年 2 月 23 日。

〈希望改正專賣品的販賣制度〉，《台灣民報》，1925 年 7 月 12 日。

〈樟腦無從採取，樟樹殆被砍盡，業者希望保護樟樹〉，《民報》，1945 年
　10 月 31 日，第 1 版。

〈專賣事業須繼續，大企業應歸國營〉，《民報》，1945 年 11 月 2 日，第 1
　版。

〈煙酒專賣事業決定國家繼續經營專賣品不許私製〉，《民報》，1945 年 11
　月 15 日，第 1 版。

〈紫煙迷霧，街上黑市不黎明，查營員不嚴查督〉，《民報》，1945 年 12 月
　13 日，第 1 版。

〈要嚴正辦理專賣事業〉，《民報》，1946 年 12 月 26 日，第 1 版。

〈妻貧子病工作難進，嘉義專賣分局陳局長自縊〉，《民報》，1946 年 2 月
　15 日，第 2 版。

〈專賣事業的進路多難〉，《民報》，1946 年 3 月 15 日，第 1 版。

〈查緝私煙是為私囊，專賣局長敲詐〉，《民報》，1946 年 4 月 6 日，第 2 版。

〈專賣？抑是轉賣，分局長濫做被拘〉，《民報》，1946 年 4 月 12 日，第 2 版。

〈嘉義專賣分局瀆職案，橫領・受賄・敲詐・共謀，劣跡應有盡有〉，《民報》，1946 年 4 月 12 日，第 2 版。

〈大千酒家被索一萬元〉，《民報》，1946 年 7 月 16 日，第 2 版。

〈太太亦是內行人〉，《民報》，1946 年 7 月 16 日，第 2 版。

〈存意恐嚇〉，《民報》，1946 年 7 月 16 日，第 2 版。

〈沒收品那裡去？〉，《民報》，1946 年 7 月 16 日，第 2 版。

〈專賣制度，可以休矣〉，《民報》，1946 年 7 月 18 日，第 2 版。

〈基隆緝私員開槍案，專賣局負擔醫治費〉，《民報》，1946 年 12 月 16 日，第 4 版。

〈延平路昨晚查緝私煙隊，開槍擊斃老百姓〉，《民報》，1947 年 2 月 28 日，第 3 版。

〈台情平議〉，《中央日報》，1946 年 10 月 27 日。

〈如何消滅公賣品的黑市〉，《徵信新聞》，1951 年 11 月 21 日，第 1 版。

六、日文資料

中村隆英編

1990　《「計畫化」と「民主化」》。東京：岩波書局。

台灣總督府專賣局

1927　《台灣總督府專賣事業》。台北市：台灣總督府專賣局。

台灣總督府史料編纂委員會編

1942　《台灣樟腦專賣志》。台北市：台灣總督府史料編纂委員會。

台灣總督府專賣局編

1927　《台灣總督府專賣事業》。台北市：台灣總督府專賣局。

1938　《台灣酒專賣法規》。台北市：台灣總督府專賣局。

1944　《台灣總督府專賣事業第四十二年報》（昭和 17 年度）。台北市：台灣總督府專賣局。

1941　《台灣の專賣事業》（昭和 16 年版）。台北市：台灣總督府專賣局。

1941　《台灣酒專賣史》上、下二卷。台北市：台灣總督府專賣局。

台灣と海外社

1940　《台灣專賣事業年鑑十五年版》。台北市：台灣と海外社。

杉本　良

　　1932　《專賣制度前の台灣の酒》。東京：著者。

財政經濟學會編

　　1936　《明治大正財政史》，第 9 卷。東京：財政經濟學會。

娓原通好

　　1941　《台灣農民生活考》。台北市：松浦屋印刷部。

後藤新平

　　1924　《日本植民政策一斑・日本膨脹論》。東京：日本評論社。

專賣局調查股

　　1935　〈各國菸草事業に關する調查〉，《專賣通信》，14：4。

賀來佐賀太郎

　　1935　〈菸草專賣の跡を顧みて〉，《專賣通信》，14：4。

笹本武治、川野重任編

　　1968　《台湾經濟總合研究》上中下三冊。東京：アジア經濟研究所。

楠井隆三

　　1943　《戰時台灣經濟論》。台北市：南方人文研究所。

橋本白水編

　　　　　《台灣專賣事業要覽》。台北市：南國出版協會。

鶴見祐輔

　　1965　《後藤新平》。東京：勁草書房。

七、英文資料

Carr , Edward H.

　　1962　What is History. New York: Alfred A. Knopf.

Edward H. Carr 著、王任光譯

　　1998　《歷史論集》。台北：幼獅文化事業公司。

Kerr, George H.

　　1976　Formosa Betrayed. New York:　Da Capo Press.

Myers, and Mark R. Peattie,

　　1984　The Japanese Colonial Empire, 1895～1945. N.J. Princeton University
　　　　　Press.

八、網路資料

「台灣省五十一年來統計提要」

　　http://twstudy.iis.sinica.edu.tw/twstatistic50/index.htm 查閱日期：2006 年 10 月 15 日。

「台灣省諮議會史料檢索系統」

　　http://db1.sinica.edu.tw/%7Etextdb/test/dore/login.php?s=1&act=diplomacy/index 查閱日期：2006 年 7 月 5 日。

國立台中圖書館舊報紙資料庫

　　http://paper.ntl.gov.tw/page/frmQuery21.asp 查閱日期：2007 年 3 月 15 日。

「立法院全國法規資料庫」

　　http://lis.ly.gov.tw/lghtml/lawstat/version2/01508/0150840052900.htm 查閱日期：2007 年 10 月 25 日。

〈戰後台灣歷史年表〉

　　http://twstudy.iis.sinica.edu.tw/twht/查閱日期：2007 年 12 月 1 日。

「立法院議事系統」

　　http://lis.ly.gov.tw/ttscgi/ttsweb?@0:0:1:/disk1/lg/lgmeet@@0.24686047707624858/查閱日期：2007 年 01 月 19 日。